2024 **TBC** 中小企業診断士
試験シリーズ

速修 **テキスト**

1

経済学・経済政策

TBC受験研究会

山口 正浩［監修］

池野谷 祐樹　香川 遼太郎［編著］

早稲田出版
WASEDA PUBLISHING

受験校のインプット講座をまるごと収録した2024年版速修テキスト！
独学合格のための効率的インプット学習

　中小企業診断士の１次試験の学習は、本試験の選択肢を判断するために必要な知識を習得する「インプット学習」がとても大切です。

　速修テキストは、受験校のインプット講座（テキスト・講義・理解度確認テスト・重要例題）をまるごと収録しているため、これ一冊で、一般的な受験校と同様のインプット学習に取り組むことができます。

受験校のインプット講座をまるごと収録!!

独学合格のための**効率的インプット学習**がこの**1冊**に

Ⅰ　効率的インプット学習の取り組み方

■ テキスト ＋ 無料講義動画 ＋ 章末問題 ＋ 重要例題

　１次試験の学習では、科目合格を狙う受験生と、７科目全ての科目の合格を狙う受験生で、各科目にかける学習時間が異なります。効率的にインプット学習を行うためには、テーマ別の重要度に合わせて、経済学・経済政策に対する時間配分を考えながら学習を進めましょう。

合格者に学ぶ！必勝学習法①

　無料講義の中で、講師が説明する重要ポイントを理解しながら、一緒に学習しました。苦手な「経済学・経済政策」「運営管理」「企業経営理論」は時間をかけて勉強し、理解できるまで繰り返し動画を見ました。その中でも経済学・経済政策は苦手意識が強く、また理解が必要な科目でもあったため、経済学・経済政策の講義は３回以上見たかと思います。

　さらに詳しく！　写真入りの体験談と学習法はこちらをチェック

https://waseda-pub.co.jp
※Cookie のブロックの解除をお願いします。

【 経済学・経済政策の重要度マークと学習の取り組み方 】

重要度	重要度別の学習の取り組み方
基	各章の学習内容を理解していく上で前提となる**基礎**のテーマです。 まず、基礎のテーマから学習をはじめて、知識の基礎固めをしましょう。
A	**直近10年間**の本試験で**4回以上出題**された、**重要度Aランク**のテーマです。本試験で**4割以下の足切り**にならないためにも、しっかりと理解して、覚えてほしいテーマです。
B	**直近10年間**の本試験で**3回〜2回出題**された、**重要度Bランク**のテーマです。本試験で**6割を得点するため**には、上記2つのテーマとともに、しっかりと理解して、覚えるようにしましょう。
C	**直近10年間**の本試験で**1回以下の出題頻度**で、**重要度Cランク**のテーマです。上記3つのテーマの学習が完璧になったら学習に取り組みましょう。本試験**で6割以上を狙う場合**には、しっかりと理解して、覚えるようにしましょう。

【 テーマ別出題ランキング 】
（各章トビラ対向ページに掲載）

各章の学習を始める前に、各章のテーマ別出題ランキングで、過去23年分と直近10年分のテーマ別の出題ランキングを把握しましょう。

【 出題年度・頻度や重要箇所が一目でわかるテキスト本文 】

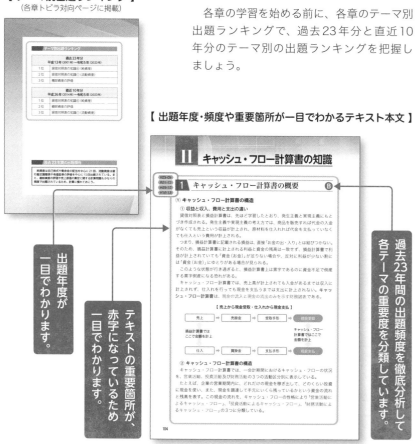

出題年度が一目でわかります。

テキストの重要箇所が、赤字になっているため一目でわかります。

過去23年間の出題頻度を徹底分析して各テーマの重要度を分類しています。

各章の学習が終了したら、章末問題（理解度確認テスト）で理解度を確認しましょう。

過去23年間（平成13～令和5年度）の本試験出題の過去問から必須テーマを厳選しています。

【 重要例題 】

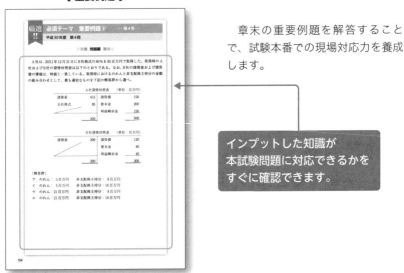

章末の重要例題を解答することで、試験本番での現場対応力を養成します。

インプットした知識が本試験問題に対応できるかをすぐに確認できます。

本書の使い方も、TBC受験研究会統括講師（NHK「資格☆はばたく」中小企業診断士代表講師、司会進行講師）の山口正浩が動画解説しています。こちらもご参照ください。

https://waseda-pub.co.jp
※Cookieのブロックの解除をお願いします。

　巻末（p.382〜385）の「出題マップ」では、本書の章立てに合わせて、本試験の出題論点を一覧表にしています。最近の出題傾向の把握に活用できます。

【 出題マップ 】

出題論点が多く記入されている箇所は
出題頻度が高くなっています。

合格者に学ぶ！必勝学習法②

　講義動画の良い所は、スマートフォンがあればどこでもアクセスでき、理解が難しい所を繰り返し視聴することができる事です。移動中などのちょっとした空き時間に繰り返し視聴しました。テキストを読み直す度に講義の記憶が呼び戻され、まるで「テキストが語りかける」感覚があり、試験当日も講義内容が頭に浮かび何度も助けられました。

さらに詳しく！　写真入りの体験談と学習法はこちらをチェック

https://waseda-pub.co.jp
※Cookie のブロックの解除をお願いします。

■ 目 次

第 15 章 その他経済学・経済政策の理論 ·············· 356

2024年版　TBC中小企業診断士試験シリーズ

速修 **テキスト**

1 経済学・経済政策

経済学・経済政策の体系図

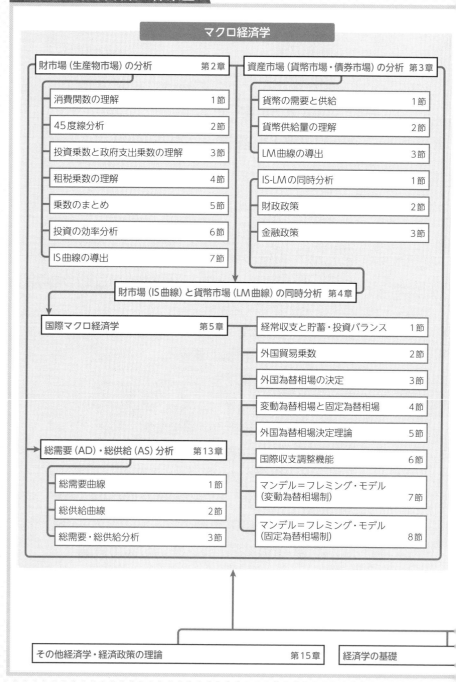

マクロ経済学

財市場（生産物市場）の分析　第2章

消費関数の理解	1節
45度線分析	2節
投資乗数と政府支出乗数の理解	3節
租税乗数の理解	4節
乗数のまとめ	5節
投資の効率分析	6節
IS曲線の導出	7節

資産市場（貨幣市場・債券市場）の分析　第3章

貨幣の需要と供給	1節
貨幣供給量の理解	2節
LM曲線の導出	3節
IS-LMの同時分析	1節
財政政策	2節
金融政策	3節

財市場（IS曲線）と貨幣市場（LM曲線）の同時分析　第4章

国際マクロ経済学　第5章

経常収支と貯蓄・投資バランス	1節
外国貿易乗数	2節
外国為替相場の決定	3節
変動為替相場と固定為替相場	4節
外国為替相場決定理論	5節
国際収支調整機能	6節
マンデル＝フレミング・モデル（変動為替相場制）	7節
マンデル＝フレミング・モデル（固定為替相場制）	8節

総需要（AD）・総供給（AS）分析　第13章

総需要曲線	1節
総供給曲線	2節
総需要・総供給分析	3節

その他経済学・経済政策の理論　第15章

経済学の基礎

ミクロ経済学

消費者行動理論 　　第6章

消費者行動理論の概要	1節
無差別曲線理論	2節
需要の弾力性	3節
その他無差別曲線の理論	4節

生産者行動理論 　　第7章

生産者行動理論の概要	1節
費用関数の理解	2節
利潤最大化行動と損益分岐点	3節
等産出量曲線と等費用曲線	4節

市場均衡 　　第9章

余剰分析と市場の失敗 　　第10章

国際ミクロ経済学 　　第12章

国際貿易論	1節
比較生産費説 (比較優位論)	2節
ヘクシャー＝オリーンの定理	3節
その他国際貿易論の知識	4節
余剰分析による説明 (小国モデル)	5節
保護貿易	6節

余剰分析	1節
パレート最適	2節
外部効果 (外部性)	3節
外部効果の内部化	4節
公共財	5節
自然独占	6節
その他の価格規制の理論	7節
情報の非対称性	8節

産業組織論 　　第11章

産業組織論の概要	1節
市場範囲の決定	2節
市場の参入と退出	3節
その他産業組織論の重要事項	4節

不完全競争 　　第8章

独占市場の企業行動	1節
寡占市場の企業行動	2節
独占的競争市場	3節

第1章	主要経済指標の読み方 　　第14章

テーマ別出題ランキング

過去23年分 平成13年（2001年）〜令和5年（2023年）	
1位	GDPとGNI（GNP）
2位	三面等価の原則
3位	理解のための基礎用語

直近10年分 平成26年（2014年）〜令和5年（2023年）	
1位	三面等価の原則
2位	GDPとGNI（GNP）
2位	その他、国民経済計算に関する知識
3位	経済学のグラフ攻略
3位	理解のための基礎用語

過去23年間の出題傾向

　経済学の基礎は、経済学・経済政策を学習する上で欠かせない内容である。GDPとGNI（GNP）は、直近10年間で4回、23年間で13回出題されている頻出テーマだが、かなり細かい内容まで問われるため、まずは用語の定義からしっかりと押さえていこう。

第 1 章

経済学の基礎

I 経済学の基礎

1 経済学とは

(1) 経済学のテーマ

経済学は「希少な資源を用いて、どの財貨を生産し、誰に分配するのか」を研究することが中心である。

マクロ経済学でもミクロ経済学でも、買い手が買いたいと思い、かつ買うことのできる財の量と、売り手が売りたいと思い、かつ売ることのできる財の量とが、つりあう点を探す。

需要と供給のつりあう点を「**均衡点**」といい、経済学では需要と供給の「**均衡点**」を探すことが中心となる。

(2) 欲望の非飽和性と資源の相対的希少性

経済学では、欲望に限りがないことを「**欲望の非飽和性**」といい、資源に限りがあることを「**資源の相対的希少性**」という。

世の中にすべての人の欲望を満たすだけの財・サービスが存在していれば経済学という学問は必要ないが、現実は石油や鉱物にも限りがある。そのため、限りある資源を使い、どのように生産し、消費し、分配するかを考える必要がある。

【 やりくりが必要な2つの理由 】

― 経済学は「やりくり」の学問 ―

人間の欲望に限りがないから （欲望の非飽和性）	資源に限りがあるから （資源の相対的希少性）

↓

均衡点を探す

2 経済学・経済政策の短期攻略

「経済学・経済政策」について、短期間で合格レベルに到達するためには、経済学は「箱庭の世界」と割り切る必要がある。

たとえば、時計の購入について考えよう。みなさんは、なぜその時計を買ったのだろうか？　もしくは買ってもらったのだろうか？

「たまたまバーゲンで値下げしていたから買った」という人、スキューバダイビングをする人は「水圧に耐えられる」という理由で水深200mでも使用できる防水のダイバーウォッチを買った人もいるだろう。

時計に対してステイタスを感じている人は、「ステイタスの象徴」として何百万円もするような高級時計を購入している。

購入の動機には、さまざまな人々の考え方があり、それに合わせいろいろな時計が生産・販売されている。

「なぜ時計を購入するのか」を分析するとき、すべての要素を分析していたらなかなか結論がでない。そこで、分析を進めるときには、何かを仮にそうだと決めてそれを前提として分析する。これを**仮定**という。

経済学では「現在の保有している資産は全員同じ」「購買の対象は時計しかない」「時計の種類はみな同じ」などの仮定をつくり、限定された「箱庭の世界」として分析する。これをモデルという。

モデルの分析の結論として「価格が下がると、時計をたくさん買う」という人たちの行動が導き出される。この結論を実際の経済で検証する。

このように、経済学では、仮定を前提条件として分析するため、本試験では問題文中にある「閉鎖経済体制の〜」といった仮定を見落とさないようにしよう。

【 時計の購入動機 】

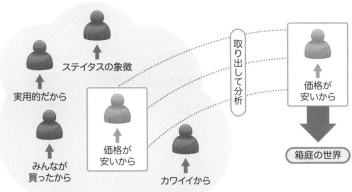

3 経済学のグラフ攻略　 H24-12

経済学を数式ではなく、グラフで理解するためには、グラフの読み方をしっかり理解する必要がある。ここでは、グラフを読むときのコツを紹介する。

(1) 曲線と直線の違い

まっすぐに見える線なのに「曲線」と表現している経済学の書籍を見かける。「曲線」の概念のほうが「直線」の概念よりも広く、「直線」も広く考えると「曲線」に含まれ

るため「曲線」という表現がよく使われる。

(2) 縦軸と横軸の確認

グラフを読むときには、グラフの縦軸と横軸を確認する。読み違えると正しく理解できない。

たとえば、縦軸が価格なのか、利子率なのか、それとも限界効率なのかによってグラフが表している内容が変わる。横軸も単位が国民所得なのか、消費量なのかをしっかり確認しよう。

(3) 量が増えるから価格が下がるのか、価格が下がるから量が増えるのか

グラフの曲線の描かれかたも注意すべきポイントである。たとえば、価格が下がったから消費量が増えたのか、消費量が増えたから価格が下がったのかを区別しないと、グラフの示す結果が異なり、正しく理解できない。

(4) 曲線上の点の移動と曲線のシフト

試験対策上、注目すべきグラフの動き方に「曲線上の点の移動」と「曲線のシフト」がある。

曲線上の点の移動とは、需要曲線で価格が下がれば需要量は増えるように、需要曲線上を変化する動きである。

曲線のシフトとは、嗜好の変化によりある商品の需要が減少したり、不況などにより世の中の需要そのものが減少したときに、需要曲線自体が左下にシフトするような動きである。

【 曲線上の点の移動と曲線のシフト 】

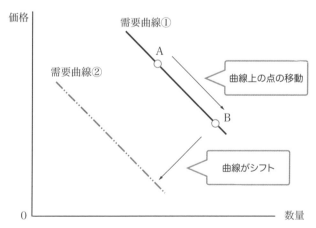

4 理解のための基礎用語

経済学・経済政策を理解するためには、普段はあまり使わない用語を覚える必要がある。ここでは、本書を読み進める上で必要な用語を紹介する。

(1) トレードオフと機会費用

みなさんは、何かをするときに、さまざまなトレードオフに直面している。

たとえば、仕事が終わって退社する際に、上司に飲みに誘われたときには、「仕事が終わって自宅でゆっくりして疲れを癒やすか」「いやな上司と飲みに行って気に入られるか」という選択にせまられる。

いやな上司と飲むより、自宅でゆっくりするほうがよいと考えがちだが、上司と飲みに行くことにより、気に入られて出世が早くなるかもしれない。

「ゆっくりして疲れを癒やす」という満足と「気に入られて早く出世をする」という満足は、両方とも魅力的であるが、時間は限られているため同時に実行できず、どちらかを選択することになる。この状態を「**トレードオフに直面している**」という。

トレードオフに直面している以上、何かを選択したときに、何かを放棄することになる。一般的に、何を放棄するかは損得勘定で考える場合が多い。何かを選択したとき、放棄したものを、**機会費用**と考えよう。

学生が日給8,000円のアルバイトを休んで、合コン（飲み代4,500円）に行く場合、機会費用を加味した合コンの費用は4,500円ではなく、4,500円＋8,000円＝12,500円となる。

経済学では、消費者も生産者も合理的に行動するときには、機会費用の考え方にしたがって行動すると考えている。

(2) 限界の概念

経済学には「限界」という用語がある。はじめて学習する方には理解しづらい言葉であるが、マクロ経済学でもミクロ経済学でも頻出する用語である。

「限界」とは、何かが少しだけ増加したときに、他のものがどれだけ増加するのかの割合とイメージしよう。

(3) ミクロ経済学と古典派

試験対策上、ミクロ経済学は古典派の考え方が中心となる。古典派はセイの法則にしたがう。**セイの法則**とは「供給は自ら需要をつくりだす」という考え方である。

ミクロ経済学では、個別の家計や企業の経済行動の分析からはじまり、市場および経済の分析をする。

具体的には、家計の中心である家族の満足を最大にする行動と、企業の利潤最大化の行動分析が中心である。

(4) マクロ経済学とケインズ

H20-04

古典派は、市場メカニズムによる価格の伸縮性により、需要と供給は一致すると

考えている。需要と供給が一致する経済では、政府が市場に介入して、総需要を調整する必要はない。

　しかし、1929年にニューヨークの株価暴落に端を発した世界大恐慌により、大量の製品が売れ残り、超過供給が発生して大量失業に至った。

　世界大恐慌のメカニズムについて、古典派の経済学ではうまく解明できなかった。世界大恐慌の中で**ケインズ**が登場し、超過需要が生じるメカニズムを見つけ、「総需要の大きさにより国民所得が決まり、雇用も決定する」という**有効需要の原理**を提唱した。

　ケインズの考え方は、ルーズベルト大統領のニューディール政策の基礎となりマクロ経済学の大きな位置を占めた。

【 マクロ経済学とケインズ 】

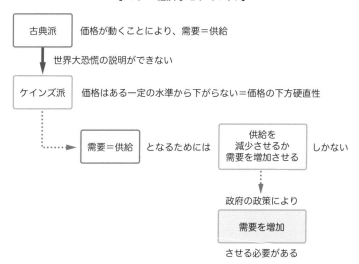

(5) 弾力性

　経済学では「何かが1％変化したときに、他のものが何％変化するか」を**弾力性**という。需要で考えると「価格が1％下がると、需要は何％増加するか」という考え方を、需要の価格弾力性という。

　これはゴムひもで考えると、価格という力を1％加えたときに需要がどれだけ伸びる（増加する）のかと考えることができる。増加の割合が大きいときには「弾力性が高い」といわれ、反対に増加の割合が小さいときには「弾力性が低い」といわれる。まったく変わらないときには「価格に対して非弾力的」という。この変化の割合を経済学では⊿（デルタ）という記号を用いて表す。

　次の図表を見ると、価格がP_2からP_1に低下した時、傾きが急な需要曲線D_aよりも、傾きが緩やかな需要曲線D_bのほうが、数量の増加割合が大きいため、需要の価格弾力性が高いといえる。

【 価格の低下と需要の増加割合 】

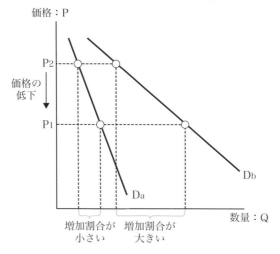

⑹ 需要と供給

H24-12

① 需要量

　需要量とは、財の価格のある水準に対して人々（家計）が買いたいと思う財の数量のことである。通常、価格が上がれば需要量は下がると考えられ、価格と需要量の関係を関数で表したものを**需要関数**という。需要関数を図示したものが**需要曲線**である。

② 供給量

　供給量とは、財の価格のある水準に対して人々（企業）が売りたいと思う財の数量である。通常、価格が上がれば、供給量は上がると考えられる。価格と供給量の関係を関数で表したものを、**供給関数**という。供給関数を図示したものが**供給曲線**である。

【 市場における需要と供給 】

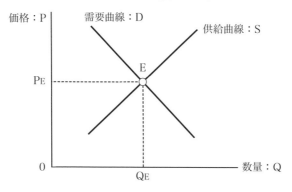

⑺ 国内総生産 (GDP)

GDP (Gross Domestic Product) は、一国の経済活動を包括的に示す指標・景気を測る指標として重要なもので、内閣府が作成・公表している。

国内で一定期間内に生産されたモノやサービスの付加価値の合計額であり、日本企業が海外支店等で生産したモノやサービスの付加価値は含まれない。

⑻ 物価

消費者は、様々な財 (モノ) を購入し、各種サービスを利用している。企業間においても、多種多様な財・サービスが取引されている。

財・サービスの価格は、需要や供給を反映して変動する。これら財・サービスの価格を集計したものを、個々の価格と区別して「**物価**」という。物価は、財・サービスの価格を総体的に捉えたものであり、経済の実態を映す鏡などともいわれる。

R05-05 ### ⑼ 名目 GDP と実質 GDP

名目値とは、対象となる時点の価格で評価した金額である。**名目 GDP** は、実際に取引されている価格に基づいて推計されるため、物価変動の影響を受ける。つまり、生産量が変化しなくても、価格が上昇すれば名目 GDP は増加する。

異なる時点の GDP を比較する場合、名目値を使用すると、その違いが生産量の変化によるものなのか、物価水準の変化によるものかが明らかにならない。そのため、景気判断や経済成長率をみる場合には、名目 GDP だけでなく実質 GDP も重視される。

実質 GDP は、ある年 (基準年) の価格水準を基準として、物価変動要因が取り除かれている。名目 GDP から物価変動要因を取り除き、実質 GDP に修正する際に用いられる指数を **GDP デフレータ** という。

R02-03
H28-01
H19-01 ### ⑽ GDP デフレータ

GDP デフレータは名目 GDP を実質 GDP で除すことにより算出される。

$$\text{GDP デフレータ} = \frac{\text{名目 GDP}}{\text{実質 GDP}} \times 100$$

H28-07
H25-09
H19-06 ### ⑾ インフレーションとデフレーション

① インフレーション

インフレーションとは物価水準の上昇が続いて、貨幣価値が下がっていく状態である。インフレーション (inflation) とは (ふくらませること) を意味する。

たとえば、バナナの価格が 100 円から、120 円⇒130 円⇒140 円と上昇しているとき、バナナの価値が変わらないとしたら、貨幣の価値が下がったため、同じバナナを購入するときによりたくさんの貨幣が必要になったと考えることができる。

このような状態をインフレーションが進んでいるという。

> 物価（上昇）⇔ 貨幣価値（低下）

② デフレーション

デフレーションとは、通貨量の縮小に伴い物価水準が低下していく状態である。デフレート（deflate）とは（空気を抜く）ことを意味する。

たとえば、バナナの価格が100円から、90円⇒ 80円⇒ 70円と低下しているとき、バナナの価値が変わらないとしたら、貨幣の価値が上昇したため同じバナナを購入するときにより少ない貨幣で購入できるようになったと考えることができる。このような状態をデフレーションが進んでいるという。

> 物価（低下）⇔ 貨幣価値（上昇）

③ デフレ・スパイラル

デフレ・スパイラルとは、需要の減退→物価の下落→企業採算悪化→リストラによる人員整理→所得の減少→消費の冷え込み→需要の減退→物価の下落という形でデフレがさらに進行することである。

需要の減退が生じている際に生じる失業は、需要不足失業または、循環的失業ともいわれる。

⑿ 経済学の略語

本書では、説明を簡略するため、アルファベットの略語が用いられている。各略語の定義は下記のとおりである。なお、本試験では出題者の意図により略語の定義が変わるため、問題文中の定義にしたがってほしい。また、経済学の略語は和訳と異なる場合があることにも留意したい。

1	P (price)	価格、物価
2	Q (quantity)	数量、需要量や供給量を示すこともある
3	D (demand)	需要
4	S (supply)	供給
5	Y (yield)	生産、国民所得、国内総生産 (GDP)
6	C (consumption)	消費
7	I (investment)	投資
8	S (savings)	貯蓄
9	L (liquidity)	流動性、貨幣需要
10	M (money)	貨幣、名目貨幣供給量、予算
11	BP (balance of payments equilibrium)	国際収支均衡
12	MC (marginal cost)	限界費用
13	AC (average cost)	平均費用
14	VC (variable cost)	可変費用
15	FC (fixed cost)	固定費用
16	TC (total cost)	総費用
17	TR (total revenue)	総収入
18	AD (aggregate demand)	総需要
19	AS (aggregate supply)	総供給
20	MR (marginal revenue)	限界収入
21	IM (import)	輸入
22	EX (export)	輸出
23	r (rental)	利子率
24	E (equilibrium)	均衡
25	U (utility)	効用
26	T、t (tax)	税金、税率

Ⅱ 国民経済計算の基本概念

経済学者や政策立案者が、一国の経済活動水準を把握するために、データを分析・収集する統計体系を国民経済計算という。

日本の景気を測る指標として、以前は、主にGNP（Gross National Product）が用いられていたが、現在は国内の景気をより正確に反映する指標としてGDP（Gross Domestic Product）が重視されている。

1 国民経済計算の特徴

(1) 経済の循環

国民経済計算では2つの側面から測定する。1つは、経済の全員の総所得であり、もう1つは、経済の財・サービスへの総支出である。あらゆる取引には、買い手と売り手の2種類の参加者がいるため、経済全体において、総所得は総支出に等しくなる。

経済の循環図を見ると、家計は財・サービスの市場を通じて、企業から財・サービスを購入し、企業は生産要素市場を通じて、販売により得た売り上げなどの収入から、労働者へ賃金、不動産の賃貸料、株主へ利潤を支払っていることがわかる。

【 経済の循環図 】

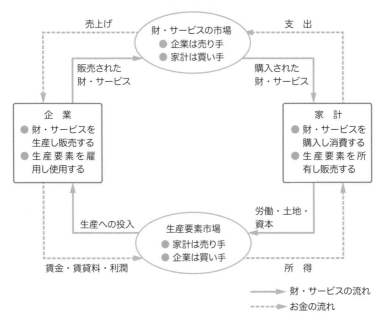

出典：N.GregoryMankiw「Principles of Economics」を一部加筆・修正

(2) 要素所得の理解

　要素所得とは、労働、資本などの生産要素を提供した見返りとして得られる労働報酬としての賃金や、資本報酬としての利子や配当などの総称である。

R02-03
H28-01
H26-01
H23-01
H22-01

2 GDP と GNI (GNP)

(1) 国内総生産 (GDP) と国民総生産 (GNP)

　GDPは、国内で一定期間内に生産されたモノやサービスの付加価値の合計額である。GDPには、日本企業が海外支店等で生産したモノやサービスの付加価値は含まれない。

　GNPは、国内に限らず、日本企業の海外支店等の所得も含んでいる。現在では、GNP（国民総生産）の概念がなくなり、同様の概念として、GNI（国民総所得）が新たに導入されている。

(2) GDP と GNI、GNP の関係

　GDPとGNI、GNPには次のような関係がある。

> GNP ＝ GDP ＋ 海外からの所得の純受取 ＝ GNI

※名目値での計算

　本試験では、次のように出題されている。

> GNP ＝ GDP ＋ 海外からの要素所得の受取 － 海外への要素所得の支払

　上記の海外からの要素所得の受取から海外への要素所得の支払いを差し引いたものを、海外からの純要素所得または海外からの所得の純受取という。

H21-01 ### (3) 付加価値

　付加価値とは、生産において新たに付け加えられた価値である。付加価値は、生産された財の価値から投入された中間生産物（中間投入）の価値を引いて算出される。

　中間生産物とは、生産活動の途中で他の財を生産するために投入される財である。中間生産物でないものは最終生産物である。

【付加価値算出の例題】

　オレンジの生産に必要とされる中間生産物などの投入費用をゼロとしたとき、下記の付加価値の合計を考えよう。

　　(a) 農家による「オレンジ」の生産が40万円であった。飲料メーカーに30万円分を卸し、残りの10万円分を消費者に販売した

⒝ 飲料メーカーは農家から仕入れた30万円分の「オレンジ」で、「オレンジジュース」50万円分を生産した
⒞ スーパーマーケットは飲料メーカーから50万円分の「オレンジジュース」を仕入れ、消費者への「オレンジジュース」の販売が60万円であった

【 付加価値の構造 】

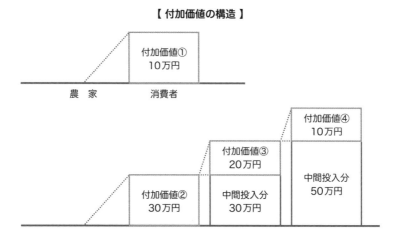

　図表の付加価値①は、農家によって生産された財（オレンジ）40万円分のうち、10万円分を消費者に販売している部分である。中間生産物などの投入費用をゼロと考えると、この段階の付加価値は下記のように計算する。

> 付加価値①＝生産された財の価値－投入された中間生産物の価値
> 　　　　　＝10万円－0円＝10万円

　図表の付加価値②は、農家によって生産された財（オレンジ）40万円分のうち、30万円分を飲料メーカーに卸している部分である。①と同様に投入費用をゼロと考えると、この段階の付加価値は下記のように計算する。

> 付加価値②＝生産された財の価値－投入された中間生産物の価値
> 　　　　　＝30万円－0円＝30万円

　図表の付加価値③は、飲料メーカーが生産した財（オレンジジュース）50万円分をスーパーマーケットに販売する際に加えられたものである。財の生産にあたって投入された中間生産物は、飲料メーカーが農家から仕入れたオレンジ30万円分である。この段階での付加価値は下記のように計算する。

> 付加価値③＝生産された財の価値－投入された中間生産物の価値
> 　　　　　＝50万円－30万円＝20万円

図表の付加価値④は、スーパーマーケットが飲料メーカーから仕入れた財（オレンジジュース）50万円分を消費者に60万円で販売する際に加えられたものである。この段階での付加価値は下記のように計算する。

> 付加価値④＝生産された財の価値－投入された中間生産物の価値
> 　　　　　＝60万円－50万円＝10万円

　付加価値の合計は、次のようになる。

> 付加価値の総合計
> 　　　　　＝付加価値①＋付加価値②＋付加価値③＋付加価値④
> 　　　　　＝10万円＋30万円＋20万円＋10万円＝70万円

　付加価値の合計は、最終的な生産物の価値と等しくなるため、農家が消費者に財（オレンジ）を販売した金額10万円とスーパーマーケットが消費者に財（オレンジジュース）を販売した金額60万円を合計してもよい。

（4）**需給ギャップ**

　需給ギャップはGDPギャップとも呼ばれ、GDPギャップ＝（実際のGDP－潜在GDP）÷潜在GDPとなる。GDPギャップのマイナスは供給に対して需要が不足していることを意味する。潜在GDPは、経済の過去のトレンドからみて平均的な水準で生産要素を投入した時に実現可能なGDPと定義される。

$$GDP ギャップ ＝ \frac{（実際のGDP－潜在GDP）}{潜在GDP}$$

（5）**経済成長率と寄与度・寄与率**

① **経済成長率**

　経済成長率とは、国内総生産（GDP）などの成長の速度である。GDP成長率は次の式で求められる。

$$GDP 成長率 ＝ \frac{今期のGDP－前期のGDP}{前期のGDP} ×100$$

② **寄与度**

　寄与度とは、経済成長率に対する、各需要項目の貢献度を示している。具体的に、国外からの需要である外需を用いると次のようになる。

$$今期の外需の寄与度 = \frac{今期の外需 - 前期の外需}{前期のGDP} \times 100$$

③ 寄与率

寄与率とは、時系列において、全体の変化に対してある内訳がどのくらい寄与したかを示している。下記GDPの増加率に対して外需の増加率を示している。

$$外需の寄与率 = \frac{外需の増加率}{GDPの増加率} \times 100$$

R01-03
H30-05
H29-04
H27-03
H26-01
H22-01
H20-01

3 三面等価の原則 Ⓐ

(1) 三面等価の原則

　国民経済計算において「生産面」から見た国内総生産は、「分配面」「支出面」からも見ることができる。これは同じものを異なった側面から見ているだけで、国内経済全体の生産・分配・支出は等しくなる。これを**三面等価の原則**という。

　GDPなどは、一国の経済活動の水準を表すために用いられ「経済変数」といわれる。経済変数は事前の変数と、事後の変数に大別される。事前・事後というのは、それぞれの変数が表そうとする経済活動が行われる前 (事前) か、行われた後 (事後) かという区別である。

　GDPの概念は、ある年の経済活動が完了してから、その期間の全般的な生産水準を表す数値であるため、事後の変数である。そのため、三面等価の原則は、事後的に一致することになる。

【 三面等価の原則 】

　一方、事前の変数は経済活動が行われる前に経済主体が立てた予定 (スケジュール) を表すため、スケジュール量とも呼ばれる。例えば、消費関数の中の所得や消費支出といった変数は、事前の変数である。

⑵ 生産面・分配面・支出面から見た場合

　一国の国内で一定期間に行われた最終生産物への支出の総額は**国内総支出（Gross Domestic Expenditure：GDE）**と呼ばれる。GDEは、事後的にGDPと一致する。

① 分配面のGDP

　付加価値が生産活動への貢献に応じて、どのように所得として分配されたかを見たものである。

> 分配面のGDP
> ＝雇用者報酬＋固定資本減耗＋生産・輸入品に課される税（図表では間接税と表記）−補助金＋営業余剰・混合所得（純）

(a) **営業余剰・混合所得**は、生産活動から発生した付加価値のうち、資本を提供した企業部門の貢献分を指すものである。生産に使用した固定資産から発生する固定資本減耗を含む場合は（総）、含まれない場合は（純）として表記される。

(b) **営業余剰**は、生産活動への貢献分として、法人企業部門（非金融法人企業と金融機関）の取り分を含むとともに、家計部門のうち持ち家分の取り分も含む。

(c) **混合所得**は、家計部門のうち、持ち家分の取り分を除く個人企業の取り分であり、その中に事業主等（個人企業の所有者や家族従業員など）の労働報酬的要素を含む。

② 生産面のGDP

　国内におけるモノやサービスの産出額の合計から、産出のために使用した原材料等の中間生産物（中間投入）を差し引いたものである。

> 生産面のGDP＝産出額−中間生産物（中間投入）

③ 支出面のGDP

　産出されたモノやサービスが、どのような形で最終的に使用（在庫品の変動を含む）されたのかを見たものである。

> 支出面のGDP＝最終消費支出＋総資本形成＋輸出−輸入

(a) **最終消費支出**には、民間最終消費支出と政府最終消費支出が含まれる。

(b) **総資本形成**は、総固定資本形成と在庫変動の合計である。総資本形成には、総固定資本形成（民間住宅投資＋民間企業設備投資＋公的固定資本形成）と在庫変動（民間企業と政府・公的企業の在庫品の変動）が含まれる。

⑶ 総需要の区分

　国民経済計算は、総需要をいくつかの項目に区分している。国内需要（国内最終

需要）は、民間需要（民間最終消費支出＋民間住宅投資＋民間企業設備投資＋民間在庫品変動）と公的需要（政府最終消費支出＋公的固定資本形成＋公的在庫品変動）の合計である。アブソープションと同義でもある。

【 支出面のGDPと総需要の関係 】

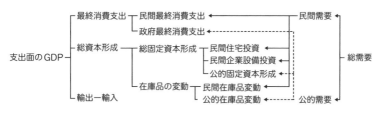

【 三面等価の原則】

4 その他、国民経済計算に関する知識

(1) 国内純生産 (net domestic product：NDP) の定義

　国内純生産とは、一定期間に国内で生産された純付加価値の合計である。国内総生産から固定資本減耗を差し引いたものが市場価格表示の国内純生産である。これからさらに純間接税（間接税－補助金＝純間接税）を差し引いたものが要素費用表示の国内純生産である。

国内純生産（市場価格表示）＝国内総生産－固定資本減耗

⑵ 要素費用表示と市場価格表示

　ものの価値を表す方法には２種類ある。１つは、要素費用表示であり、もう１つは、市場価格表示である。

① 要素費用表示

　要素とは生産要素の略である。**要素費用表示**とは、生産されたものの価値を、生産に必要な生産要素に対して支払われた費用（雇用者報酬、営業余剰、固定資本減耗など）の合計で表している。

② 市場価格表示

　市場価格表示とは、市場で購入した価値で表している。市場価格は消費税も含んだ金額になる。GDPを測定する際には、市場価格表示を原則としている。

③ 要素費用表示と市場価格表示の関係

　現実の経済では国や地方自治体が生産物に間接税をかけたり補助金を出したりしている。そのため、市場価格表示による生産物の大きさは、各生産要素が実際に生み出したものより、間接税分だけ高く、補助金分が低くなっている。

> 要素費用表示＝市場価格表示－間接税＋補助金

⑶ 帰属計算と公共サービス

　国民経済計算は、市場価格表示を原則としているため、市場で取引されるものは計算されるが、市場で取引されないものは計算されない。例えば、家族での温泉旅行や子供へのプレゼントの購入は市場での取引があるため計算に加えるが、家族総出の大掃除や子供へのお小遣い、主婦の家事労働は市場での取引ではないため計算に加えない。しかし、①帰属家賃、②農家の自家消費、③公共サービスの３つは例外的に計算に加える。

① 帰属家賃

　すでにマンションや自宅を購入し、現在も所有している人が、自分自身に家賃を支払ったと考えて仮の家賃を計算に加えることを**帰属家賃**という。

② 農家の自家消費

　農家の人が自分の田畑で栽培した作物を自分の家で消費することを**農家の自家消費**という。

③ 公共サービス

　警察、消防、行政などの公共サービスは、市場で取引されているものではないが、国民経済計算に加える。

厳選!! 必須テーマ［○・×］チェック ──第1章──

過去 23 年間（平成 13〜令和 5 年度）本試験出題の必須テーマから厳選！

■■■ **問題編** ■■■　　　**Check!!**

問1 (R03-13改題)　　　　　　　　　　　　　　　　　　　　［○・×］
　供給曲線が左方にシフトし、需要曲線が右方にシフトすると必ず均衡価格が上昇する。

問2 (H20-04)　　　　　　　　　　　　　　　　　　　　　　［○・×］
　古典派マクロ経済理論ではセイの法則が成立し、需要サイドからGDPが決定されると主張する。

問3 (H19-06)　　　　　　　　　　　　　　　　　　　　　　［○・×］
　人々が物価の持続的上昇を予想すれば、支出を手控えることになり、デフレ・スパイラルに陥り、不況をさらに悪化させることがある。

問4 (H25-09)　　　　　　　　　　　　　　　　　　　　　　［○・×］
　期待インフレ率がより高くなるのと同じだけ、名目利子率も高くなると、実質利子率も高くなる。

問5 (H29-05)　　　　　　　　　　　　　　　　　　　　　　［○・×］
　需給ギャップのマイナスが拡大しているとき、景気は後退していると考えられる。

問6 (H23-01)　　　　　　　　　　　　　　　　　　　　　　［○・×］
　GDP＝GNP＋海外からの要素所得受取－海外への要素所得支払である。

問7 (R04-03)　　　　　　　　　　　　　　　　　　　　　　［○・×］
　持ち家の帰属家賃や農家の自家消費は、市場において対価の支払いを伴う取引が実際に行われているわけではないが、家計最終消費支出に含まれる。

問8 (H20-01)　　　　　　　　　　　　　　　　　　　　　　［○・×］
　生産面から見たGDP、分配面から見たGDP、支出面から見たGDPが事前的に一致することを「三面等価の原則」という。

問9 (R02-03)　　　　　　　　　　　　　　　　　　　　　　［○・×］
　国内総生産は、各生産段階で生み出される産出額の経済全体における総額である。

問1　○：設問文のとおり。
問2　×：供給サイドからGDPが決定される。
問3　×：物価の持続的下落により、デフレ・スパイラルに陥ることがある。
問4　×：実質利子率＝名目利子率－期待インフレ率であるため、変化しない。
問5　○：需給ギャップのマイナスは供給に対して需要が不足していることを意味
　　　　　する。
問6　×：GDP＝GNP＋海外への要素所得支払－海外からの要素所得受取である。
問7　○：設問文のとおり。
問8　×：三面等価の原則は事後的に一致する。
問9　×：各生産段階で生み出される「産出額」ではなく、各生産段階で生み出さ
　　　　　れる「付加価値額」である。

■■■ 問題編 ■■■

　ある遊園地では、入場料とアトラクション乗車料金の2部料金制をとっている。太郎さんがこの遊園地のアトラクションに乗る回数は1回当たりの料金に依存するので、下図のような需要曲線Dが描けるとする。また、この遊園地がアトラクション乗車1回で負担する限界費用は 200円であるとする。下図に関する記述の正誤の組み合わせとして、最も適切なものを下記の解答群から選べ。

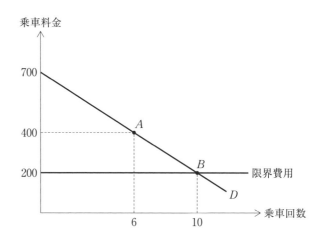

a　点Aにおいて太郎さんが支払う費用は1,200円である。

b　点Aよりも点Bの方が、太郎さんの消費者余剰は大きい。

c　入場料700円を支払った後に、点Aにおいて太郎さんはこのアトラクションに6回乗る。

〔解答群〕

ア　a：正　　b：正　　c：正

イ　a：正　　b：正　　c：誤

ウ　a：誤　　b：正　　c：正

エ　a：誤　　b：正　　c：誤

オ　a：誤　　b：誤　　c：誤

解答：ウ

　需要曲線と供給曲線に関する出題である。問題文には2部料金制の記述があるが、問いかけ自体は需要曲線と供給曲線（限界費用曲線）の基本問題である。経済学・経済政策では、与えられた仮定に基づき解答することが必要である。

a：不適切である。点Aにおいて太郎さんが支払う費用は、乗車料金（400円×6回）に入場料を加えた額である。

b：適切である。消費者余剰は、乗車回数が6回の点Aより、乗車回数が10回の点Bの方が大きい。

c：適切である。与えられた問題のグラフを分析すると、グラフの縦軸は乗車料金であるため、入場料の金額に関わらず点Aにおいては400円で6回乗車することがわかる。

　よって、bとcが適切であるため、ウが正解である。

テーマ別出題ランキング

過去23年分 平成13年（2001年）～令和5年（2023年）	
1位	ケインズ型消費関数
2位	財市場の分析
3位	政府支出乗数
3位	租税乗数

直近10年分 平成26年（2014年）～令和5年（2023年）	
1位	財市場の均衡
1位	投資乗数
2位	ケインズ型消費関数
2位	政府支出乗数
3位	租税乗数
3位	IS曲線の形状とシフト

過去23年間の出題傾向

　財市場の均衡と投資乗数が直近10年間で5回の出題となっているものの、全体的に各テーマ間の繋がりが強く、満遍なく出題されている。複数のテーマにわたって問われる出題も多いため、ひとつひとつのテーマの内容をしっかりと理解しながら学習を進めていこう。

第 2 章

財市場(生産物市場)の 分析

I 消費関数の理解

1 財市場の分析

(1) マクロ経済学で分析する市場

マクロ経済学で分析する市場には、財市場、資産市場（貨幣市場・債券市場）、生産要素市場の3つがある。

財市場とは、生産物市場ともいわれ、財・サービスの市場である。**資産市場**とは、資産の売買や貸し借りをする市場で、貨幣市場と債券市場がある。**生産要素市場**とは、生産要素である資本、労働、土地（天然資源も含む）を取り扱う市場である。

経済学の分析方法は、すべての物事を同時に分析するのではなく、仮定を設けて、一つひとつを分析して、分析の結果をもとに総合的な動きを説明する方法を用いる。

財市場の分析でも「45度線分析⇒投資の分析⇒IS曲線の分析」のように各分析のステップがある。

【 マクロ経済学の市場 】

```
            財市場
         ↗        ↖
  資産市場  ⇄  生産要素市場
```

(2) 財市場の分析

財市場の分析では、財市場において需要と供給が一致するように国民所得（国内総生産：GDP）が決定する仕組みを考える。

(3) 財市場の需要要因

財市場の需要には、消費、投資、政府支出、輸出、輸入がある。これらは、生産された財が使用される形式を示している。

① 消費 (C)

家計が「もの」を購入することを**消費**という。家計部門が消費のために購入する財・サービスの総額である。消費支出ともいわれる。消費の増加は需要に対してプラスになる。

② 投資 (I)

企業が工場の建設や設備などの「もの」を購入することを**投資**という。45度線分析では、利子率を一定と仮定しているため、投資は一定としている。投資の増加は需要に対してプラスになる。

③ 政府支出 (G)

政府部門が財やサービスを購入することを**政府支出**（公共投資、財政支出）という。政府支出には、政府消費と政府投資の2つがあり、いずれも政府によって決定される。分析上は、両方あわせて政府支出という。

政府支出により、道路や橋が造られると、受注した業者は、アスファルトやコンクリート、鉄鋼などの財を購入するため、需要に対してプラスになる。

政府支出は政策により決定されるため、45度線分析では一定としている。

④ 輸出と輸入 (EX・IM)

日本で生産されたものが、海外の企業や消費者に購入されることを**輸出**という。また、日本国内の企業や消費者が海外のものを購入することを**輸入**という。

45度線分析では、輸出と輸入を考慮しない閉鎖経済体制と仮定することが多い。閉鎖経済体制とは、江戸時代の日本の鎖国と同じように国外との貿易を禁止する経済体制である。

輸出は国外の人が日本の製品を購買するため、需要に対してプラスとなる。また輸入は国内で日本の製品の代わりに海外の製品を購入するため需要に対してマイナスとなる。

$$総需要 (Y_D) = C + I + G + EX - IM$$

2 ケインズ型消費関数

R04-04
R03-04
R01-04
H24-07
H23-06
H22-05
H21-04

(1) ケインズ型消費関数

ケインズ型消費関数は絶対的所得仮説とも呼ばれ、消費が現在の所得に依存する消費関数である。ケインズは消費と国民所得との間に何らかの関係があると考え、次の式で示した。

$$C = a + cY$$

上記の式で、Cは消費、Yは国民所得、aは基礎消費、cは限界消費性向である。**基礎消費 (a)** は、たとえ所得がなくても生きるために最低限必要な消費とイメージしよう。

(2) 限界消費性向

R03-04
H24-05

限界消費性向 (c) は、増加所得 (ΔY) のうち消費に向ける割合である。ケインズは消費として支出しない所得は貯蓄すると考えた。

例えば、ある人の限界消費性向が0.6の場合、現在の所得より100万円増加したら、増加分の100万円のうち消費に60万円支出し、残りの40万円は貯蓄する。限界消費性向（c）は、下記の式になる。

$$限界消費性向（c）= \frac{\Delta C}{\Delta Y} \quad 0 < c < 1$$

(3) 平均消費性向

平均消費性向は、消費者が所得全体のうち消費に向ける割合である。Yを所得、Cを消費とすると、平均消費性向はC／Yと示される。図表「消費量と国民所得（GDP）の関係」で、平均消費性向と限界消費性向の違いを理解してほしい。

【 消費量と国民所得（GDP）の関係① 】

国民所得 (Y)	消費量 (C)	平均消費性向 (C／Y)	Yの変化量 (ΔY)	Cの変化量 (ΔC)	限界消費性向 (ΔC／ΔY)
100	160	1.6	＋100	＋60	0.6
200	220	1.1	＋100	＋60	0.6
300	280	0.93	＋100	＋60	0.6
400	340	0.85	＋100	＋60	0.6
1,000	700	0.7	＋600	＋360	0.6

【 消費量と国民所得（GDP）の関係② 】

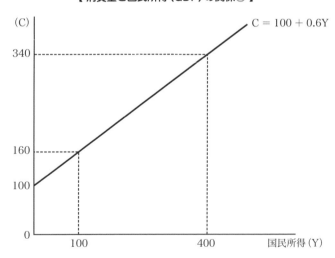

上記の図表は、基礎消費は100、限界消費性向が0.6のグラフである。限界消費性向（直線の傾き）は一定だが、平均消費性向（C／Y）は国民所得（Y）が増加するにつれて減少することがわかる。

II 45度線分析

R05-07
R04-06
R03-05
H30-07
H28-08
H26-04

1 財市場の均衡 Ⓐ

(1) 財市場の均衡

　財市場において総供給(Y_S) =総需要(Y_D)になることを**財市場の均衡**という。45度線分析では、総供給(Y_S)は常に国民所得と等しくなるため、グラフでは45度の曲線になる。45度線分析では、45度の総供給の曲線と、総需要曲線の交点に国民所得(Y)が決定する。

【 国民所得と総供給の関係 】

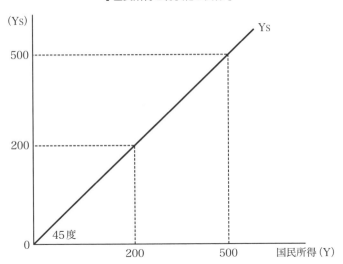

　上記の図表をみると、横軸の国民所得(Y)が200のときには、縦軸の総供給(Y_S)も200となることがわかる。

(2) 消費と投資のみを考慮する場合の総需要と総供給

　消費と投資のみを考慮する場合には、政府支出や輸出・輸入を考慮しないため、総需要(Y_D) = C + Iとなる。
　C = 100 + 0.6Y、I = 100と仮定すると、Y_SとY_Dの関係は次の図表のようになる。総供給(Y_S) =総需要(Y_D)となるのは、国民所得(Y) = 500のときである。

【 総需要（Y_D）＝ C ＋ I（グラフ）】

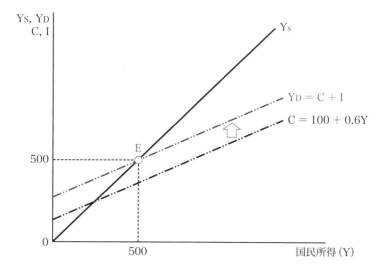

⑶ 海外部門を考慮しない場合の総需要と総供給

　海外部門を考慮しない場合には、総需要は消費と投資、政府支出のみとなる。総需要（Y_D）＝ C ＋ I ＋ G となる。

　消費（C）と投資（I）は前述と同様とし、政府支出を G ＝ 40 と仮定すると、Y_S と Y_D の関係は次の図表のようになる。総供給（Y_S）＝総需要（Y_D）となるのは、国民所得（Y）＝ 600 のときである。このとき、Y_D の直線の傾きは、消費と投資のみを考慮する場合と同様に 0.6 となる。

【 総需要（Y_D）＝ C ＋ I ＋ G（グラフ）】

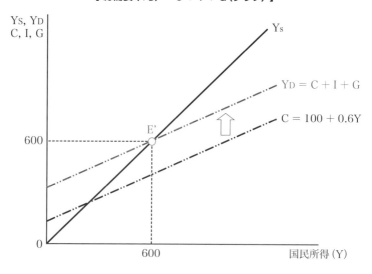

(1) デフレ・ギャップ

① 図表の理解

デフレ・ギャップの図表をみると、国民所得（Y）が完全雇用国民所得水準（Y_F）のとき、財市場の総供給（Y_S）が総需要（Y_D）を超過している。超過供給の部分（図のAB間）を**デフレ・ギャップ**という。**完全雇用国民所得水準**とは、すべての労働者が雇用されている状態である。

② 超過供給から均衡点へ

45度線分析では、物価水準が一定であると仮定しているため、企業は生産量を削減することで、超過供給を解消しようと考える。企業が生産量を削減すると総供給は減少する。総供給の減少にともない、国民所得もY_Fから減少し、総需要＝総供給となる均衡国民所得水準（Y_E）へと向かう。

③ デフレ・ギャップの具体例

例えば、$Y_D=50+0.8Y$（Y_D：総需要、Y：GDP）で、完全雇用GDPが300の場合、完全雇用GDPに対して10のデフレギャップが存在している。$Y_D=50+0.8Y$に、完全雇用GDP300を代入すると、$Y_D=290$となる。Y_Sは国民所得と一致するため、$Y_S=300$となる。Y_DとY_Sの差（図のAB間）がデフレ・ギャップとなり、デフレ・ギャップは10となる。

【 デフレ・ギャップ 】

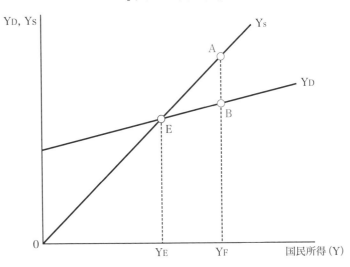

(2) **インフレ・ギャップ**

① 図表の理解

インフレ・ギャップの図表をみると、国民所得（Y）が、完全雇用国民所得水準（Y_F）のとき、財市場の総需要（Y_D）が総供給（Y_S）を超過している。超過需要の部分（図のCD間）を**インフレ・ギャップ**という。

② インフレ・ギャップが生じている理由

完全雇用国民所得水準で、インフレ・ギャップが生じているときには、すでに完全雇用のため、生産拡大のために必要な労働は雇用されている。そのため、生産拡大ができず、需要が拡大しても供給の増加で対応できないため、ものが希少になり物価が上昇して、インフレーションになる。

【 インフレ・ギャップ 】

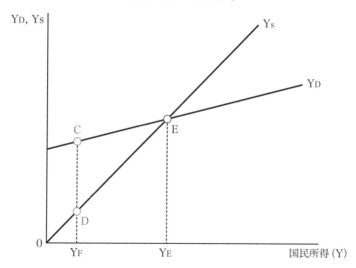

3 有効需要の原理

(1) 有効需要の原理

総需要（Y_D）が少なくなれば、それに合わせて総供給（Y_S）も削減され、国民所得は小さくなる。総需要（Y_D）が増加すれば、総供給（Y_S）は増加し、国民所得は大きくなる。このような需要量（有効需要）の大きさが国民所得の大きさを決める考えを「**有効需要の原理**」という。

(2) 図表による理解

図表をみると、財市場における総需要が増加し、総需要線Y_Dが$Y_D → Y_D' → Y_D"$

と上方にシフトすると、国民所得（Y）は総需要（Y_D）と、総供給（Y_S）の交点に決まり、$Y_0 \rightarrow Y_1 \rightarrow Y_2$と増加することがわかる。

(3) 有効需要創出効果が弱められる、もしくは無くなるケース

① 在庫が存在しており、政府支出の増加に対して、財貨・サービスの供給を、在庫の取り崩しによって対応する

② 政府支出の増加によって、以前は民間によって供給されていた財貨・サービスを、政府が民間に代わって供給する

【 有効需要の原理 】

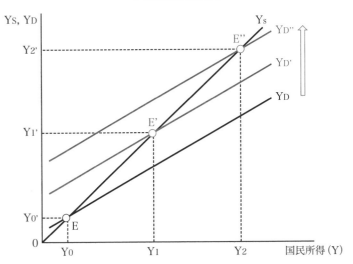

4 ケインズ型貯蓄関数 (基)

(1) 貯蓄関数

貯蓄関数とは、貯蓄量とそれを決定する要因との間に存在する関数である。ケインズ型消費関数から考えると、下記のようになる。

$$
\begin{aligned}
貯蓄 (S) &= 所得 (Y) - 消費 (C) \\
&= Y - (a + cY) \\
&= -a + (1 - c) Y
\end{aligned}
$$

$$
S = -a + (1 - c) Y
$$

$(1 - c) = s$とすると、$S = -a + sY$の貯蓄関数が求められる。aは基礎消費で、

sは限界貯蓄性向となる。

⑵ 限界貯蓄性向

　追加的所得⊿Yに対する追加的貯蓄⊿Sの割合を**限界貯蓄性向**という。所得（Y）が1増加したとき、どれだけ貯蓄（S）に向けられるかを示している。

　限界貯蓄性向（s）は、所得の増加分（⊿Y＝1）から限界消費性向（c）をマイナスした数値になる。

$$限界貯蓄性向（s）＝（1－c）$$

⑶ 平均貯蓄性向

　消費者は、所得（Y）の一部を消費（C）し、残りを貯蓄（S）する。所得に対する貯蓄の割合を**平均貯蓄性向**という。平均貯蓄性向はS／Yと示される。平均消費性向との関係は下記のようになる。

$$平均貯蓄性向（\frac{S}{Y}）＝1－平均消費性向（\frac{C}{Y}）$$

　次の図表をみると、国民所得がゼロの場合、消費はa、貯蓄は－aとなる。45度線と消費関数の交点（E）では、貯蓄はゼロとなる。これは、国民所得と消費が一致しているからである。国民所得が消費よりも大きくなると、貯蓄はプラスになる。

【 ケインズ型の貯蓄関数と消費関数の関係 】

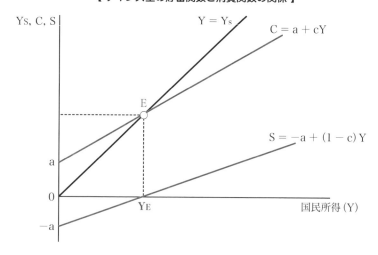

III 投資乗数と政府支出乗数の理解

R05-07
R03-05
H30-07
H29-04
H26-04

1 投資乗数 Ⓐ

(1) 投資乗数の概要

投資乗数とは、投資が変化したとき国民所得がどれだけ変化するかを、後者の前者に対する倍率で表したものである。限界消費性向を c、投資変化額を $\triangle I$、所得の変化額を $\triangle Y$ とすると、次のような数式で表される。

$$\triangle Y = \frac{1}{1-c} \triangle I$$

上記の式より、投資が1単位増加（$\triangle I$）すると、$\dfrac{1}{1-c}$ 倍の国民所得が増加（$\triangle Y$）することがわかる。投資の増加（$\triangle I$）の $\dfrac{1}{1-c}$ 倍だけ国民所得が増加（$\triangle Y$）する効果を**乗数効果**という。上記の式から、限界消費性向が大きくなると、均衡GDPも大きくなることがわかる。

(2) 乗数理論と有効需要

乗数理論はケインズ理論の核心を構成している。有効需要の構成要素のひとつである投資の一定の変化額は、波及効果により、その乗数倍の有効需要を生み出すとされる。

R04-05
R03-05
H28-08
H24-07
H23-06
H22-05

2 政府支出乗数 Ⓑ

(1) 政府支出乗数の概要

政府支出乗数とは、政府支出が変化したとき国民所得がどれだけ変化するかを、後者の前者に対する倍率で表したものである。限界消費性向を c、政府支出の変化額を $\triangle G$、所得の変化額を $\triangle Y$ とすると、次のような数式で表される。

$$\triangle Y = \frac{1}{1-c} \triangle G$$

この式より、政府支出が1単位増加（$\triangle G$）すると、$\dfrac{1}{1-c}$ 倍の国民所得が増

加（ΔY）することがわかる。政府支出の増加（ΔG）の $\dfrac{1}{1-c}$ 倍だけ国民所得が増加（ΔY）する効果を**乗数効果**という。

(2) 政府支出乗数の算出方法

政府支出乗数は次の計算で求められる。国民所得（Y）は、総需要Y_D＝総供給Y_Sとなる水準に決定する。総需要（Y_D）＝C＋I＋Gとし、C＝a＋cY、I＝I_0、G＝G_0とすると下記のようになる。基本的には投資乗数も同様の算出方法のため参考にしてほしい。

$$Y_D = C + I + G = (a + cY) + I_0 + G_0$$

総供給はY_S＝Yのため、Y_S＝Y_Dは、Y＝（a＋cY）＋I_0＋G_0となる。式を変形すると次のようになる。

$$Y - cY = a + I_0 + G_0$$
$$(1 - c)Y = a + I_0 + G_0$$
$$Y = \frac{1}{1-c}(a + I_0 + G_0)$$

(3) 政府支出乗数の効果

次の図表で政府支出乗数を考える。ΔGの政府支出増加により、総需要（Y_D）がその分増加し、Y_Dは$Y_D{}'$へとΔGだけ上方にシフトする。新しい総需要（$Y_D{}'$）と総供給の均衡点は点E'となり、国民所得は$Y_E{}'$となる。

国民所得の増加量（ΔY）と、政府支出の増加量（ΔG）を比較すると、国民所得の増加量（ΔY）は、政府支出の増加量（ΔG）より大きいことがわかる。

(4) 限界消費性向との関係

総需要（Y_D）の傾きは、限界消費性向（c）であり、次の図表でEFがΔYならばGFはΔY（EF）×c＝cΔYとなる。

総供給（Y_S）の傾きは45度であるため、EF＝E'Fとなり、E'F＝ΔYとなる。すると、E'G＝E'F－GF＝ΔY－cΔY＝（1－c）ΔYとなる。

E'GはY_Dと$Y_D{}'$との差で、ΔGとなるため、E'G＝（1－c）ΔY＝ΔGとなり、ΔY＝$\dfrac{1}{1-c}$$\Delta G$で、政府支出乗数は$\dfrac{1}{1-c}$となる。

限界消費性向（c）＝0.6ならば、政府支出乗数は、$\dfrac{1}{1-0.6}$＝2.5となり、ΔY＝2.5ΔGとなる。基本的には投資乗数も同様の動きを示すため参考にしてほしい。

また、次の図表において、政府支出乗数の大きさは $\dfrac{\varDelta Y}{\varDelta G} = \dfrac{EF}{GE'} = \dfrac{FE'}{GE'}$ である。

（三角形EFE'は直角二等辺三角形であり、EF＝FE'であるため）

【 政府支出増加による波及効果 】

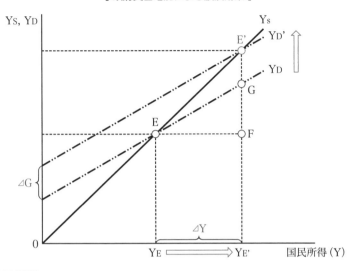

⑸ 波及効果

波及効果とは、ある経済変数の変化が、他の経済変数に与える影響による効果である。投資が変化すると乗数効果により、その何倍も国民所得に影響を与える。

【 乗数効果による波及効果のイメージ 】

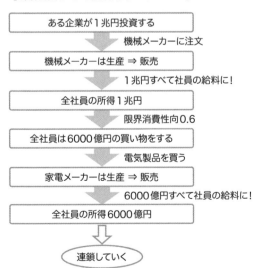

Ⅳ 租税乗数の理解

R03-05
H28-08
H23-06
H22-05
H20-05

1 租税乗数

(1) 租税乗数の概要

　租税乗数とは税金の変化額を⊿Tとし、国民所得の変化額を⊿Yとしたとき、税金の変化の何倍の国民所得が変化するかを意味している。

　租税乗数は定額税のみの場合と、定額税＋比例税の場合で異なる。限界消費性向をcとし、限界租税性向をtとすると、租税乗数は下記のようになる。

$$定額税のみの場合：⊿Y = -\frac{c}{1-c}⊿T$$

$$定額税 + 比例税の場合：⊿Y = -\frac{c}{1-c(1-t)}⊿T$$

(2) 消費関数の修正

　いままで解説してきた内容は、消費関数に対して税金を考慮に入れなかったが、税金を考慮することにより、消費関数(C)は、C＝a＋cYではなく、C＝a＋c(Y−T)となる。この(Y−T)は可処分所得を意味している。

【 税金を考慮しない場合のイメージ 】

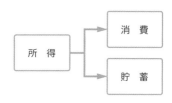

【 税金を考慮した場合のイメージ 】

2 租税乗数（定額税）の算出方法

租税乗数は、次の計算で求められる。国民所得（Y）は、総需要Y_D＝総供給Y_Sとなる水準に決定する。総需要（Y_D）＝C＋I＋Gとし、C＝a＋c（Y－T_0）、I＝I_0、G＝G_0、T＝T_0とすると下記のようになる。

$$Y_D = C + I + G = \{a + c(Y - T_0)\} + I_0 + G_0$$

総供給はY_S＝Yのため、Y_S＝Y_Dは、Y＝$\{a + c(Y - T_0)\}$＋I_0＋G_0となる。式を変形すると次のようになる。

$$a + cY - cT_0 + I_0 + G_0 = Y$$
$$a - cT_0 + I_0 + G_0 = Y - cY$$
$$(1 - c)Y = a - cT_0 + I_0 + G_0$$
$$Y = \frac{1}{1 - c}(a - cT_0 + I_0 + G_0)$$

3 減税による波及効果

⑴ 減税による租税乗数の効果

次の図表で租税乗数を考える。減税により税額（T）は減少する。

可処分所得（Y－T）は、減税分だけ増加する。可処分所得が、消費の増加に与える影響は、限界消費性向（c）に影響されるため、消費（C）は$-c \varDelta T$だけ変化する。

減税により、総需要（Y_D）は$-c \varDelta T$変化し、Y_Dは$Y_D{'}$へと$-c \varDelta T$だけ上方にシフトする。新しい総需要（$Y_D{'}$）と総供給の均衡点は点E'となり、国民所得は$Y_{E{'}}$となる。

次の図表で、国民所得の増加量（$\varDelta Y$）と、減税による消費の増加分（$-c \varDelta T$）を比較すると、国民所得の増加量（$\varDelta Y$）は、減税による消費の増加分（$-c \varDelta T$）より大きいことがわかる。

⑵ 限界消費性向との関係

総需要（Y_D）の傾きは、限界消費性向（c）であり、EFが$\varDelta Y$ならばGFは$\varDelta Y$（EF）×c＝$c \varDelta Y$となる。

総供給（Y_S）の傾きは45度であるため、EF＝E'Fとなり、E'F＝$\varDelta Y$となる。すると、E'G＝E'F－GF＝$\varDelta Y - c \varDelta Y$＝$(1 - c)\varDelta Y$となる。

また、E'GはY_Dと$Y_D{'}$との差で、$-c \varDelta T$となるため、E'G＝$(1 - c)\varDelta Y$＝$-c \varDelta T$となり、$\varDelta Y = \frac{1}{1 - c}(-c \varDelta T)$で、租税乗数は$-\frac{c}{1 - c}$となる。

限界消費性向（c）＝0.6ならば、租税乗数は、$\dfrac{-0.6}{1-0.6}$＝－1.5となり、$\varDelta$Y＝－1.5$\varDelta$Tとなる。

【 租税乗数の波及プロセス 】

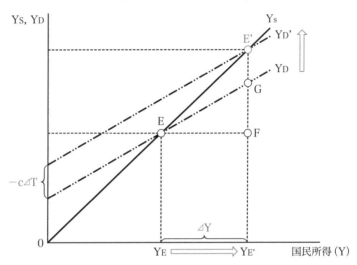

4 **租税関数の種類**

　租税関数とは、政府の租税収入が何に依存して決まるかを示している。税額をT、国民所得をYとする。試験対策上は以下の3つの関数を理解しよう。

① **国民所得に対して一定な税金（定額税）**

　定額税は、税率が定額で、納税者その他の事情による区別を設けずに課する租税である。国民所得との関係で考えると、国民所得の大きさにかかわらず、租税は一定となる。

$$T = T_0$$

② **国民所得に対して一定の比率で徴収する税金（比例税）**

　比例税とは、課税標準に対して適用される税率が一定率の租税である。国民所得をY、限界税率をtとすると次のようになる。

$$T = tY \qquad （限界税率tは0＜t＜1）$$

③ 比例税と定額税の両方を併用した場合

比例税と定額税の両方を併用した場合の租税関数は、次の式で表される。

$$T = T_0 + tY \qquad (T_0 > 0、0 < t < 1)$$

V 乗数のまとめ

1 均衡予算乗数

(1) 均衡予算乗数

均衡予算乗数とは、財政収支を一定に保つように財政支出と租税体系を同時に調整し、歳出と歳入を同額だけ増加させると、均衡国民所得の増加額が歳出の増加額と同じになることを示したものである。

具体的に、均衡予算の状態では、政府支出 (G) をすべて税金 (T) で賄っていることになる。

国の収入と支出である財政は、収支が均衡している。政府支出の変化分＝税金の変化分となるため、**均衡予算乗数は1**になる。

(2) 均衡予算乗数の導出

政府支出乗数は、$\dfrac{1}{1-c}$ 租税乗数は $\dfrac{-c}{1-c}$ であるため、均衡予算乗数＝1は次のように導出される。

$$\frac{\Delta Y}{\Delta G} + \frac{\Delta Y}{\Delta T} = \frac{1}{1-c} + \frac{-c}{1-c} = 1$$

2 各乗数の総合的な理解

いままで学習した、各乗数に輸出入を考慮する。
① 総需要 (Y_D) ＝ C ＋ I ＋ G ＋ EX － IM
② 消費 (C) ＝ a ＋ c (Y － T)
③ 投資 (I) ＝ I_0
④ 政府支出 (G) ＝ G_0
⑤ 輸出 (EX) ＝ EX_0
⑥ 輸入 (IM) ＝ mY
⑦ 税収 (T) ＝ T_0 ＋ tY とする。

① 総需要 Y_D ＝ C ＋ I ＋ G ＋ EX － IM に、②〜⑦の式を代入すると次のようになる。

$$Y_D = a + c\{Y - (T_0 + tY)\} + I_0 + G_0 + EX_0 - mY$$

45度線分析において、総供給は常に$Y_S = Y$であるため、$Y_S = Y_D$は、次のようになる。

$$Y = a + c\{Y - (T_0 + tY)\} + I_0 + G_0 + EX_0 - mY$$

$$Y = a + cY - cT_0 - ctY + I_0 + G_0 + EX_0 - mY$$

$$Y - c(1-t)Y + mY = a - cT_0 + I_0 + G_0 + EX_0$$

$$\{1 - c(1-t) + m\}Y = a - cT_0 + I_0 + G_0 + EX_0$$

$$Y = \frac{1}{1 - c(1-t) + m}(a - cT_0 + I_0 + G_0 + EX_0)$$

上記の乗数の式を見ると、限界消費性向（c）の低下と限界輸入性向（m）の上昇は乗数効果を小さくすることがわかる。

Ⅵ 投資の効率分析

1 資本の限界効率

(1) 投資の種類

投資には、工場の建設や生産設備の購入などの設備投資、製品や商品在庫の増加分である在庫投資、住宅の建設や購入などの住宅投資などがある。一般的に財市場の分析では、設備投資を分析する。

(2) 資本の限界効率

資本の限界効率は、投資の予想収益の現在価値の合計を投資費用と等しくする収益率である。投資のための支出と投資から得る利益には時間差がある。投資の収益率を把握するには、その時間差のために生じる「貨幣の価値の変化」を考慮する必要がある。

(3) 投資の意思決定

企業は投資を行う際に、さまざまな投資代替案の中から、時間価値を考慮し、収益率の高い投資案件を選択する必要がある。

企業は金融機関等からの借り入れや、株主から株式という形で資本を調達しているため、投資の収益率は、これらにかかる利子率（株式の場合は期待収益率）をクリアする必要がある。そのため、限界効率（ρ）－利子率（r）がプラスになる必要がある。ケインズの限界効率理論では、投資の限界効率と利子率の比較により、投資の意思決定がされると考えている。

> 限界効率（ρ）－利子率（r）＝プラスの場合　→　投資を実行する
> 限界効率（ρ）－利子率（r）＝マイナスの場合　→　投資を実行しない

2 資本の限界効率曲線

(1) 資本の限界効率曲線

資本の限界効率曲線は、投資の限界費用曲線、投資需要曲線ともいわれる。ある期間における資本の限界効率と投資との関係を示す投資需要表において、資本の限界効率は投資の規模の増大とともに減少する。資本の限界効率の曲線は右下がりになる。

投資の規模は、資本の限界効率曲線では市場利子率に依存する。

⑵ 投資需要表

各投資案件を限界効率の高い順に並べた表を**企業投資の投資需要表**といい、次の図表のように、A〜Gで示される投資額と限界効率の投資案件がある。

【 投資需要表 】

投資案件	資本の限界効率	投資額
A	20%	1,000万円
B	18%	1,000万円
C	16%	1,000万円
D	14%	1,000万円
E	12%	1,000万円
F	10%	1,000万円
G	8%	1,000万円

⑶ 資本の限界効率曲線

前記の投資需要表は、資本の限界効率（ρ）を縦軸、投資量（I）を横軸にすると次のグラフのように描かれる。

【 資本の限界効率曲線 】

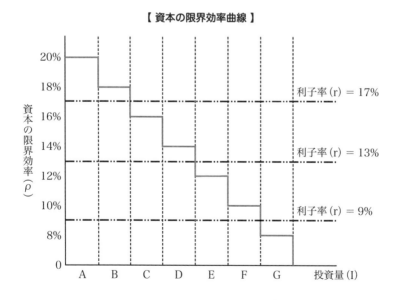

利子率が17%のとき、企業は、利子率と限界効率を比較して限界効率の大きい投資案AとBの投資を行う意思決定をする。

投資量は、A案1,000万円＋B案1,000万円＝2,000万円となる。利子率が下がり、利子率が13%になると、限界効率が利子率よりも大きいCとDの投資案の意

思決定がされる。

　投資量は、A案1,000万円＋B案1,000万円＋C案1,000万円＋D案1,000万円
＝4,000万円に増加する。

　利子率が9％に低下した場合、Gの投資案以外の限界効率が利子率を上回るため、
投資量は、A案1,000万円＋B案1,000万円＋C案1,000万円＋D案1,000万円＋
E案1,000万円＋F案1,000万円＝6,000万円に増加する。

　資本の限界効率曲線から利子率と投資量の関係は次のようにわかる。

> 利子率（r）の低下　→　投資量（I）の増加
> 利子率（r）の上昇　→　投資量（I）の減少

⑷ 経済全体で考えた資本の限界効率曲線

　一企業の資本の限界効率曲線は、階段状であるが、経済全体で考えると、投資案
件はたくさんあるため次の図表のように右下がりの曲線となる。

　右下がりの曲線は、投資量が増加すると、限界効率の高いものから投資をするこ
とを表している。

【 資本の限界効率曲線 】

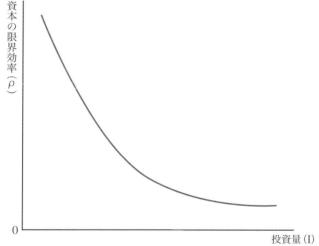

⑸ 投資曲線

　上記の曲線をもとに、縦軸を限界効率（ρ）ではなく、利子率（r）にすると、資本
の限界効率曲線のような曲線となる。投資量（投資）と利子率の関係を表した曲線は、
投資曲線といわれる。

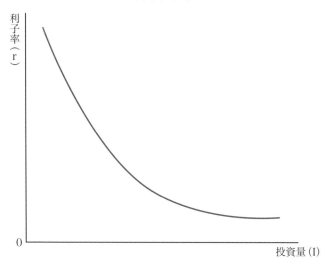

【 投資曲線 】

縦軸: 利子率（r）

横軸: 投資量（I）

1 IS曲線の導出

(1) IS曲線の定義

　IS曲線とは、財市場を均衡させる利子率と国民所得の組み合わせの集合である。IS曲線は、いままで学習した45度線分析と投資曲線から求められる。

(2) IS曲線の導出

　IS曲線は、投資曲線→45度線分析→IS曲線の3ステップで求めることができる。

> 投資曲線→45度線分析→IS曲線

① 投資曲線の分析

　次の投資曲線の図表では、投資曲線が右下がりのため、投資曲線の利子率（r）が、rからr'へ下落すると、投資（I）はIからI'へと増加する。

【 投資曲線 】

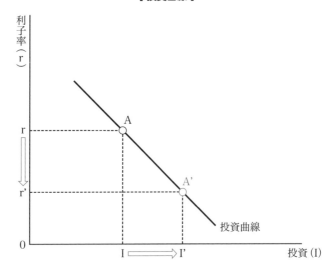

② 45度線分析

　次の45度線分析の図表では、総需要曲線Y_D＝C＋I＋Gが投資の増加により、総需要曲線Y_D'＝C＋I'＋Gへとシフトする。財市場の均衡点はEからE'となり、国民所得はY_EからY_E'へと増加する。

【45度線分析】

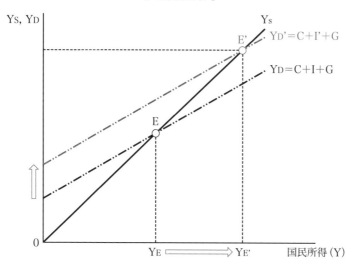

③ IS曲線

投資曲線と45度線分析からIS曲線を考えると、利子率rからr'への減少による、国民所得のYₑからYₑ'への増加がわかる。このステップにより、**右下がりのIS曲線**が描ける。

> 利子率（r）の低下→投資（I）の増加
> 　→総需要曲線（Y_D）の上方シフト→国民所得（Y）の増加

【 IS曲線 】

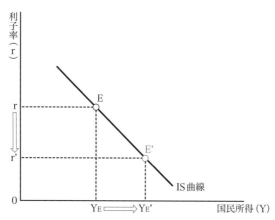

2 投資が利子非弾力的な場合のIS曲線

(1) 投資が利子非弾力的

　IS曲線は、投資の利子弾力性が小さいほど角度が急になり、投資の利子弾力性がゼロのとき垂直となる。投資の利子弾力性がゼロのときを「投資が利子非弾力的」または、「投資の利子感応度がゼロ」という。

(2) 投資が利子非弾力的な場合のIS曲線

① 投資曲線の分析

　次の投資曲線の図表では、利子率が、rからr'へ下落するが、投資が利子非弾力的なため、投資 (I) はIから変化しない。

【 投資曲線 】

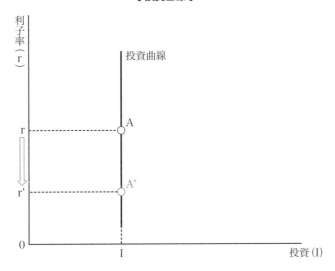

② 45度線分析

　次の45度線分析の図表では、利子率がrからr'へ下落しても、投資はIから変化しないため、$Y_D = C + I + G$のままである。国民所得も当初のY_Eから変化しない。

> **【 通常の場合 】**
> 利子率 (r) の低下→投資 (I) が増加「I→I'」
> →総需要曲線 (Y_D) = C + I + Gが上方シフト
> 「Y_D = C + I + G→Y_D' = C + I' + G」
>
> **【 利子非弾力的な場合 】**
> 利子率 (r) の低下→投資 (I) が不変
> →総需要曲線 (Y_D) = C + I + Gも不変

【 45度線分析 】

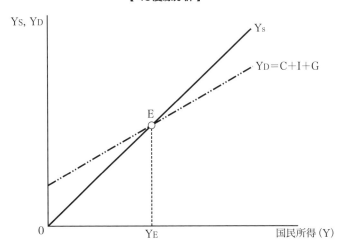

③ IS曲線

　投資曲線と45度線分析からIS曲線を考えると、利子率はrからr'へ減少するが、投資は変化しないため、国民所得はY_Eから変化しない。結果、IS曲線は垂直となる。

> 利子率 (r) の低下→投資 (I) は不変
> 　　→総需要曲線 (Y_D) は不変→国民所得 (Y_E) は不変

【 IS曲線 】

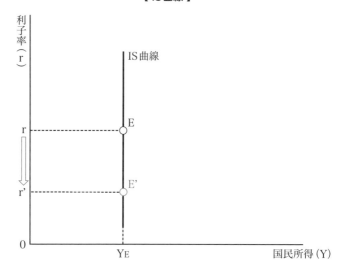

3 IS曲線の形状とシフト

(1) 貯蓄と国民所得の関係

貯蓄（S）と国民所得（Y）との関係は、税金を考慮しないと次の図のようになる。所得が増加すると、所得の増加分（⊿Y）の一部が消費（⊿C）の増加となり、残りは、貯蓄の増加（⊿S）となる。

【 所得と消費・貯蓄の関係 】

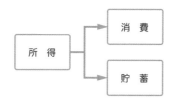

国民所得の増加により貯蓄は増加する。このように貯蓄が国民所得の増加関数であるため、IS曲線とも関係があるといえる。

(2) 財市場の均衡を表すIS曲線の式

いままで、図表で学習してきたIS曲線を数式で考える。限界貯蓄性向の大きさによりIS曲線の傾きがどのように変化するかを理解しよう。

① 財市場の均衡条件

国民所得（Y）は総需要Y_D＝総供給Y_Sとなる水準に決定する。また、総供給はY_S

＝Yのため、消費財市場の均衡条件は下記の式となる。ここで、Cは消費、Iは投資、Gは政府支出である。

$$Y = C + I + G$$

② 消費関数

消費関数 (C) は、いままで学習したとおり、基礎消費をa、限界消費性向をc、租税をT_0とすると、下記のようになる。

$$C = a + c(Y - T_0)$$

③ 投資関数

投資関数 (I) は、独立投資をI_0とし、投資の利子感応度をi、利子率をrとすると、下記のようになる。

$$I = I_0 - ir$$

④ IS曲線の導出

$G = G_0$として、上記の式から、IS曲線を導出すると次のようになる。

$$r = -\frac{1-c}{i}Y + \frac{a - cT_0 + I_0 + G_0}{i}$$

⑤ 限界貯蓄性向の大きさと傾き

上記の式で、$-\dfrac{1-c}{i}$は**IS曲線の傾き**を表し、$\dfrac{a - cT_0 + I_0 + G_0}{i}$は**切片**を表す。cは限界消費性向であり、(1 − c)は限界貯蓄性向を表す。限界貯蓄性向が大きくなると、傾きの式の分子が大きくなるため、IS曲線の傾きは急になる。

限界貯蓄性向が大きいときには、限界消費性向は小さくなるため、限界消費性向が小さくなると、IS曲線の傾きは急になるといえる。

(3) IS曲線のシフト

H28-11

① 財市場の需要とIS曲線

財市場における需要が増加すると、総需要曲線が上方にシフトし、同じ利子率で実現する国民所得が高くなるため、IS曲線は右シフトする。また、財市場の需要が減少するとIS曲線は左シフトする。

② 政府支出の増大とIS曲線のシフト

財市場における需要要因である政府支出 (G) の増加により、IS曲線は右シフトする。

$$r = -\frac{1-c}{i}Y + \frac{a - cT_0 + I_0 + G_0}{i}$$

　上記の式は、傾きに政府支出（G）がないため、政府支出の増大による傾きへの影響はない。しかし、切片の分子には、政府支出（G）があるため、政府支出（G）の増大により、縦軸の切片の値が大きくなる。縦軸の切片が大きくなることにより、IS曲線は上方シフトする。IS曲線は上方シフトすると同時に、右へもシフトするため、次の図表のように、ISからIS'へとシフトすることになる。

③ IS曲線のシフトと国民所得

　IS曲線がISからIS'に右シフトすると、同じ利子率でも国民所得（Y）が、YからY'と大きくなることがわかる。

【 IS曲線のシフト 】

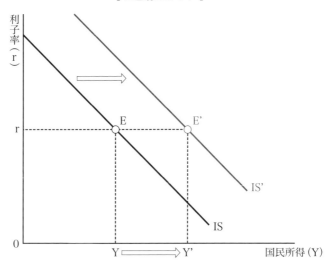

R02-04

4 貯蓄・投資図

　貯蓄・投資図により均衡GDP（均衡国民所得）について考える。国民所得（Y）と貯蓄（S）と消費（C）の関係をS＝Y－Cとして、投資（I）との関係を図表にすると次のようになる。

【 貯蓄・投資図 】

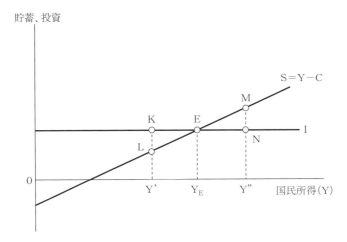

　貯蓄・投資図を分析すると国民所得が均衡国民所得であるY_Eにあるとき、交点Eとなり、総需要＝総供給、投資＝貯蓄となる。国民所得がY'のときには、I＞Sとなり超過需要KLが発生している。超過需要が発生しているとき、企業の在庫は需要に対して少ないため、販売の増加を見越して生産の拡大が生じる。その結果、国民所得は均衡国民所得の位置（Y_E）まで増加する。

　また国民所得がY"のときにはI＜Sとなり超過供給MNが発生している。超過供給が発生しているとき企業の在庫は需要に対して多いため、販売の減少を見越して生産の縮小が生じる。その結果、国民所得は均衡国民所得の位置（Y_E）まで減少する。

■■■ **問題編** ■■■

問 1 (H24-06)　　　　　　　　　　　　　　　　　　　　　　　　　　　　　　　［〇・×］
公共機関からの建設工事発注額減少は、政府支出の減少につながり、それは生産物需要の減少から、日本の GDP を減少させることになる。

問 2 (H21-04)　　　　　　　　　　　　　　　　　　　　　　　　　　　　　　　［〇・×］
独立輸入の増加は、総需要線を下方にシフトさせる。

問 3 (H25-03)　　　　　　　　　　　　　　　　　　　　　　　　　　　　　　　［〇・×］
総需要 D は、GDP を Y とするとき、$D = 50 + 0.8Y$ で与えられるものとする。完全雇用 GDP を 300 としたとき、均衡 GDP は 250 であり、50 のデフレギャップが生じている。

問 4 (H20-05)　　　　　　　　　　　　　　　　　　　　　　　　　　　　　　　［〇・×］
インフレ・ギャップが生じている場合、物価を安定させるために政府支出の縮小が必要とされる。

問 5 (H20-05)　　　　　　　　　　　　　　　　　　　　　　　　　　　　　　　［〇・×］
減税は可処分所得の減少を通じて消費を拡大させ、GDP を増加させる。

問 6 (H20-05)　　　　　　　　　　　　　　　　　　　　　　　　　　　　　　　［〇・×］
限界貯蓄性向が大きいほど、租税乗数は大きくなる。

問 7 (H22-04)　　　　　　　　　　　　　　　　　　　　　　　　　　　　　　　［〇・×］
ケインズの投資理論では、投資の限界効率が利子率を下回るほど、投資を実行することが有効になると考える。

問 8 (R05-08)　　　　　　　　　　　　　　　　　　　　　　　　　　　　　　　［〇・×］
投資の利子感応度が小さいほど、IS 曲線の傾きはより緩やかになる。

問 9 (H30-07)　　　　　　　　　　　　　　　　　　　　　　　　　　　　　　　［〇・×］
均衡 GDP の変化において、限界消費性向が大きくなると、均衡 GDP も大きくなる。

問1　○：Y＝C＋I＋G＋EX－IMのGが減少するため、Yも減少する。

問2　○：日本の製品の代わりに海外の製品を購入するため、需要に対してマイナスとなる。

問3　×：デフレギャップは10である。

問4　○：政府支出の削減や増税などの総需要縮小政策を発動し、物価を安定させる。

問5　×：減税により可処分所得は増加する。

問6　×：限界貯蓄性向＝1－限界消費性向であり、限界貯蓄性向が大きいほど租税乗数は小さくなる。

問7　×：投資の限界効率が利子率を上回るほど、投資を実行することが有効にすると考える。

問8　×：傾きは急になる。

問9　○：設問文のとおり。

■■■ **問題編** ■■■

　下図は、45度線図である。この図において、総需要はAD＝C＋I＋G（ただし、ADは総需要、Cは消費支出、Iは投資支出、Gは政府支出）、消費関数はC＝C_0＋cY（ただし、C_0は基礎消費、cは限界消費性向（0＜c＜1）、YはGDP）によって表されるとする。図中におけるY_Fは完全雇用GDP、Y_0は現実のGDPである。

　この図に基づいて、下記の設問に答えよ。

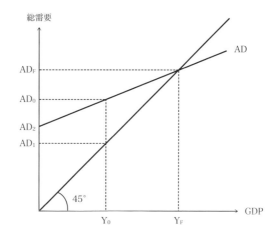

GDPの決定に関する記述として、最も適切なものはどれか。

ア　AD_F－AD_0の大きさだけの政府支出の増加によって、完全雇用GDPを実現できる。

イ　AD_F－AD_1の大きさだけの政府支出の増加によって、完全雇用GDPを実現できる。

ウ　AD_F－AD_2の大きさだけの政府支出の増加によって、完全雇用GDPを実現できる。

エ　AD_0－AD_1の大きさだけの政府支出の増加によって、完全雇用GDPを実現できる。

オ　AD_0－AD_2の大きさだけの政府支出の増加によって、完全雇用GDPを実現できる。

解答：エ

　45度線分析に関する出題である。与えられたグラフにあるADは、完全雇用GDPを達成するときの総需要曲線である。それに対して、現実のGDPはY_0であることから、現実の総需要曲線はAD_0であることが考えられる。

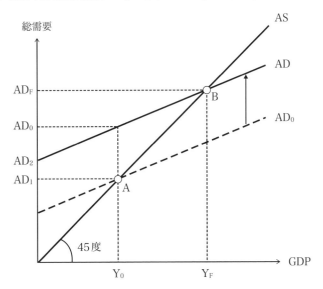

　図表より、$AD_0 - AD_1$の大きさだけの政府支出の増加によって、総需要曲線を上にシフトさせることで、総供給曲線ASとの交点である均衡点が点Aから点Bに移動し、完全雇用GDPを実現できる。

　よって、エが正解である。

テーマ別出題ランキング

過去23年分 平成13年(2001年)〜令和5年(2023年)	
1位	貨幣供給量
2位	貨幣需要の決定
3位	貨幣乗数

直近10年分 平成26年(2014年)〜令和5年(2023年)	
1位	貨幣乗数
2位	貨幣供給量
2位	貨幣需要の利子感応度と所得感応度
3位	貨幣需要の決定
3位	貨幣の範囲
3位	LM曲線の形状
3位	LM曲線のシフト

過去23年間の出題傾向

　第2章と同様、全体的に各テーマ間の繋がりが強く、基礎的な内容も多い。特に、貨幣の需要と供給に関する内容は、後半の章でも必要になる知識であるため、しっかりと知識を固めておいてほしい。また、貨幣乗数は、令和元年度から令和3年度まで3年連続で出題されており、近年要注意のテーマである。

第 **3** 章

資産市場
（貨幣市場・債券市場）
の分析

I 貨幣の需要と供給

1 貨幣の需要と供給

　財・サービスの市場と同じように貨幣市場においても需要と供給があり、需要と
供給の均衡点が存在する。LM曲線の基礎となる貨幣の供給曲線と貨幣の需要曲線
の構成について理解してほしい。

【 貨幣の需要曲線と供給曲線 】

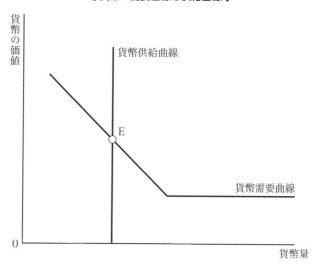

2 貨幣の価値

(1) 貨幣の価値

　貨幣の価値の基準として、試験対策上は利子率を中心に考えよう。**利子**とは、債
務者が貨幣使用料として債権者に一定の割合で支払う金銭である。

　貨幣使用料とは貨幣のレンタル価格と考えることもできる。具体的には、貨幣の
需要と供給において、貨幣の供給が需要と比較して少ないときには、貨幣をほしい
と思う人が多いため、貨幣の価値が高くなる。貨幣の価値の上昇にともない、貨幣
のレンタル価格である利子率は上昇する。

　反対に、貨幣の需要と供給において、貨幣の供給が需要と比較して多いときには、
貨幣の価値が低くなる。貨幣の価値の低下にともない、貨幣のレンタル価格である
利子率は低下する。

現実の経済でもダイヤモンドのように希少なものほど価値が高いように、貨幣も、貨幣の供給量が増加すると価値が減少するとイメージしてほしい。

(2) 流動性選好説

ケインズは他の資産から区別される貨幣の特性を「流動性」に求め、利子率とは流動性を手放すことに対する報酬にほかならないと考えた。この学説を**流動性選好説**という。**貨幣の流動性**とは、貨幣が他の資産に自由に形を変えることができる度合いのことである。

金融機関が消費者に対してお金を貸し出すときには、元本に利子をつける。これは、金融機関が貨幣の流動性を手放すことにより、報酬として消費者から利子を受け取っているからである。

3 貨幣保有の動機

人々が貨幣を保有する動機は、①所得動機、②営業動機、③予備的動機、④投機的動機の4つがある。通常、①所得動機と②営業動機を合わせて取引動機という。

(1) 取引動機

取引動機とは、人々の消費支出の所得動機と、企業取引のための営業動機から構成される。消費者の買い物や、企業の取引の決済など、日常取引のための需要である。取引動機の大小は所得に依存し、所得が高ければ取引動機も大きくなり、所得が低ければ小さくなる。

(2) 予備的動機

予備的動機とは、将来の予期できない支出に備えて、手元に貨幣を保有する動機である。予備的動機の大小も所得に依存する。

具体的には、消費者は所得が高くなり金持ちになるほど万が一に備えて貨幣を保有するようになる。企業も規模が拡大し、取引の決済金額が増加すると、万が一に備えて、いままでよりも多くの手元資金を保有しようとする。

消費者も企業も所得が増加すると取引動機も予備的動機も増加する。国民所得が増大し、経済が豊かになると取引動機と予備的動機が増加する。

(3) 投機的動機

投機的動機は、ケインズがもっとも重視した貨幣の保有動機である。**資産動機**ともいわれ、債券投機の過程で一時的に貨幣を需要することである。

H23-04
H19-08

(1) 貨幣需要の決定

　貨幣需要曲線は、取引需要と資産需要の曲線の合計で描かれている。取引需要とは、貨幣の取引動機と予備的動機から生じる需要である。**資産需要**とは、投機的動機から生じる需要である。

(2) 取引需要 (L₁)

　取引需要は、国民所得に比例して増加するため、国民所得の増加関数といわれる。次の図表のように右上がりの曲線になる。

【 取引需要 】

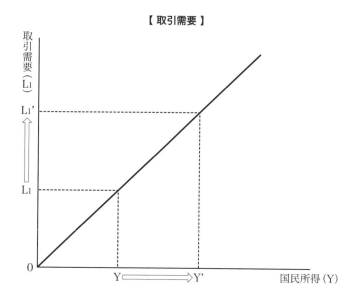

H25-06
H23-07

(3) 資産需要 (L₂)

① 資産需要の概要

　資産需要は利子率が低下すると増加するため、利子率の減少関数である。利子率が上昇すると資産需要は減少し、利子率が低下すると資産需要は増加する。資産需要は右下がりの曲線となり、ある一定の低い利子率になると、横軸に平行になる。この部分を**流動性のわな**という。

　流動性のわなの状態では、人々は債券を売って貨幣を無限大に需要するため、水平な曲線となる。

② 債券投資と現金保有の選択

　資産需要において、右下がりの需要曲線部分について説明する。資金を保有する投資家は、金融市場で債券に投資するか、投資せずに現金で保有するか、2つの選

択肢がある。金融商品には債券以外に、証券などさまざまな種類があるが、試験対策上、すべてを含めて債券と表現する。

【 投資家の選択肢 】

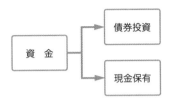

投資家は債券の将来価格に対する予想をもっている。いま、現在の債券価格が、債券の予想価格を下回っていると、投資家は将来の値上がりを期待して、現金を保有せずに、債券投資を行う。
　投資家が、現在に債券を安く購入し、将来に債券を高く売却すればキャピタルゲイン（利益）を得ることができる。

> 現在の債券価格 ＜ 将来の債券の予想価格　→債券投資

　反対に、現在の債券価格が、将来の債券の予想価格を上回っている場合には、将来の値下がりを予測して、債券投資を行わず、現金を保有する。

> 現在の債券価格 ＞ 将来の債券の予想価格　→現金保有

　現在の債券価格が高いと、現金保有する貨幣量が増加する。結果として、貨幣保有の動機で学習した、投機的動機による貨幣需要が増加する。すなわち、資産需要が増加することになる。

> 現在の債券価格の上昇　→　現金保有の増大　→　資産需要の増加

③ 債券価格の決定

R05-11

　債券価格と利子率には、下記のような関係がある。債券の収益を利子率で除していることは、右辺の利子率が低いと左辺の債券価格が高くなることがわかる。
　これは、利子率が低いと資産需要が大きいことを表す。

$$債券価格 = \frac{債券の収益}{利子率}$$

この関係をグラフにすると、資産需要の右下がりの部分になる。

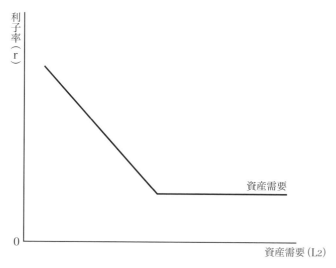

⑷ 貨幣需要曲線 (L = L₁ + L₂)

　貨幣需要曲線は、取引需要と資産需要の曲線の合計で描かれている。そのため資産需要の曲線を取引需要分だけ右シフトした曲線となる。

【 貨幣需要曲線 】

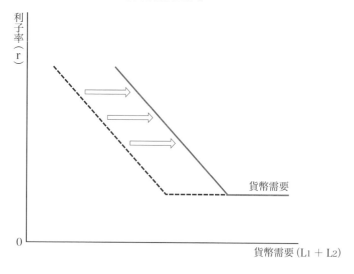

5 貨幣供給の決定

(1) 貨幣供給曲線

貨幣の供給曲線は、貨幣供給量を中央銀行が一定量にコントロールしているため垂直となる。貨幣の供給曲線は、**実質貨幣供給量**で表される。

資産市場における LM 曲線分析では**物価水準**は一定であると考えるため、名目貨幣供給量の増加が貨幣の供給曲線を右へシフトさせ、名目貨幣供給量を減少させると貨幣の供給曲線を左へシフトさせる。

$$実質貨幣供給量 = \frac{名目貨幣供給量(M)}{物価水準(P)}$$

【 貨幣供給曲線 】

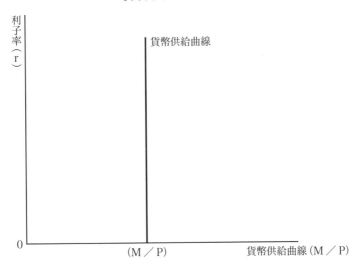

6 貨幣の機能

貨幣は発展した商品経済において、流通手段、価値尺度、価値保蔵手段としての機能をもっている。貨幣の機能をもち、貨幣として通用するものを**通貨**という。

(1) 流通手段

貨幣の果たす機能の1つであり、商品が売り手から買い手に移転する過程で貨幣が果たす媒介的役割のことである。媒介的役割により、分業による商品生産関係の展開が可能になっている。

交換手段としての貨幣の使用が確立され、これを媒介とした流通に基づいて経済生活が営まれる形態のことを**貨幣経済**という。貨幣の使用は、1回限りでは商品の購買手段であるが、繰り返されることにより貨幣は流通手段となる。

(2) 価値尺度

貨幣は全商品の価値表現の材料になる唯一の商品である。つまり、あらゆる商品を同質で量的に比較する尺度（モノサシ）としての機能をもつ。このように、貨幣は諸財の価値を絶対的な価格で表現し、評価のための共通単位としての**価値表示機能**をもっている。

(3) 価値保蔵手段

貨幣を保有することにより一般的購買力を保蔵できる。貨幣は価値保蔵の手段である。この機能は、貨幣保有の予備的動機と投機的動機に注目したケインズにより強調されたものである。

7 貨幣の範囲

R05-11 ## (1) 経済学における貨幣の範囲

我が国のマネーストック統計には、通貨の範囲に応じてM_1、M_2、M_3、広義流動性の4つの指標がある。なお、広義流動性は、M_3に何らかの「流動性」を有すると考えられる金融商品（国債や外債など）を加えた指標である。国債とは国の発行する債券である。日本銀行は金融政策の手段として国債を市中金融機関との間で売買している。また、日本政府は、元金額が物価の動向に連動して増減（元金額の増減に応じて利子額も増減）する物価連動国債を発行している。

H24-08
H23-04 ## (2) マネーストック統計

マネーストック統計とは、金融部門から経済全体に供給されている通貨の総量を示す統計である。具体的には、一般法人、個人、地方公共団体などの通貨保有主体（＝金融機関・中央政府以外の経済主体）が保有する通貨量の残高を集計している。

(3) M_1

M_1は、もっとも容易に決済手段として用いることができる現金通貨と預金通貨から構成されている。

> M_1＝現金通貨＋全預金取扱機関に預けられた預金通貨

⑷ M2

　M2は、金融商品の範囲はM3と同様だが、預金通貨、準通貨、CDの発行者は、国内銀行等に限定されている。国内銀行等とは、国内銀行（除くゆうちょ銀行）、外国銀行在日支店、信用金庫、信金中央金庫、農林中央金庫、商工組合中央金庫である。

$$M_2＝現金通貨＋預金通貨＋準通貨＋CD（譲渡性預金）$$

⑸ M3

　M3は、M1に準通貨やCD（譲渡性預金）を加えた指標である。準通貨の大半は、定期性預金であるが、定期性預金は解約して現金通貨や預金通貨に替えれば決済手段になる金融商品で、預金通貨に準じた性格をもつという意味で**準通貨**といわれている。

$$M_3＝M_1＋準通貨＋CD（譲渡性預金）$$

【 金融商品と通貨発行主体との関係 】

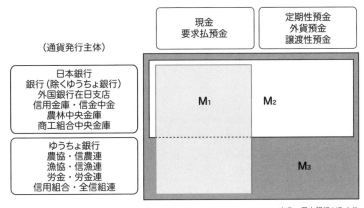

出典：日本銀行 HP より

II 貨幣供給量の理解

H26-09
H24-08
H21-06
H21-07

1 貨幣供給量 Ⓑ

(1) 貨幣市場の分析では物価は一定

貨幣の供給曲線は、垂直な曲線によって示される。貨幣市場の分析では、物価水準は一定と考えるため、実質貨幣供給量の調整は、分子の名目貨幣供給量（M）の増減で決定される。

$$実質貨幣供給量 = \frac{名目貨幣供給量（M）}{物価水準（P）}$$

(2) 貨幣供給量の式

貨幣供給量は、マネー・サプライ（マネー・ストック）といわれ、次の式で示される。本テキストでは、便宜上、マネー・サプライと記載する。

> マネー・サプライ（M）
> 　　＝貨幣乗数（m）×ハイパワード・マネー（H）

マネー・サプライを増減させるには、中央銀行が、貨幣乗数とハイパワード・マネーをどのように操作したらよいかを理解しよう。

H29-07
H24-08
H23-04
H21-06
H19-08

(3) ハイパワード・マネー

ハイパワード・マネーは、マネタリー・ベースやベース・マネーともいわれ、市中に出回っているお金である流通現金と日銀当座預金の合計額である。

民間金融機関の信用創造の基礎となり、何倍もの預金をつくりだし、その何倍ものマネー・サプライを生み出す。ハイパワード・マネーの定義式は次のようになる。

> ハイパワード・マネー
> 　　＝日本銀行券発行高＋貨幣流通高＋日銀当座預金

試験対策上、ハイパワード・マネーは次の式で簡素化して出題されているため、こちらも憶えてほしい。

> ハイパワード・マネー（H）
> 　　＝流通現金通貨（C）＋準備預金（日銀預け金）（R）

⑷ 日本銀行当座預金

日本銀行当座預金（日銀当座預金）とは、金融機関が日本銀行に保有している当座預金である。この当座預金は、出し入れが自由な無利子の預金である。日本銀行当座預金は、主として3つの役割を果たしている。

① 金融機関が他の金融機関や日本銀行、あるいは国と取引を行う場合の決済手段
② 金融機関が個人や企業に支払う現金通貨の支払準備
③ 準備預金制度の対象となっている金融機関の準備預金

⑸ 準備預金制度

H23-05

「準備預金制度に関する法律」の中で、同法に規定された民間金融機関は、受け入れている預金などの債務の一定比率以上の金額を日本銀行に預け入れることが義務づけられている。これを**準備預金制度**という。この債務の一定比率のことを**準備率（支払準備率）**という。

⑹ 量的緩和政策

H25-22
H23-05

① 量的緩和政策

金融の量的な指標に目標値を定め、目標値が達成されるように金融緩和を行なうことを、**量的緩和政策**という。

② 量的緩和政策の実施

2013年4月、日本銀行は、消費者物価の前年比上昇率2％の「物価安定の目標」を、2年程度の期間を念頭に置いて、できるだけ早期に実現するため、量的な金融緩和を推進する観点から、金融市場調節の操作目標を、無担保コールレート（オーバーナイト物）からマネタリー・ベースに変更した。また、長期国債、ETF、J-REITの買い入れ拡大を決定し、量・質ともに次元の違う金融緩和を行うことを決定した。

⑺ コール市場

コール市場とは、名前の由来（money at call＜マネー・アット・コール＞、呼べば直ちに戻ってくる資金）が示すように、民間金融機関が短期的な手元資金の余剰や不足を調整するための市場である。

コール取引には、借り手が貸し手に対して担保を預ける有担保コールと、担保を預けない無担保コールがある。無担保で翌日返済の資金を貸し借りする利率を、無担保コールレート（オーバーナイト物）という。

⑻ 信用創造

① 信用創造の概要

信用創造とは、預金・貸付の繰り返しによって、銀行機構全体として預金の何倍もの貸付を行うことである。預金創造ともいわれる。

【 信用創造の具体例 】

　Aさんが、B銀行に100万円の預金をした。支払準備率を10%とすると、B銀行は日本銀行に10万円を預けた。残りの90万円はX商事に貸し出した。X商事は、Y物産への支払のために、C銀行へ預け入れた。
　C銀行は90万円のうち9万円を日本銀行に預け81万円をZ商事へ貸し出す。Z商事はD銀行へ預け入れる……というように、AさんがB銀行に預け入れた100万円は、預金総額を連鎖的に増加させていく。

【 信用創造のイメージ 】

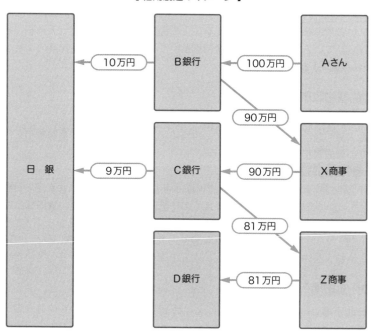

② 預金総額の算出

　信用創造による預金総額は、次の式により導出される。先ほどの具体例によると、AさんがB銀行に預金した額は100万円である。支払準備率が10%のため、預金総額＝100万円÷0.1＝1,000万円となる。

$$預金総額 = \frac{はじめに預金した金額}{支払準備率}$$

③ 信用創造された預金額の算出

　信用創造された預金額は、預金総額からはじめに預金した金額を差し引けばよい。

先ほどの具体例では、AさんがB銀行に預金した100万円を、預金総額の式で算出した1,000万円から差し引いた900万円となる。

> 信用創造された預金額＝預金総額－はじめに預金した金額

　この例だけで考えると、Aさんがはじめに預け入れた100万円はハイパワード・マネーであり、信用創造された預金を含む預金総額1,000万円がマネー・サプライといえる。

2 貨幣乗数

R03-07
R02-10
R01-06
H24-08

(1) 貨幣乗数

　貨幣乗数は信用乗数や創造乗数とも呼ばれ、銀行全体の信用創造のもととなるハイパワード・マネー1単位の供給が、どれだけのマネー・サプライを生み出すかを表している。

$$貨幣乗数(m) = \frac{マネー・サプライ(M)}{ハイパワード・マネー(H)}$$

(2) 貨幣乗数の公式

　ハイパワード・マネーを(H)とし、マネー・サプライを(M)、預金を(D)、流通現金通貨(現金)を(C)、準備預金を(R)とすると、貨幣乗数(m)は次のように表される。

　貨幣乗数は、家計が現金の保有性向を高め、現金預金比率が大きくなると、小さくなる。

$$貨幣乗数(m) = \frac{現金預金比率 + 1}{現金預金比率 + 支払準備率}$$

　上記の式の導出を考える。

$$貨幣乗数（m）= \frac{マネー・サプライ（M）}{ハイパワード・マネー（H）}$$

$$= \frac{流通現金通貨（C）+ 預金（D）}{流通現金通貨（C）+ 準備預金（R）}$$

ここで、分母と分子を預金（D）で割ると、下記のようになり、貨幣乗数の式が導出される。

$$貨幣乗数（m）= \frac{\dfrac{流通現金通貨（C）}{預金（D）}+\dfrac{預金（D）}{預金（D）}}{\dfrac{流通現金通貨（C）}{預金（D）}+\dfrac{準備預金（R）}{預金（D）}}$$

$$= \frac{現金預金比率 + 1}{現金預金比率 + 支払準備率}$$

現金預金比率を25%（0.25）、支払準備率を10%（0.1）とした場合、貨幣乗数は次のようになる。

$$貨幣乗数（m）= \frac{現金預金比率＋1}{現金預金比率＋支払準備率}=\frac{0.25＋1}{0.25＋0.1}=3.57\cdots$$

貨幣乗数が3.57のとき100万円のハイパワード・マネーから生み出されるマネー・サプライは次のようになる。

100万円× 3.57 ＝ 357万円

H25-06

3 ワルラスの法則

ワルラスの法則とは、ワルラス的な一般均衡モデルにおける所得の完全循環を示す重要な法則である。これは経済全体における総需要価額と総供給価額の恒等的一致を主張している。

具体的には、n個の市場がある経済で、（n－1）個の市場が均衡していれば、残りの1つの市場も必ず均衡する。そのため資産市場の均衡を考える上では、貨幣市場か債券市場のどちらか片方の均衡を考えれば十分であるとしている。

III LM曲線の導出

1 LM曲線

(1) LM曲線の定義

　LM曲線とは、貨幣市場を均衡させる国民所得と利子率の組み合わせの集合である。縦軸に利子率 (r)、横軸に国民所得 (Y) で描くと、一般的に右上がりの曲線となる。

(2) LM曲線の導出

　LM曲線は、取引需要→貨幣需要曲線→LM曲線の3ステップで求めることができる。

> 取引需要　→　貨幣需要曲線　→　LM曲線

① 取引需要の増加

　取引需要は国民所得の増加にともない増加する。次の図表を見ると、国民所得がYからY'へと増加すると取引需要もL₁からL₁'へと増加する。取引需要は右上がりの曲線になる。

【 取引需要の増加 】

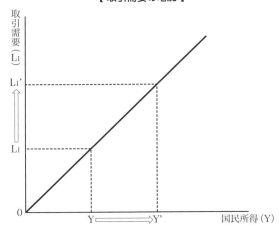

② 貨幣需要曲線の右シフト

　貨幣供給量を一定とした場合、取引需要の増加により、貨幣需要曲線が右シフトする。貨幣供給曲線 (M／P) との交点は上方シフトし、利子率がrからr'へと上がる。

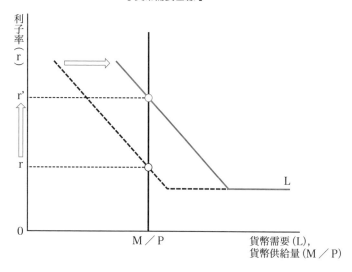

【 貨幣需要曲線 】

③ LM曲線

　国民所得の増加による取引需要の増加が、貨幣需要の増加をもたらす。また、貨幣需要の増加により、貨幣供給との交点が上方シフトし、利子率が高くなる。この関係を利子率と国民所得で表すと右上がりの曲線となる。

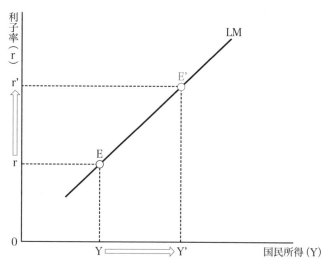

【 LM曲線の導出 】

(1) 貨幣市場の均衡を表すLM曲線の式

いままで図表で学習してきたLM曲線を数式で考える。

① 貨幣市場の均衡条件

貨幣市場は、貨幣供給 (M) と貨幣需要 (L) が、M＝Lとなる水準で均衡する。

$$M = L$$

② 貨幣需要関数

貨幣の需要関数は、利子率をrとして、貨幣需要の所得感応度をkとし、貨幣需要の利子感応度をh、国民所得をYとすると、下記のようになる。

$$L = kY - hr$$

貨幣供給 (M) は中央銀行によりコントロール可能なため一定とすると、$M = M_0$ となる。また、貨幣市場の均衡条件 (M＝L) より下記の式になる。

$$M_0 = kY - hr$$

③ LM曲線の導出

前記の式を、「r＝～」とするとLM曲線が下記のように導出される。

$$r = \frac{k}{h} Y - \frac{M_0}{h}$$

上記の式で、$\dfrac{k}{h}$ はLM曲線の傾きを表し、$-\dfrac{M_0}{h}$ は切片を表す。貨幣需要の所得感応度 (k) が大きくなると、傾き ($\dfrac{k}{h}$) の値が大きくなるため、LM曲線の傾きは急になる。また、貨幣需要の所得感応度 (k) が小さくなると、傾き ($\dfrac{k}{h}$) の値が小さくなるため、傾きは緩やかになる。

貨幣需要の利子感応度 (h) が大きくなると、傾き ($\dfrac{k}{h}$) の値が小さくなるため、傾きは緩やかになる。また、貨幣需要の利子感応度 (h) が小さくなると、傾き ($\dfrac{k}{h}$) の値が大きくなるため、傾きは急になる。

3 貨幣需要の利子感応度と所得感応度

(1) 貨幣需要の利子感応度

　貨幣需要の利子感応度とは、貨幣需要の利子弾力性ともいわれ、利子の変化に対する貨幣需要の変化率である。貨幣需要の利子感応度がゼロのときには、LM曲線は垂直になり、貨幣需要の利子感応度が無限大のときには、LM曲線は水平となる。

> 貨幣需要の利子感応度（小）　→　LM曲線の傾き（急）
> 貨幣需要の利子感応度（大）　→　LM曲線の傾き（緩）

(2) 貨幣需要の所得感応度

　貨幣需要の所得感応度は、貨幣需要の所得弾力性ともいわれ、国民所得（Y）の変化に対する、貨幣需要（取引需要）の変化率である。

　所得感応度が大きくなると、国民所得が変化したときに、取引需要の変化も大きくなる。取引需要の変化が大きくなると、LM曲線の傾きは急になる。

　所得感応度が小さくなると、国民所得が変化したときに、取引需要の変化も小さくなる。取引需要の変化が小さくなると、LM曲線の傾きが緩やかになる。

> 貨幣需要の所得感応度（大）　→　LM曲線の傾き（急）
> 貨幣需要の所得感応度（小）　→　LM曲線の傾き（緩）

4 LM曲線のシフト

(1) 実質貨幣供給量とLM曲線

　貨幣市場において、実質貨幣供給量が増加すると、LM曲線は右シフトする。また、実質貨幣供給量が減少するとLM曲線は左シフトする。

$$r = \frac{k}{h} Y - \frac{M_0}{h}$$

　上記の式で、$\frac{k}{h}$ はLM曲線の傾きを表し、$-\frac{M_0}{h}$ は切片を表す。切片の分子（M_0）は貨幣供給量である。貨幣供給量（M）を一定と仮定しているため、$M = M_0$として、物価（P）で除していない。

　切片の分子の貨幣供給量（M_0）は中央銀行がコントロールしている。中央銀行が貨幣の供給量を増加させると、切片の数値が大きくなる。縦軸の切片は、マイナス

のため、数値が大きくなるほど、縦軸の切片がマイナス方向へ移動する。

　LM曲線の縦軸の切片がマイナス方向へ移動することにより、下方にシフトする。LM曲線のシフトの図表を見ると、LM曲線は下方へシフトすると同時に右へもシフトするため、LMからLM'へと移動する。

> 貨幣供給量の増加　→　LM曲線は右シフト
> 貨幣供給量の減少　→　LM曲線は左シフト

(2) LM曲線のシフトと国民所得

　次の図表を見ると、LM曲線がLMからLM'へ右シフトすると、同じ利子率 (r) でも国民所得 (Y) がYからY'へと大きくなることがわかる。

【 LM曲線のシフト 】

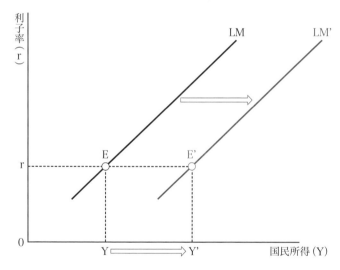

■■■ 問題編 ■■■ **Check!!**

問1 (H19-08)　　　　　　　　　　　　　　　　　　　　　　　　　　　［○・×］
　流動性選好理論では、利子率の低下によって貨幣需要が減少すると考える。

問2 (H23-07)　　　　　　　　　　　　　　　　　　　　　　　　　　　［○・×］
　「流動性のわな」のもとでは、貨幣需要の利子弾力性はゼロになり、利子率が下限値に達すると、債券価格は上限値に到達する。

問3 (H23-04)　　　　　　　　　　　　　　　　　　　　　　　　　　　［○・×］
　マネー・ストックのうち M_1 は、現金通貨と預金通貨から構成される。

問4 (H23-05)　　　　　　　　　　　　　　　　　　　　　　　　　　　［○・×］
　準備預金制度とは、この制度の対象となる都市銀行などの金融機関に対して、受け入れている預金等の一定比率（準備率）以上の金額を日本銀行に預け入れることを義務づける制度である。

問5 (H29-07)　　　　　　　　　　　　　　　　　　　　　　　　　　　［○・×］
　日本銀行によるドル買い・円売りの外国為替市場介入は、マネタリー・ベースを減少させる。

問6 (H21-06)　　　　　　　　　　　　　　　　　　　　　　　　　　　［○・×］
　貨幣乗数は1より大きい。

問7 (H19-05)　　　　　　　　　　　　　　　　　　　　　　　　　　　［○・×］
　貨幣需要の利子弾力性が大きいほど、LM曲線は、より急な形状で描かれる。

問8 (R03-07)　　　　　　　　　　　　　　　　　　　　　　　　　　　［○・×］
　現金よりも預金で通貨を保有する傾向が高まると、貨幣乗数は小さくなり、マネタリー・ベースの増加に伴うマネー・ストックの増加の程度も小さくなる。

問1　×：貨幣需要は増加する。

問2　×：利子弾力性は無限大となる。

問3　○：M_1 はもっとも容易に決済できる現金通貨と預金通貨から構成されている。

問4　○：預金等の債務の一定比率を支払準備率という。

問5　×：流通現金通貨が増加するため、マネタリー・ベースは増加する。

問6　○：通常、0＜支払準備率＜1であるため、貨幣乗数は1より大きくなる。

問7　×：貨幣需要の利子弾力性が大きいほどLM曲線は緩やかになる。

問8　×：現金よりも預金で通貨を保有する傾向が高まると、貨幣乗数は大きくなる。

厳選!!

必須テーマ　重要例題　―第3章―

平成25年度　第6問

問題編

資産は貨幣と債券の2つから構成されており、貨幣に利子は付かないと想定する。

貨幣供給量を増加させた場合、これが企業の設備投資や家計の住宅投資に与える影響に関する説明として、以下の(1)と(2)において、最も適切なものの組み合わせを下記の解答群から選べ。ただし、資産市場ではワルラス法則が成立しているものとする。

(1) 債券市場では、

a　超過需要が発生し、債券価格が上昇することで、利子率が低下する。

b　超過供給が発生し、債券価格が下落することで、利子率が上昇する。

(2) (1)における利子率の変化により、

c　債券から貨幣への需要シフトが起こり、また投資を行う際に必要な資金調達コストが低下するため、投資が促進される。

d　貨幣から債券への需要シフトが起こり、また投資を行う際に必要な資金調達コストが上昇するため、投資が減退する。

〔解答群〕

ア　(1)：a　(2)：c

イ　(1)：a　(2)：d

ウ　(1)：b　(2)：c

エ　(1)：b　(2)：d

解答：ア

　貨幣市場に関する出題である。

　ワルラスの法則では、資産市場に貨幣市場と債券市場の2つの市場しかないと仮定して分析した場合、債券市場が超過供給のときには、貨幣市場では超過需要が発生していると考える。

　貨幣供給量を増加させ、貨幣市場が超過供給になると、ワルラスの法則により債券市場では超過需要が発生すると考えられ、債券を購入する投資家が多い状況であるといえる。この債券市場の超過需要によって債券価格は上昇し、超過供給となっている貨幣市場では貨幣の価値である利子率が低下する。しかし、債券価格の上昇の結果、債券を売って貨幣で保有しようとする動機が高まる。その結果、債券から貨幣への需要シフトが起こる。また、利子率の低下は、投資を行う際に必要なコストである支払利息の負担の低下となるため、投資は促進される。

　よって、正解はアである。

テーマ別出題ランキング

過去23年分 平成13年(2001年)～令和5年(2024年)	
1位	財政政策の効果
2位	IS－LM分析
3位	クラウディング・アウトが発生しないケース

直近10年分 平成26年(2014年)～令和5年(2023年)	
1位	財政政策の効果
1位	クラウディング・アウトが発生しないケース
2位	IS－LM分析
2位	ハイパワード・マネーの増減策
2位	金融政策の効果

過去23年間の出題傾向

　財政政策の効果は、直近10年間で4回、23年間で11回出題されている。本試験では、財政政策について問われると同時に、金融政策についても問われる出題も多いため、それぞれの内容について区別しながら押さえておいてほしい。

第**4**章

財市場(IS曲線)と
貨幣市場(LM曲線)
の同時分析

I　IS−LMの同時分析

1　IS − LM分析　　Ⓑ

(1) IS − LM分析

横軸に国民所得（Y）、縦軸に利子率（r）をとると、財市場の均衡をもたらす国民所得（Y）と利子率（r）との関係を表すIS曲線は右下がりで示され、貨幣市場の均衡をもたらす国民所得（Y）と利子率（r）の関係を表すLM曲線は右上がりの曲線で示される。

LM曲線は、貨幣市場の均衡する点の集合であり、**IS曲線**は財市場の均衡する点の集合である。2つの曲線の交点では、財市場と貨幣市場の均衡国民所得と均衡利子率が同時に決定される。

(2) 財市場と貨幣市場の均衡

① 財市場の調整

次の図表で財市場の均衡点であるIS曲線上の点Eから、利子率（r）がrからr'に低下して、点Bに移動した場合、点Bの状態では超過需要であり、財市場は不均衡の状態になる。

【 財市場の調整① 】

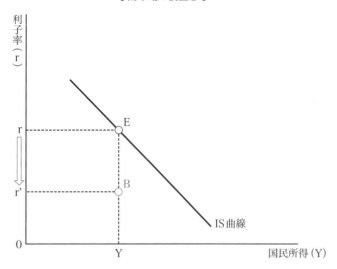

前記の図表を見ると、点Bでは利子率（r）がrからr'へと低下している。投資曲線で考えると、利子率（r）の低下により投資（I）が増加している状態である。しかし、

国民所得（Y）は一定であり、投資（I）が増加しても、国民所得（Y）に変化がないことがわかる。

　45度線分析において、総供給（Ys）＝国民所得（Y）の関係から、投資（I）が増加した分だけ超過需要が発生しており、総需要（YD）＞総供給（Ys）の状態である。よって、点Bを含む、IS曲線の左側の領域では、超過需要の状態であることがわかる。

　また、ワルラスの法則より、IS曲線の右側の領域では超過供給であることもわかる。

> IS曲線の左側の領域　→　財市場は超過需要
> IS曲線の右側の領域　→　財市場は超過供給

　次の図表でIS曲線が超過需要の場合には、利子率（r'）の水準で再び均衡するために、総供給（Ys）の増加により、国民所得（Y）が増加（Y→Y'）し、IS曲線上の点E'に調整される。

【 財市場の調整② 】

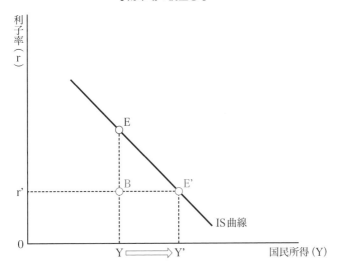

② 貨幣市場の調整

　次の図表で貨幣市場の均衡点であるLM曲線上の点Eから、国民所得（Y）がYからY'に増加して、点Bに移動した場合、点Bの状態では超過需要であり、貨幣市場は不均衡の状態になる。

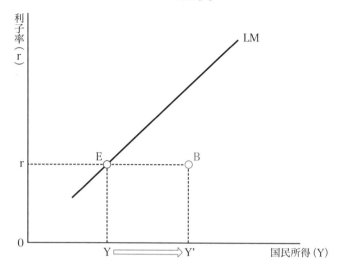

【 貨幣市場の調整① 】

　上記の図表を見ると、点Bでは国民所得（Y）がYからY'へと増加している。取引需要の曲線で考えると、国民所得（Y）の増加により取引需要（L_1）が増加している状態である。しかし、利子率（r）は一定であり、取引需要（L_1）が増加しても、利子率（r）に変化がないことがわかる。

　取引需要（L_1）の増加分だけ、貨幣需要曲線において超過需要が発生しており、貨幣需要（L）＞貨幣供給（$\dfrac{M}{P}$）の状態である。よって、点Bを含む、LM曲線の右側の領域では、超過需要の状態であることがわかる。また、ワルラスの法則より、LM曲線の左側の領域では超過供給であることもわかる。

> LM曲線の右側の領域　→　貨幣市場は超過需要
> LM曲線の左側の領域　→　貨幣市場は超過供給

　次の図表でLM曲線が超過需要の場合には、国民所得（Y'）の水準で再び均衡するために、利子率（r）が上昇（r→r'）し、LM曲線上の点E'に調整される。

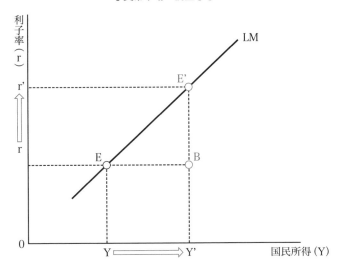

【 貨幣市場の調整② 】

③ 財市場と貨幣市場の調整

(a) 財市場の調整

それぞれ分析した調整について、IS曲線、LM曲線を同時に分析してみよう。

次の図表で、IS曲線の右側の領域であるC、Dでは、総需要＜総供給となり、超過供給であるため、国民所得は減少する。IS曲線の左側の領域であるA、Bでは、総需要＞総供給となり、超過需要であるため、国民所得は増加する。

(b) 貨幣市場の調整

LM曲線の右側の領域であるB、Cでは、貨幣需要＞貨幣供給となり、超過需要であるため、利子率が上昇する。LM曲線の左側の領域であるA、Dでは、貨幣需要＜貨幣供給となり、超過供給であるため利子率が低下する。

上記のように、財市場と貨幣市場の需給の不一致は、利子率と国民所得により、均衡利子率（r）と均衡国民所得（Y）に調整される。

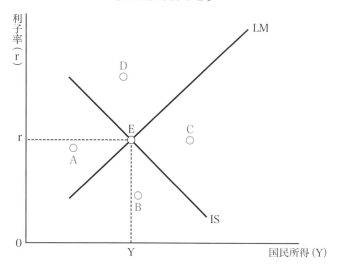

【 財市場と貨幣市場 】

2 IS－LM分析の式

⑴ IS曲線の数式

　IS曲線とLM曲線の分析を数式で考える。IS曲線の式は、先に紹介したとおり下記の式になる。

$$r = -\frac{1-c}{i}Y + \frac{a-cT_0+I_0+G_0}{i}$$

　上記の式を、「Y＝〜　」の形にすると下記の式になる。

$$Y = -\frac{i}{1-c}r + \frac{a-cT_0+I_0+G_0}{1-c}$$

⑵ LM曲線の数式

　LM曲線の式は、先に紹介したとおり、下記の式となる。

$$r = \frac{k}{h}Y - \frac{M_0}{h}$$

⑶ 財市場と貨幣市場を同時均衡させる式

① IS－LMの式

$$\text{IS曲線の式：} Y = -\frac{i}{1-c}\, r + \frac{a - cT_0 + I_0 + G_0}{1-c}$$

$$\text{LM曲線の式：} r = \frac{k}{h}\, Y - \frac{M_0}{h}$$

上記の2つの式を連立させて解くと、財市場と貨幣市場を同時均衡させる国民所得（Y）と利子率（r）を求める式になる。

$$Y = \frac{h(a - cT_0 + I_0 + G_0) + iM_0}{h(1-c) + ik}$$

$$r = \frac{k(a - cT_0 + I_0 + G_0) - (1-c)M_0}{h(1-c) + ik}$$

② 消費と投資の増加がもたらす国民所得と利子率の変化

上記の式を見ると、消費（C）や投資（I）の増加は、国民所得（Y）を増加させ、利子率（r）を上昇させる。

消費（C）・投資（I）の増加 →分子（大）→国民所得（Y）の増加
消費（C）・投資（I）の増加 →分子（大）→利子率（r）の上昇

③ 政府支出と貨幣供給量の増加がもたらす国民所得と利子率の変化

上記の式を見ると政府支出（G）や貨幣供給量（M）の増加は、国民所得（Y）を増加させる。また、政府支出（G）の増加は利子率（r）を上昇させ、貨幣供給量（M）の増加は利子率を下降させる。

政府支出（G）と貨幣供給量（M）は財政政策および金融政策で、政策当局がコントロール可能な変数である。

政府支出（G）・貨幣供給量（M）の増加
　　　　　　　　　→　分子（大）　→　国民所得（Y）の増加
政府支出（G）の増加　　→　分子（大）　→　利子率（r）の上昇
貨幣供給量（M）の増加　→　分子（小）　→　利子率（r）の低下

財政政策とは、国民経済の安定と発展をはかるために、財政支出（政府支出）、税の増減を調整する政策である。

1 財政政策の効果

(1) 財政政策の効果

下記の図表を見ると、政府支出（G）が増加すると、IS曲線が、ISからIS'へ右シフトする。その結果、IS曲線とLM曲線の交点は点Eから点E'へと変化し、均衡利子率はrからr'へ変化する。均衡国民所得はYからY'へ変化する。

【 財政政策の効果 】

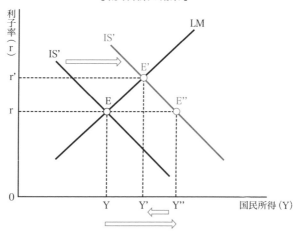

(2) ビルトイン・スタビライザー（自動安定装置）

財政システムの中に存在する、経済変動の安定化を自動的に行う仕組みのことを、**ビルトイン・スタビライザー**という。景気の拡大・縮小に応じて租税収入が増加・減少する累進構造の所得税はその典型である。

例えば、好況期に所得が上昇しても、所得税によってその一部が徴収されるため、可処分所得の増加は国民所得の増加に比べて小さくなり、消費支出の増加を自動的に抑制するように作用する。

(3) クラウディング・アウト

クラウディング・アウトとは、拡張的な財政政策が行われたとき、利子率（r）の上昇を招き、投資（I）が減少することである。

上記の図表を見ると、利子率(r)を一定とした場合、財政政策を発動させると、IS曲線はISからIS'へと右シフトし、国民所得はY''となる。

　IS曲線とLM曲線の同時分析の場合、利子率(r)が一定ではないため、政府支出による国民所得(Y)の増加は、貨幣の取引需要(L_1)を増加させ、貨幣需要曲線(L)を右シフトさせ、利子率(r)を上昇させる。

　利子率(r)の上昇は、投資(I)を減らし、総需要(Y_D)を減少させ、国民所得(Y)を減少させる。

　クラウディング・アウトが発生しなければ、国民所得(Y)は、YからY''まで増加するはずが、クラウディング・アウトの発生により、財政政策による政府支出(G)の効果が投資(I)の減少により打ち消されて小さくなるため、国民所得(Y)はYからY'までの増加となる。

> 財政政策の実行　→　政府支出(G)の増加　→　IS曲線は右シフト
> 　→　国民所得(Y)の増加(Y→Y'')　→　取引需要(L_1)の増加
> 　→　貨幣需要曲線(L)の右シフト　→　利子率(r)の上昇
> 　→　投資(I)の減少　→　総需要(Y_D)の減少
> 　→　国民所得(Y)の減少(Y''→Y')

R05-11
R03-06
R02-06
H26-05
H23-07

2　クラウディング・アウトが発生しないケース　A

(1) クラウディング・アウトが発生しないケース①（流動性のわなの場合）

　流動性のわなの状態では、財政政策によりIS曲線がISからIS'へと右シフトし国民所得(Y)がYからY'に増加しても、LM曲線が水平のため利子率(r)は変化しない。クラウディング・アウトは発生せず、財政政策は有効である。

【 クラウディング・アウトが発生しないケース① 】

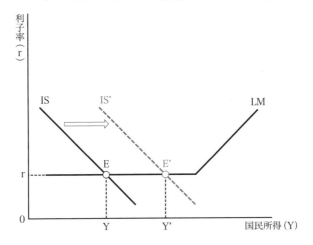

⑵ クラウディング・アウトが発生しないケース②（投資が利子非弾力的な場合）

投資が利子非弾力的な場合には、財政政策で利子率（r）がrからr'へ上昇しても、IS曲線が垂直なため投資（I）に変化がなく、クラウディング・アウトは発生せず、財政政策は有効である。

【 クラウディング・アウトが発生しないケース② 】

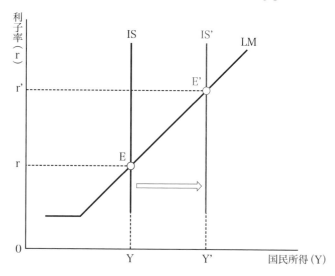

⑶ 曲線の傾きによるクラウディング・アウトの変化

クラウディング・アウトの大きさは、IS曲線とLM曲線の傾きによって変化する。IS曲線の傾きが緩やかなほど、クラウディング・アウトは大きい。また、LM曲線の傾きが急なほどクラウディング・アウトは大きい。さらに、LM曲線の傾きが急になり垂直になると、完全なクラウディング・アウトが生じ、財政政策で政府支出を増加させても、利子率（r）の上昇に伴う投資（I）の減少により完全に打ち消され、国民所得（Y）は増加しなくなる。

IS曲線の傾きがもっとも急な例として、上記で紹介した投資が利子非弾力的な場合がある。また、LM曲線がもっとも緩やかな例として、前記で紹介した流動性のわなの場合がある。

III 金融政策

　金融政策とは、中央銀行が、国民経済の安定と発展をはかるために貨幣市場を通じてマネー・サプライや、その流れを調整する政策である。

　試験対策上のポイントは、マネー・サプライの増減による供給曲線のシフトが、利子率の上昇、低下に影響することを理解しよう。

> マネー・サプライ（M）
> 　＝貨幣乗数（m）×ハイパワード・マネー（H）

1 マネー・サプライの増減策

(1) マネー・サプライの増減

　マネー・サプライを増減させるには、貨幣乗数の上昇・低下、ハイパワード・マネーの増減を考える。マネー・サプライの増加策を金融緩和策といい、減少策を金融引き締め策という。

> 金融緩和策→マネー・サプライ（M）の増加
> 金融引き締め策→マネー・サプライ（M）の減少

(2) 金融緩和策

　金融緩和とは、中央銀行が市中銀行の資金調達を容易にすることである。これにより、市中銀行の貸付資金の供給が、企業の資金需要に比べて多い状態となる。景気を刺激するために行われることが多い。

2 貨幣乗数の増減策

(1) 支払準備率操作 (法定準備率操作)

　貨幣乗数は、先ほど紹介したように次の式で示される。**現金預金比率**は、人々が貨幣をどのような比率で銀行に預金するかという比率であり、人々の選好により変化する。中央銀行が操作することは困難なため、貨幣乗数の増減には、支払準備率を増減させる支払準備率操作を行う。

$$貨幣乗数(m) = \frac{現金預金比率 + 1}{現金預金比率 + 支払準備率}$$

日本銀行が支払準備率を引き上げると、上記の式の分母が大きくなり、貨幣乗数は低下する。また、支払準備率を引き下げると、前記の式の分母が小さくなり貨幣乗数が上昇する。

支払準備率の引き上げ → 貨幣乗数の低下
支払準備率の引き下げ → 貨幣乗数の上昇

 R02-10 **H29-07**

3 ハイパワード・マネーの増減策

(1) 公開市場操作

公開市場操作とは、中央銀行が民間との間で債券を売買することによりマネー・サプライを操作することである。

① 買いオペレーション

買いオペレーションとは、金融市場の緩和のため、中央銀行が市中金融機関の保有する債券を買い入れることである。この結果、中央銀行の所有する現金が市中に出ていく。通常、買いオペといわれる。

【 買いオペレーション 】

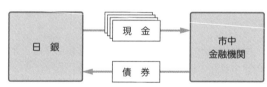

② 売りオペレーション

売りオペレーションとは、金融市場の引き締めのため、中央銀行が公債などを売り出して、市場から現金を引き上げることである。通常、売りオペといわれる。

【 売りオペレーション 】

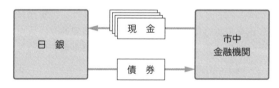

(2) 日銀貸付

日銀貸付とは、日本銀行が市中銀行に対して現金を貸し付けることである。日本銀行が市中銀行に対して貸し付ければ、ハイパワード・マネーが増加する。また、日本銀行が市中銀行から回収すると、ハイパワード・マネーの減少になる。

(3) 基準割引率および基準貸付利率

日本銀行が金融機関に直接資金を貸し出すときの基準金利を、基準割引率および基準貸付利率という。かつて「公定歩合」といわれていた。

規制金利時代には、預金金利等の各種の金利が「公定歩合」に直接的に連動していたため、「公定歩合」は金融政策の基本的なスタンスを示す代表的な政策金利だった。

1994年に金利自由化が完了し、「公定歩合」と預金金利との直接的な連動性はなくなり、各種の金利は金融市場における裁定行動によって決定される。

4 金融政策の関連用語 Ⓒ

(1) アナウンスメント効果

経済政策や経済予測が公表された場合、企業や家計がそれらを考慮して、公表前とは異なった行動をとることを**アナウンスメント効果**という。

具体的には、政府が積極的な経済政策をとれば、家計や企業は予想を楽観的にして、より多くの民間設備投資が実行される。その結果、当初の予想よりも経済が拡大する。

(2) インフレ・ターゲティング

H23-05

インフレ・ターゲティングとは、金融政策の透明性向上のためのひとつの枠組みである。具体的には、下記の３つがある。

① 中央銀行の目的である「物価の安定」を、具体的な物価上昇率（消費者物価指数等）の「数値」で示す
② 中央銀行は、先行きの物価上昇率の「見通し」を公表し、それと上記目的がずれそうな場合に政策対応を行う
③ 目標の達成が難しい場合には、それを説明するための仕組みを整備する（政府向けのレターなど）

(3) 実質貨幣鋳造収入

H25-10

中央銀行は、準備預金や中央銀行券の発行を通じてゼロ金利で資金を調達できる一方、短期金利や長期金利で資金を運用する機会を持っている。この機会収入を**貨幣鋳造収入（セニョリッジ）**という。貨幣鋳造収入の実質値である実質貨幣鋳造収入は、実質貨幣残高と期待インフレ率の積に相当する。

期待インフレ率の上昇は、実質貨幣残高一単位あたりの実質貨幣鋳造収入を引き上げる。他方では、期待インフレ率の上昇は、名目金利を上昇させ、実質貨幣需要が減少するため、実質貨幣残高が減少し、実質貨幣鋳造収入を引き下げる。

5 金融政策の効果 Ⓑ

(1) 金融政策の効果

金融政策による貨幣供給量 (M) の増加により、LM曲線はLMからLM'へ右シフトし、利子率 (r) はrからr'へ低下する。利子率 (r) の低下により投資 (I) が増加し、総需要 (Y_D) が増加する結果、国民所得 (Y) がYからY'へと増加する。

【 金融政策の効果 】

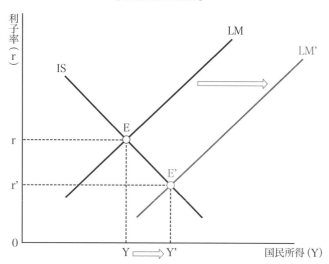

(2) 金融政策が無効のケース① (流動性のわなの場合)

LM曲線が流動性のわなの状態では、利子率 (r) はすでに最低水準である。金融政策により貨幣供給量 (M) を増加させてLM曲線がLMからLM'へ右シフトしても、利子率 (r) が低下せず、投資 (I) が増加しないため、国民所得 (Y) はYから増加しない。そのため、金融政策は無効となる。

【 金融政策が無効のケース① 】

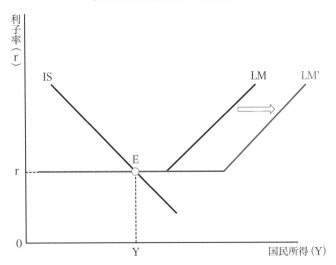

(3) 金融政策が無効のケース②（投資が利子非弾力的な場合）

　金融政策でLM曲線がLMからLM'へ右シフトして、利子率（r）がrからr'へ低下しても、投資（I）が利子非弾力的でIS曲線が垂直なため、国民所得（Y）はYで変化しない。

【 金融政策が無効のケース② 】

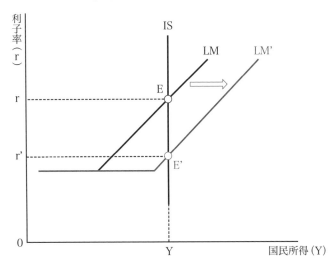

■■■ 問題編 ■■■　　　　　　　　**Check!!**

問1 (H24-09)　　　　　　　　　　　　　　　　　　　　　　　　　　［〇・×］
　貨幣供給量を増やすと、貨幣市場を均衡させる利子率が低下することから、LM曲線は上方向にシフトする。

問2 (H19-05)　　　　　　　　　　　　　　　　　　　　　　　　　　［〇・×］
　政府支出の増加はIS曲線を右方にシフトさせる。

問3 (H21-08)　　　　　　　　　　　　　　　　　　　　　　　　　　［〇・×］
　LM曲線より下方の領域では、貨幣市場は超過供給の状態にある。

問4 (H22-06)　　　　　　　　　　　　　　　　　　　　　　　　　　［〇・×］
　投資の利子感応度が大きいほど、クラウディング・アウトの程度が大きく、財政政策に伴う所得拡大効果は小さくなる。

問5 (H23-07)　　　　　　　　　　　　　　　　　　　　　　　　　　［〇・×］
　経済が「流動性のわな」に陥った場合、政府支出の増加が生じてもクラウディング・アウトは発生しない。

問6 (H29-07)　　　　　　　　　　　　　　　　　　　　　　　　　　［〇・×］
　日本銀行による買いオペレーションの実施は、マネタリー・ベースを増加させる。

問7 (H23-05)　　　　　　　　　　　　　　　　　　　　　　　　　　［〇・×］
　インフレ・ターゲティングとは、物価の安定を具体的な物価上昇率（消費者物価指数等）の数値で示すなど、金融政策の透明性向上のためのひとつの枠組みとして議論されたものである。

問8 (H25-10)　　　　　　　　　　　　　　　　　　　　　　　　　　［〇・×］
　実質貨幣鋳造収入は、実質貨幣残高と期待インフレ率の積に相当する。

問9 (H23-07)　　　　　　　　　　　　　　　　　　　　　　　　　　［〇・×］
　経済が「流動性のわな」に陥った場合、貨幣供給が増加しても伝達メカニズムが機能せず、利子率は低下するが、投資支出の増加が生じない。

問1　×：均衡利子率が低下し下方向へシフトする。

問2　○：IS曲線の右シフト要因となる財政政策には、政府支出の増加、減税がある。

問3　×：貨幣市場は超過需要となる。

問4　○：投資の利子感応度が大きいほど、利子率の上昇に対する投資支出の減少
　　　　が大きくなる。

問5　○：LM曲線が水平であるため利子率は変化しない。

問6　○：中央銀行の所有する現金が市場に出るため、マネタリー・ベースが増加
　　　　する。

問7　○：設問文のとおり。

問8　○：設問文のとおり。

問9　×：流動性のわなに陥っている場合、利子率は低下しない。

■■■ 問題編 ■■■

　IS－LMモデルでは、横軸にGDP、縦軸に利子率をとり、IS曲線とLM曲線を描く。IS曲線とLM曲線の形状とシフトに関する説明として、最も適切なものはどれか。

ア　GDPが増えると貨幣の取引需要も大きくなることから、貨幣市場の均衡利子率は低くなり、LM 曲線は右上がりに描かれる。

イ　貨幣供給量を増やすと、貨幣市場を均衡させる利子率が低下することから、LM 曲線は上方向にシフトする。

ウ　政府支出を拡大させると、生産物の供給も拡大することから、IS曲線は右方向にシフトする。

エ　利子率が高い水準にあると投資水準も高くなると考えられることから、生産物市場の均衡を表すIS曲線は、右下がりに描かれる。

オ　流動性のわなが存在する場合、貨幣需要の利子弾力性がゼロになり、LM曲線は水平になる。

解答：ウ

IS－LM曲線に関する出題である。

ア：不適切である。GDPが増えると貨幣の取引需要が増加し、貨幣需要曲線は右
　　シフトする。貨幣需要曲線と、垂直の形状をした貨幣供給曲線との交点である、
　　貨幣市場の均衡利子率は高くなる。

イ：不適切である。貨幣供給量を増やすと、均衡利子率は低下してLM曲線は下方
　　向にシフトする。

ウ：適切である。

エ：不適切である。利子率が高い水準にあると投資水準は低くなる。

オ：不適切である。流動性のわなの状態では、人々は債券を売って貨幣を無限大に
　　需要しようとするため、貨幣需要曲線は水平な曲線となる。そのため、LM曲
　　線も水平となる。貨幣需要の利子弾力性とは、利子の変化に対する貨幣需要の
　　変化率であり、流動性のわなが存在する場合、貨幣需要の利子弾力性は無限大
　　になる。

テーマ別出題ランキング

過去23年分 平成13年(2001年)〜令和5年(2023年)	
1位	変動為替相場制における財政政策の効果
2位	変動為替相場制における金融政策の効果
3位	外国為替相場
3位	金利平価説

直近10年分 平成26年(2014年)〜令和5年(2023年)	
1位	変動為替相場制における金融政策の効果
1位	変動為替相場制における財政政策の効果
2位	外国為替相場
2位	金利平価説
3位	外国貿易乗数の導出
3位	購買力平価説

過去23年間の出題傾向

　外国為替相場は、23年間で4回出題されているだけでなく、金利平価説や購買力平価説などの内容とも繋がる重要テーマである。また、変動為替相場制における財政政策の効果は、23年間における8回の出題のうち、7回は変動為替相場制における金融政策の効果の知識と合わせて出題されている。財政政策と金融政策の効果を区別しながら押さえてほしい。

第 5 章

国際マクロ経済学

I 経常収支と貯蓄・投資バランス

H30-06
H19-04 **1** 経常収支と貯蓄・投資バランス

(1) 経常収支と貯蓄・投資バランスの式

経常収支と貯蓄・投資バランスの式は、経常収支とISバランスの式ともいわれ、三面等価の原則から、海外部門（貿易収支）、民間部門、政府部門（財政部門）の関係を示す式である。経常収支と貯蓄・投資バランスの式は下記のようになる。

$$(EX - IM) = (S - I) + (T - G)$$

上記の式で、EXは輸出、IMは輸入、Sは貯蓄、Iは投資、Tは税金、Gは政府支出である。EXはX、IMはMと表されることもある。また、試験対策上、貿易収支を経常収支と表されることもある。

(2) 海外部門の式

海外部門の式は、下記のようになる。貿易収支を表し、プラスのときには、輸出（EX）＞輸入（IM）となり、貿易収支は黒字、マイナスのときには、輸出（EX）＜輸入（IM）となり、貿易収支は赤字となる。

$$EX - IM$$

(3) 民間部門の式

民間部門の式は、下記のようになる。貯蓄と投資の関係を表し、プラスのときには、貯蓄（S）＞投資（I）となり、マイナスのときには、貯蓄（S）＜投資（I）となる。

$$S - I$$

(4) 政府部門の式

政府部門の式は、下記のようになる。財政部門ともいわれ、プラスのときには、税金（T）＞政府支出（G）となり、財政収支は黒字、マイナスのときには、税金（T）＜政府支出（G）となり、財政収支は赤字となる。

$$T - G$$

経常収支と貯蓄・投資バランスの式の導出 Ⓒ

いままで紹介した、財市場の知識と三面等価の原則を応用する。国民所得の支出面を簡略化し、生産面の国民所得 (Y) との関係を表すと下記のようになる。

$$Y = C + I + G + EX - IM \quad \cdots\cdots ①$$

分配面は所得 (Y) が消費 (C)、貯蓄 (S)、税金 (T) のいずれかになるため、下記のようになる。

$$Y = C + S + T \quad \cdots\cdots ②$$

上記の①と②式を三面等価の原則にもとづき、解くと、貯蓄・投資バランスの式が算出される。

$$C + I + G + EX - IM = C + S + T$$
$$\downarrow$$
$$(EX - IM) = (S - I) + (T - G)$$

3 貯蓄・投資バランスを用いた分析

(1) 財市場の均衡と貯蓄・投資バランス

財市場における総需要 (Y_D) =総供給 (Y_S) の関係が成り立つときに、経常収支と貯蓄・投資バランスが一致することは、貯蓄・投資バランスの式の導出によりわかる。この関係をグラフに表すと次のようになる。

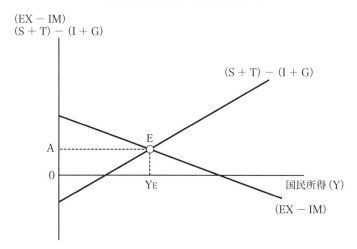

【 経常収支と貯蓄・投資バランス 】

上記の図表では、便宜上、貯蓄・投資バランスの式を下記のように変形している。経常収支の曲線と貯蓄・投資バランスの曲線の交点が原点0より上方、つまりプラスの領域にあるため、経常収支が黒字になっていることがわかる。

$$(EX - IM) = (S - I) + (T - G)$$
$$\downarrow$$
$$(EX - IM) = (S + T) - (I + G)$$

(2) 政府支出の増加の効果

① 貯蓄関数

貯蓄関数は、すでに紹介したとおりである。税金を考慮し、国民所得（Y）を可処分所得（$Y - T_0$）で考えると下記のようになる。

$$S = -a + (1 - c) Y$$
$$\downarrow$$
$$S = -a + (1 - c) (Y - T_0)$$

S（貯蓄）を上記の式、$T = T_0$、$I = I_0$、$G = G_0$とすると、ISバランスの式は、傾きが（$1 - c$）、縦軸の切片が$-a + cT_0 - I_0 - G_0$の右上がりの曲線で描かれる。

$$(S + T) - (I + G)$$
$$= (1 - c) Y - a + cT_0 - I_0 - G_0$$

⑶ 政府支出の増加による国民所得の変化

　政府支出（G）が大きいほど、縦軸の切片が下方に移動すると同時に貯蓄・投資バランスの曲線は右シフトする。右シフトの結果、当初の均衡点（E）はEからE'へと移動し、国民所得（Y）はY_EからY_1へと増加する。

【 政府支出の増加 】

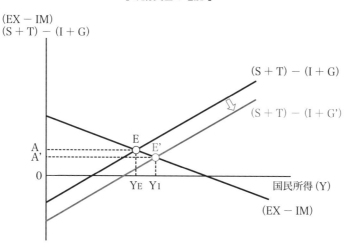

⑷ 政府支出と投資と減税の効果

　切片 $-a + cT_0 - I_0 - G_0$ を見ると、政府支出の他、投資の増加、減税も貯蓄・投資バランスの曲線を右シフトさせることがわかる。

> 政府支出（G）の増加、投資（I）の増加、減税
> ↓
> ISバランス $(S + T) - (I + G)$ の曲線を右シフト

⑸ 限界貯蓄性向と傾き

　貯蓄・投資バランスの曲線は傾きが限界貯蓄性向 $(1 - c)$ であるため、限界貯蓄性向が大きいほど急な曲線で描かれ、限界貯蓄性向が小さいほど緩やかな曲線で描かれる。

> 限界貯蓄性向（大）　→　ISバランスの曲線の傾き（急）
> 限界貯蓄性向（小）　→　ISバランスの曲線の傾き（緩）

(6) 経常収支の変化と効果

輸入 (IM) について、独立輸入を IM_0、mを限界輸入性向とすると、輸入関数は下記のようになる。**限界輸入性向 (m)** とは、国民所得が1単位変化したときの輸入の変化を表す比率のことである。

$$IM = IM_0 + mY$$

経常収支 (EX − IM) と国民所得 (Y) の関係は、IMを上記の式とし、EXを EX_0 とすると、経常収支は下記の式のようになる。切片が $EX_0 − IM_0$、傾きが−mの右下がりの曲線として描かれる。

$$(EX − IM) = EX_0 − IM_0 − mY$$

(7) 独立輸入の増加による国民所得の変化

独立輸入 (IM_0) の増加により、経常収支 (EX − IM) 線の縦軸の切片が下方へ移動すると同時に経常収支の曲線は、(EX − IM) から (EX − IM') へ左シフトする。左シフトの結果、当初の均衡点 (E) はEからE''へと移動し、国民所得 (Y) は Y_E から Y_0 へと減少する。

(8) 独立輸入と輸出の効果

縦軸の切片の式 $EX_0 − IM_0$ を見ると、独立輸入の増加、輸出の減少は、経常収支の曲線を左シフトさせることがわかる。

> 独立輸入 (IM_0) の増加、輸出 (EX_0) の減少
> ↓
> 経常収支 (EX − IM) の曲線を左シフト

(9) 限界輸入性向と傾き

経常収支の曲線は傾きが限界輸入性向であるため、限界輸入性向が大きいほど急な曲線で描かれ、限界輸入性向が小さいほど緩やかな曲線で描かれる。

> 限界輸入性向 (大) → 経常収支の曲線の傾き (急)
> 限界輸入性向 (小) → 経常収支の曲線の傾き (緩)

【 独立輸入の増加 】

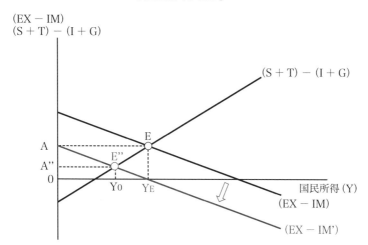

II 外国貿易乗数

H21-04 **1** 外国貿易乗数

　開放経済モデルにおける乗数を外国貿易乗数という。**外国貿易乗数**とは、開放経済下における国民所得（Y）の変化分と、それをもたらした総需要の変化分との比率である。外国貿易乗数は閉鎖経済モデルの乗数よりも小さくなる。

R05-10
R03-09 **2** 外国貿易乗数の導出

　財市場で紹介した消費関数と、新たに輸入関数を用いて外国貿易乗数を算出する。

(1) 消費関数

　Cは消費、Yを国民所得、aを基礎消費、cを限界消費性向、Tを税金（定額税）とすると、消費関数は下記のようになる。

$$C = a + c(Y - T)$$

(2) 輸入関数

　輸入（IM）をIM_0、mを限界輸入性向とすると、輸入関数は下記のようになる。

$$IM = IM_0 + mY$$

　上記の式より、輸入（IM）は国民所得（Y）の増減により、増減することがわかる。

> 国民所得（Y）の増加　→　輸入（IM）の増加
> 国民所得（Y）の減少　→　輸入（IM）の減少

(3) 外国貿易乗数の導出

　外国貿易乗数は、次の計算で求められる。国民所得（Y）は、総需要（Y_D）＝総供給（Y_S）となる水準に決定する。総需要（Y_D）＝C＋I＋G＋EX－IMとし、C＝a＋c（Y－T）、I＝I_0、G＝G_0、T＝T_0、EX＝EX_0、IM＝IM_0＋mYとすると次のようになる。

$$Y_D = C + I + G + EX - IM$$
$$= \{a + c(Y - T_0)\} + I_0 + G_0 + EX_0 - IM_0 - mY$$

総供給は $Y_S = Y$ のため、$Y_D = Y_S$ は、$\{a + c(Y - T_0)\} + I_0 + G_0 + EX_0 - IM_0 - mY = Y$ となる。式を変形すると次のようになる。

$$Y = \{a + c(Y - T_0)\} + I_0 + G_0 + EX_0 - IM_0 - mY$$
$$\downarrow$$
$$Y - cY + mY = a - cT_0 + I_0 + G_0 + EX_0 - IM_0$$
$$\downarrow$$
$$(1 - c + m)Y = a - cT_0 + I_0 + G_0 + EX_0 - IM_0$$
$$\downarrow$$
$$Y = \frac{1}{1 - c + m}(a - cT_0 + I_0 + G_0 + EX_0 - IM_0)$$

外国貿易乗数は、限界輸入性向 (m) があるため、閉鎖経済モデルの乗数よりも小さくなる。

$$\frac{1}{1 - c + m} < \frac{1}{1 - c}$$

なお、開放経済下においては輸出・輸入が存在するため、IS曲線の式は次のようになる。

$$r = -\frac{1 - c + m}{i}Y + \frac{a - cT_0 + I_0 + G_0 + EX_0 - IM_0}{i}$$

上記の式より、開放経済下のIS曲線の傾きは $-\dfrac{1 - c + m}{i}$ となり、閉鎖経済下のIS曲線の傾き $-\dfrac{1 - c}{i}$ よりも、絶対値が大きくなる。よって、開放経済下のIS曲線の傾きは、閉鎖経済下のIS曲線に比べて、より急な形状になる。

III 外国為替相場の決定

　国際マクロ経済学を理解するために、ニュースなどで耳にする、円高・円安といった為替相場の決定のメカニズムを紹介する。円高や円安が輸出や輸入にどのような影響を与えるのかを理解しよう。

H28-03
H27-09
H26-08
H22-13

1 外国為替相場　

⑴ 外国為替相場（外国為替レート）

　外国為替相場は、外国為替レートともいわれる。自国の通貨と外国の通貨とを交換する比率で通貨の対外価値を表している。「1ドル＝119円50銭」というように、円に対するドルやユーロの価値で考える。

⑵ 円高と円安の考え方

① 円高の考え方

　円高とは、為替相場で相手の外貨に対する円の価値が高い場合である。具体的には、1ドルが90円のときは、1ドルが100円のときより、同じ円の金額でより多くのドルと交換できる。

　輸出・輸入と関連させると、円高のときは、円で買える諸外国の財・サービスの量が増加する。円高は輸入を容易にして、輸出を困難にする。

② 円安の考え方

　円安とは、為替相場で相手の外貨に対する円の価値が低い場合である。具体的には、1ドルが100円のときは1ドルが90円のときより、同じ円の金額で少ないドルとの交換しかできない。

　円安のときは、円で買える諸外国の財・サービスの量が少なくなる。円安は輸出を容易にして輸入を困難にする。

【 円高と円安の考え方 】

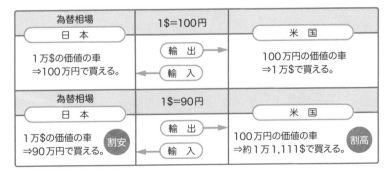

円高（自国の通貨＞外国の通貨）　→　海外製品（安）　→　輸入（大）

円安（自国の通貨＜外国の通貨）　→　海外製品（高）　→　輸入（小）

2 外貨建相場と邦貨建相場

(1) 外貨建相場

　外貨建相場とは、自国の通貨1単位と交換される外貨の量を示す為替相場の表示法である。具体的には、「1円＝1／100$」のように、外貨を基準に表す。

(2) 邦貨建相場

　邦貨建相場とは、外国通貨1単位と交換される自国の通貨の量を示す為替相場の表示法である。具体的には、「1$＝100円」のように自国通貨を基準に表す。外貨建てと邦貨建ては表示方法が違うため、グラフを読むときには縦軸と横軸に注意が必要である。

3 為替相場の増価と減価 H26-08

(1) 為替相場の増価

　外国の通貨に対して、自国通貨の価値の相対的な上昇（円高・ドル安）を、**為替相場の増価**という。

(2) 為替相場の減価

　外国の通貨に対して、自国通貨の価値の相対的な低下（円安・ドル高）を、**為替相場の減価**という。

IV 変動為替相場と固定為替相場

1 国際通貨制度

(1) 国際通貨制度

国際通貨制度とは、国際間の為替取引、国際貸借の決済、国際収支の調整などに関する慣行や法的・制度的取り決めの総称である。第2次大戦後はIMF（国際通貨基金）体制が基本となっている。

(2) 変動為替相場制

変動為替相場制とは、「1ドル＝360円」というように為替相場を設定せず、為替市場の需給にまかせて自由に変動させる制度である。

具体的には、外貨の需要と供給を反映して自由に為替相場を変動させ、国際収支の調整を行う制度であり、1973年3月以降、主要国通貨は総フロート（変動相場制）時代になっている。

2 管理フロート制

(1) 管理フロート

管理フロートとは、通貨当局（政府や中央銀行）に管理されたフロート制で、IMFガイドラインによる通貨当局のスムージング・オペレーションを旨とする。

不公正な介入（ダーティ・フロート）禁止、短期的乱高下時の介入義務、介入政策は介入通貨国を含む他加盟国の利益を考慮すべきことを定めている。

スムージング・オペレーションとは、変動相場制または管理フロート制の下において、為替相場の乱高下を防ぐため、中央銀行が市場に介入することである。

(2) クリーン・フロートとダーティ・フロート

① クリーン・フロート

クリーン・フロートとは、管理フロート制において通貨当局が、為替相場の乱高下を防ぐためのスムージング・オペレーション以外は外為市場に介入せず、相場変動を市場の成り行きと実勢にまかせることである。

クリーン・フロートでは、通貨と通貨の相対価格（為替相場）の動きをできるだけ市場の実勢にゆだねている。

② ダーティ・フロート

ダーティ・フロートとは、通貨当局がスムージング・オペレーション以上とみなされる市場介入をした場合にいわれる。通貨当局が介入して一定の管理を行い恣意

的な相場を形成させることを指している。

　クリーン・フロートとの区別は難しく、自国ではクリーン・フロートと思っていても海外からはダーティ・フロートと批判されることもある。

(3) 固定為替相場制

　固定為替相場制とは、「1ドル＝360円」というように為替相場を設定し、設定した為替相場を中心に為替相場の変動を狭い範囲に固定する制度である。

　具体的には、1ドル＝360円と為替相場が固定されている場合、自然に為替相場が一定になるのではなく、つねに中央銀行の徹底的な介入によって、1ドル＝360円の一定の相場に管理される。

【 固定為替相場制 】

為替相場	1ドル＝360円で固定
円の需要が増加	中央銀行の対応
円の需要が増加【超過需要】 ⇒このままでは円高	円売りドル買いの介入 ⇒円高を防ぐ
為替相場	1ドル＝360円で固定
円の供給が増加	中央銀行の対応
円の供給が増加【超過供給】 ⇒このままでは円安	円買いドル売りの介入 ⇒円安を防ぐ

外国為替相場決定理論

1 外国為替相場決定理論

(1) 変動為替相場における為替相場のメカニズム

変動為替相場制において「1ドル＝118円50銭」から「1ドル＝120円」への変化にはどのようなメカニズムが働いているのだろうか。

為替相場のメカニズムを考える為替相場決定理論については、さまざまな学説が展開されている。為替需給のどこに注目するかがポイントである。

(2) 基本的な考え方

外国為替相場とは、自国通貨と外国通貨の交換比率である。基本的に為替相場は、外貨を買う人と売る人がどれだけいるかという為替の需給により決定する。

単純化のために、円とドルで考えると、下記の図表のように1ドル＝P_1円のとき超過供給が生じているならば、1ドル＝P_E円に収束し、需要と供給が均衡する点Eに決定する。

1ドル＝P_2円のとき超過需要が生じているならば、1ドル＝P_E円に収束し、需要と供給が均衡する点Eに決定するといったメカニズムが働く。

例えば、ドル建てで取引される原油などの価格が上昇すると、ドルでの支払いが増加するため、円売りドル買いが行われ、円安・ドル高への圧力が強くなる。

【 為替相場の決定 】

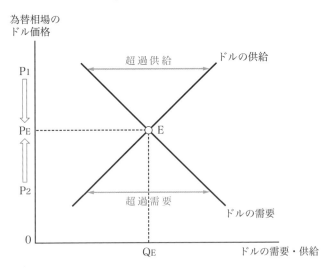

2 金利平価説 Ⓑ

(1) 金利平価説の概要と決定式

金利平価説とは、国際的な資金の移動に焦点を当て、金融市場との関係から短期における為替相場の決定を考察する説である。

国際的に金融資産への投資を行うことにより、下記の式が成り立つところで為替相場が決定するとしている。日本の利子率を r、米国の利子率を r*、円建てで示した予想為替相場を e^e、円建てで示した現実の為替相場 e とする。

$$r = r^* + \frac{e^e - e}{e}$$

$$\downarrow$$

日本の利子率 (r)

$$= 米国の利子率 (r^*) + 為替相場の予想変動率 \left(\frac{e^e - e}{e}\right)$$

(2) 金利と投資の関係

投資家が一定の資金を保有しているとき、為替相場が固定化されている場合には、米国の利子率が高ければ、円売りドル買いをして米国の金融資産に投資するほうが有利である。

例えば、アメリカにおいて市場予想を上回る雇用者数の増加があった場合、アメリカの連邦準備制度理事会は景気の過熱を抑えるため政策金利を引き上げる。これにより、相対的に金利の高いドルに投資した方が有利となるため、円売りドル買いが行われ、円安・ドル高への圧力が強くなる。

【 日本と米国の利子率の比較による米国への投資 】

(3) 将来の為替相場と投資の関係

日本と米国の利子率が等しくても、将来、為替相場が円安・ドル高に進むことが予想されれば、円売りドル買いをして、米国の金融資産に投資するほうが有利となる。将来、その金融資産を売って円を買えば利益を生む。

【 将来の為替相場と米国への投資 】

⑷ 金利と将来の為替相場と投資の関係

　日本の利子率が米国の利子率より高いとしても、将来、為替相場が大幅に円安・ドル高に変動することが予想されれば、米国の金融資産へ投資することが有利となる。

【 金利と将来の為替相場と米国への投資 】

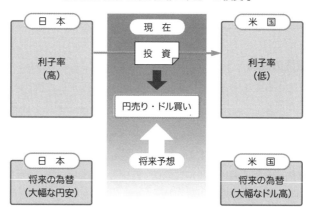

⑸ 予想為替相場の変動による現実の為替相場への影響

　現実の為替相場を一定として、予想為替相場が円高・ドル安の方向に動けば、現実の為替相場はどのように変動するのだろうか。

$$r = r^* + \frac{e^e - e}{e}$$

　将来の予想為替相場が、1ドル＝120円から、1ドル＝100円と円高へ変動すると予想される。すると上記の式の予想為替相場 (e^e) が小さくなるため、分子が小さくなり、為替相場の予想変動率が小さくなる。

$$日本の利子率＝米国の利子率＋為替相場の予想変動率$$
$$\downarrow$$
$$日本の利子率＞米国の利子率＋為替相場の予想変動率（小）$$

　前記の式のように、為替相場の予想変動率が小さくなることにより、日本の利子率が相対的に高くなるため、日本の金融資産への投資が行われる。

【 予想為替相場の変動による現実の為替相場への影響 】

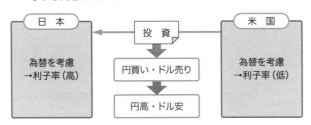

　日本への金融資産への投資により、円買い・ドル売りが行われ、現実の為替相場も円高・ドル安の方向へ動き、予想が実現する。
　また、予想為替相場を一定とした場合、日本の利子率が上昇すると日本の金融資産が購入され、現実の為替相場は円高・ドル安に変化する。

3 購買力平価説

R05-09
R01-07

(1) 購買力平価説の概要

　購買力平価説とは、外国為替相場が自国通貨と外国通貨の購買力の比率によって決定されるという理論である。スウェーデンの経済学者、G・カッセルが1921年に唱えた。購買力平価説は、長期的な為替レートの動きの説明に適している。
　具体的には、為替相場が1ドル＝120円のとき、日本で1個100円のハンバーガーが米国では1ドルで販売されていたならば、長期的に為替相場は、ハンバーガーの価格と同じ、1ドル＝100円で釣り合うと考えられている。
　また、外国の物価を一定とした場合、日本の物価の上昇は円安・ドル高の要因となる。

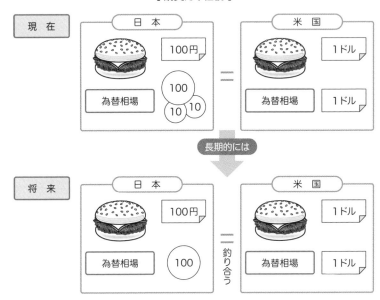

【 購買力平価説 】

(2) 一物一価の法則

　購買力平価説の重要な考え方として一物一価の法則がある。**一物一価の法則**とは、財やサービスの価格は、通貨の購買力を表すため、財やサービスの取引が自由に行える市場では、同じ商品の価格は1つに決定するという法則である。

　例えば、取引が自由に行われ、価格の情報が十分に与えられれば、海外でも同じ商品の価格は同じ価格で取引される。

　米国の物価が日本より低ければ、米国の製品を買う人が増え、円を売ってドルを買う人が増加し、ドルは上昇する（円安・ドル高）。日本の物価が米国より低ければ、日本の製品を買う人が増える。ドルを売って円を買う人が増加し、ドルは低下する（円高・ドル安）。

> 物価（米国＜日本）　→　米国の製品の購入（増加）　→　円安・ドル高
> 物価（米国＞日本）　→　米国の製品の購入（減少）　→　円高・ドル安

VI 国際収支調整機能

1 国際収支調整機能

　国際収支とは、一国の資金の流入から、資金の流出を差し引いたものである。国際収支調整機能とは「円高⇒輸出減・輸入増」の考え方である。

　国際収支調整機能がうまく作用するためには、マーシャル＝ラーナーの安定条件が満たされている中で実際の相場も連動変化することが必要である。かつ、その効果はJカーブ効果の終了後に現れるといわれている。

2 マーシャル＝ラーナーの安定条件

　マーシャル＝ラーナーの安定条件とは、為替レートの切り下げ（円安・ドル高）によって貿易収支が改善され、国際均衡が達成されるための条件である。条件は、国内需要の輸入弾性値（価格弾力性）と海外需要の輸出弾性値（価格弾力性）との和が1より大きいことである。

　つまり、為替相場の変化に対して、輸出量と輸入量が十分に変化する条件とイメージしてほしい。

3 Jカーブ効果

　為替レートが切り上がる（円高・ドル安）と、他国に対する自国の競争力が低下し、輸出が減少、輸入が増加するため、貿易収支が赤字となり、経常収支の黒字も減少するはずである。

　ところが、為替レートが切り上がってしばらくの間は、経常収支の黒字が発生し、その後、経常収支の赤字が増えはじめる。

　この経常収支変化の形状が「J」の文字に似ていることから**Jカーブ効果**といわれている。

　円高になっても経済活動の水準自体は、しばらく変わらないため、輸入数量は急増せず、輸入価格は当初減少するため、経常収支の黒字要因となる。

　また、輸出契約が長期契約に基づくものであれば、ドル表示の輸出額がかえって増加するなどが要因とされている。

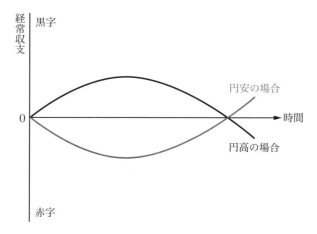

【 Jカーブ効果 】

経常収支

黒字

円安の場合

0 ──────────────→ 時間

円高の場合

赤字

4 アブソープション・アプローチ

　アブソープション・アプローチとは、国際収支の動向をアブソープション（国内における財・サービスの吸収）という概念を用いて分析する考え方である。

$$Y = C + I + G + EX - IM$$
$$\downarrow$$
$$EX - IM = Y - (C + I + G)$$

　前記の式で、$(C + I + G)$ は国内需要（内需）を示している。つまり、総生産 (Y) のうち、国内で吸収される部分である。

　総生産（＝総供給）のうち、内需で吸収できなかった分が輸出されていることを意味している。

$$EX - IM = Y - (C + I + G)$$
経常収支＝総供給－内需

VII マンデル=フレミング・モデル（変動為替相場制）

1 マンデル=フレミング・モデルの概要

R05-10

マンデル=フレミング・モデルとは、ケインズのIS曲線およびLM曲線の閉鎖経済体系モデルに、経常収支と資本収支の国際収支要因を導入した開放経済におけるモデルである。

R・マンデルとJ・フレミングの二人の経済学者によって同時期にそれぞれ独立に提示されたモデルである。

このモデルでは、国内均衡と国際均衡の同時達成は、IS曲線、LM曲線、BP曲線（国際収支均衡線：国際収支が均衡する国民所得と利子率の組み合わせの集合）により分析される。水平なBP曲線は、国際的な資本移動が利子率に対して完全に弾力的であることを意味している。このとき、外国利子率の上昇に応じて、BP曲線は上方にシフトする。

2 変動為替相場制におけるモデル分析

(1) 変動為替相場制における仮定

モデルを分析するため、現実経済の単純化にいくつかの仮定をしている。試験対策上は最低限、次の図表の変動為替相場制の6つの仮定を憶えておこう。仮定のうち、資本移動の資本は資金のことである。

(2) 小国モデル

小国モデルとは、外国への反響効果を考慮しないモデルである。例えば、自国は小国のため、自国が輸出入量を変化させたところで相手国にとって影響はない状態である。

(3) 静学的期待

静学的期待とは、ある経済変数の現在の水準が将来もそのまま保たれるであろう期待である。

【 変動為替相場制の6つの仮定 】

1 小国開放経済である。

2 物価は一定である。

3 マーシャル=ラーナーの安定条件を満たしている。

4 為替相場に静学的期待を仮定する。

5 資本移動は完全に自由

6 変動為替相場制

【 仮定の結果 】

自国の利子率＞国際利子率のとき	自国の利子率＜国際利子率のとき
資本が流入	資本が流出
資本収支：黒字	資本収支：赤字
国際収支：黒字	国際収支：赤字

⑷ 自国の利子率と国際利子率の関係

変動為替相場制の6つ仮定の結果、自国の利子率と国際利子率、資本収支と国際収支の関係は、上記のようになる。

R05-10
R03-10
R02-11
H30-09
H22-08

3 変動為替相場制における金融政策の効果

下記の図で、政策前は、点Eで、自国の利子率（r）と国際利子率（ri）は均衡している。

【 金融政策の効果（政策前）】

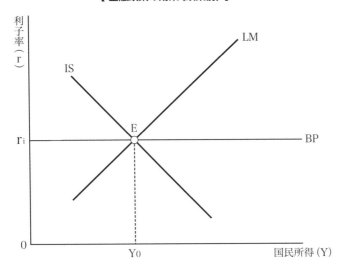

(1) 金融政策の効果（政策後①：LM曲線の動き）

　中央銀行が金融緩和策を行うとLM曲線がLMからLM'へと右シフトする。LM曲線の右シフトにより、ISとLM'の交点はE'となり、利子率（r）はr_iからr_1へと低下する。国民所得（Y）はY_0からY_1へ増加する。

【 金融政策の効果（政策後①）】

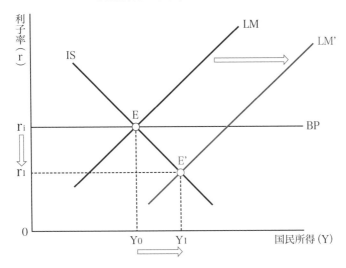

⑵ 金融政策の効果（政策後②：総需要曲線の上方シフト）

　LM曲線の右シフト後の交点E'はBP曲線の下方であり、自国の利子率（r_1）が国際利子率（r_i）よりも低くなる。

　自国の利子率が国際利子率よりも低いため、国内資本が海外へ流出し、国際収支は赤字となる。国内資本の流出の結果、円の価値が下がるため円安になる。

　円安は輸出（EX）を増加させ、輸入（IM）を減少させるため、純輸出が増加し、財市場における総需要（Y_D）を増加させる。

　総需要の増加により総需要曲線は上方にシフトし、総供給曲線（Y_S）との交点EがEからE''へと移動し、国民所得（Y）はY_0からY_2へ増加する。

⑶ 金融政策の効果（政策後③：IS曲線の右シフト）

　総需要（Y_D）が増加し、IS曲線は右シフトする。IS曲線の右シフトは、自国の利子率が、国際利子率よりも小さい限り続く。

　つまり、IS曲線がISからIS'へとシフトし均衡するまで続く。国民所得（Y）は均衡点E''のY_2となり均衡する。

⑷ 変動為替相場制における金融政策の効果

　IS曲線とLM曲線の動きを見ると、開放経済モデルのほうが、閉鎖経済モデルよりも純輸出の増加を通じて、国民所得（Y）が大きく増加していることがわかる。開放経済モデルにおいては、金融政策はきわめて有効である。

【 金融政策の効果（政策後②）】

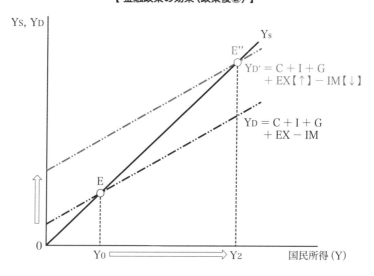

【 金融政策の効果（政策後③） 】

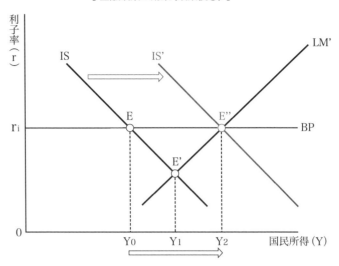

R05-10
R03-10
R02-11
H30-09
H23-08
H22-08

4 変動為替相場制における財政政策の効果 (A)

下記の図で、政策前は、点Eで、自国の利子率（r）と国際利子率（r_i）は均衡している。

【 財政政策の効果（政策前） 】

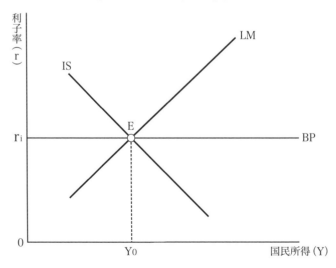

⑴ 財政政策の効果 (政策後①：IS曲線の動き)

　公共投資など政府支出 (G) による拡張的な財政緩和策を行うと、IS曲線は、ISからIS'へ右シフトする。

　IS曲線の右シフトにより、ISとLM'の交点はE'となり、利子率 (r) はr_iからr_1へと上昇する。国民所得 (Y) はY_0からY_1へ増加する。

⑵ 財政政策の効果 (政策後②：総需要曲線の下方シフト)

　IS曲線の右シフト後の交点E'はBP曲線の上方であり、自国の利子率 (r_1) が国際利子率 (r_i) よりも高くなる。

　自国の利子率が国際利子率よりも高いため、外国資本が国内へ流入し、国際収支は黒字となる。外国資本が国内へ流入し、円の価値が上がり円高になる。

　円高は輸出 (EX) を減少させ、輸入 (IM) を増加させるため、財市場における総需要 (Y_D) を減少させる。

　総需要の減少により総需要曲線は下方にシフトし、総供給曲線 (Y_S) との交点EがE'からEへと移動し、国民所得 (Y) はY_1からY_0へ減少する。

【 財政政策の効果 (政策後①) 】

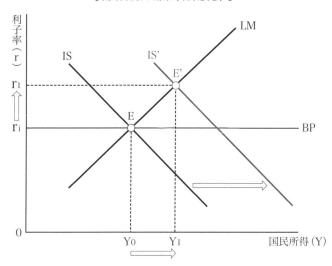

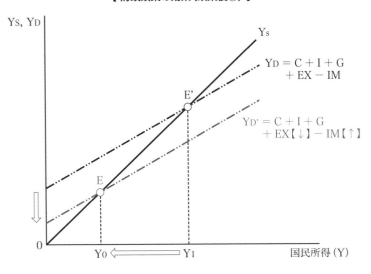

【 財政政策の効果（政策後②）】

【 財政政策の効果（政策後③）】

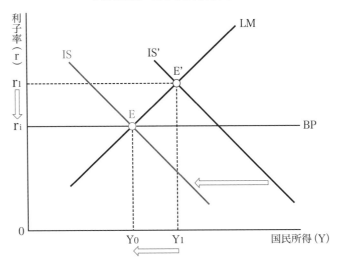

(3) 財政政策の効果 (政策後③：IS曲線の左シフト)

　総需要 (Y_D) が減少し、IS曲線は左シフトする。IS曲線の左シフトは、自国の利子率が、国際利子率よりも大きい限り続く。

　つまり、IS曲線がIS'からISへと左シフトし均衡するまで続き、国民所得 (Y) は均衡点Eに戻りY_0で均衡する。

(4) 財政政策は無効

　変動為替相場制のもとで発動される財政政策は、完全なクラウディング・アウトを引き起こし、実質的に経済活動に影響を与えることができず、無効であることがわかる。

H27-10

5　不完全資本移動時の金融・財政政策の効果 Ⓒ

　変動為替相場制の6つの仮定のうち、「5 資本移動は完全に自由」という条件を変更して、不完全資本移動のときの金融政策の効果について考えてみよう。

(1) BP曲線が右上がりになる理由

　自国の利子率と国際利子率の格差に応じて資本活動が活発化するが、資本移動が不完全であるため、自国の利子率 (r) と国際利子率 (r_i) は必ずしも等しくならない。

　自国利子率の上昇は資本収支の改善をもたらし、国際収支が黒字となる。国際収支が均衡を回復するためには、自国の国民所得の増加を通じて、経常収支が悪化しなければならないため、BP曲線は右上がりになる。

(2) 資本移動は完全に自由 (完全資本移動) の場合との違い

①金融政策の効果

　不完全資本移動の場合も、完全資本移動の場合と同様、中央銀行が金融緩和策を行うとLM曲線がLMからLM'へ右シフトし、LM曲線の右シフトにより、ISとLM'交点がEからE'へ移動する。利子率はr_iからr_1へと低下する。国民所得 (Y) はY_0からY_1へ増加する (政策後①の図)。すると、自国の利子率が国際利子率よりも低いため ($r_1 < r_i$)、総需要曲線が上方シフトする (政策後②の図)。このとき、IS曲線がISからIS'へ右シフトするだけでなく、BP曲線もBPからBP'へ下方シフトする。このため、交点がE''へと移動し、国民所得はY_0からY_2へ増加して均衡する (政策後③の図)。

【 金融政策の効果（政策後①）】

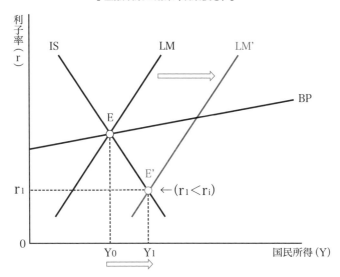

【 金融政策の効果（政策後②）】

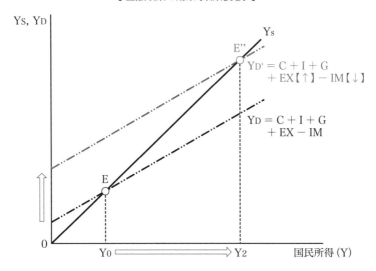

【 金融政策の効果（政策後③）】

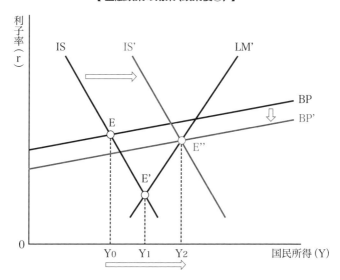

②財政政策の効果

　拡張的な財政緩和策を行うと、IS曲線はISからIS'へと右シフトし、交点がEからE'へ移動する（政策後①の図）。すると、自国の利子率が国際利子率よりも高いため（$r_1 > r_i$）、総需要曲線が下方シフトする（政策後②の図）。このとき、BP曲線も上方シフトするため、IS''とLMの交点E''へと移動し、結果として、国民所得（Y）はY_0からY_2へと移動することになる。よって、資本移動が完全に自由の場合と異なり、変動為替相場制のもとで発動される財政政策は無効とはならない（政策後③の図）。

【 財政政策の効果（政策後①）】

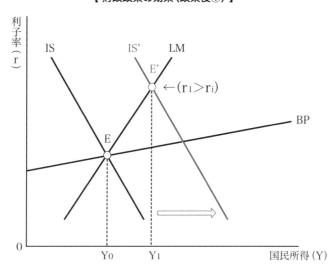

【 財政政策の効果（政策後②） 】

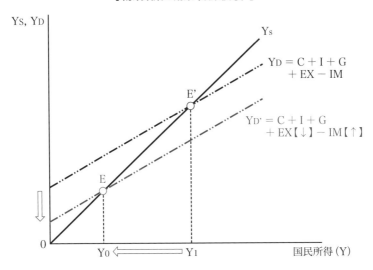

【 財政政策の効果（政策後③） 】

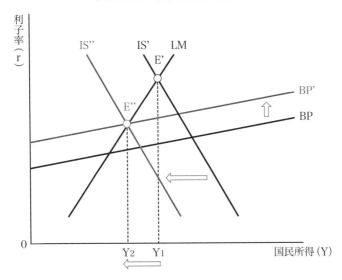

VIII マンデル＝フレミング・モデル（固定為替相場制）

1 固定為替相場制におけるモデル分析

(1) 固定為替相場制における仮定

　モデルを分析するため、現実経済の単純化にいくつかの仮定をしている。試験対策上は最低限、下記の図表の固定為替相場制の6つの仮定を憶えておこう。

【 固定為替相場制の6つの仮定 】

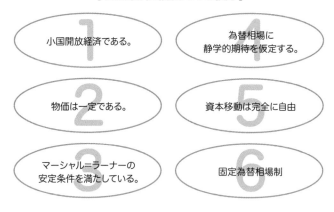

1 小国開放経済である。

2 物価は一定である。

3 マーシャル＝ラーナーの安定条件を満たしている。

4 為替相場に静学的期待を仮定する。

5 資本移動は完全に自由

6 固定為替相場制

【 仮定の結果 】

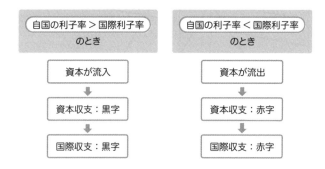

自国の利子率 ＞ 国際利子率のとき	自国の利子率 ＜ 国際利子率のとき
資本が流入	資本が流出
資本収支：黒字	資本収支：赤字
国際収支：黒字	国際収支：赤字

(2) 自国の利子率と国際利子率の関係

　固定為替相場制の6つ仮定の結果、自国の利子率と国際利子率、資本収支と国際収支の関係は、上記のようになる。

2 固定為替相場制における金融政策の効果

下記の図で、政策前は、点Eで、自国の利子率 (r) と国際利子率 (rᵢ) は均衡している。

【金融政策の効果 (政策前)】

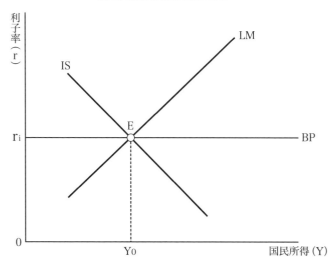

(1) 金融政策の効果 (政策後①：LM曲線の動き)

中央銀行が金融緩和策を行うとLM曲線がLMからLM'へと右シフトする。LM曲線の右シフトにより、ISとLM'の交点はE'となり、利子率 (r) はrᵢからr₁へと低下する。国民所得 (Y) はY₀からY₁へ増加する。

(2) 金融政策の効果 (政策後②：貨幣供給曲線の左シフト)

LM曲線の右シフト後の交点E'はBP曲線の下方であり、自国の利子率 (r₁) が国際利子率 (rᵢ) よりも低くなる。

自国の利子率が国際利子率よりも低いため、国内資本が海外へ流出し、国際収支は赤字となる。国内資本が海外へ流出し円の価値が下がるため円安になる。

固定為替相場制の場合、中央銀行は、円安を防ぎ為替レートを一定に保つため、円買いドル売りの介入をする。

円買いドル売りの介入により、貨幣市場ではハイパワード・マネーが減少するため、次の図のように、マネー・サプライ (M) もM₁からM₀へ減少する。マネー・サプライの減少により貨幣供給曲線が左シフトする。

貨幣供給曲線の左シフトにより、貨幣市場における利子率 (r) は、国際利子率 (rᵢ) まで上昇する。

【金融政策の効果（政策後①）】

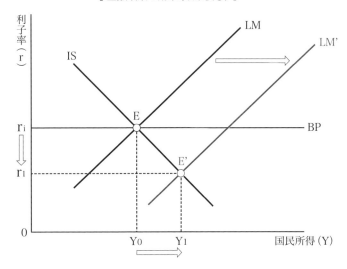

【金融政策の効果（政策後②）】

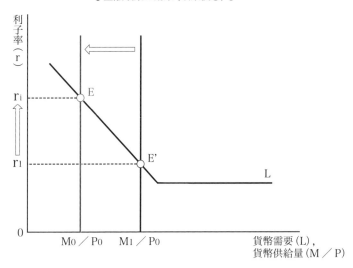

(3) 金融政策の効果（政策後③：LM曲線の左シフト）

　中央銀行が円買いドル売りの介入をしている限り、マネー・サプライが減少し、LM曲線はLM'からLMへ左シフトする。LM曲線の左シフトは、自国の利子率が、国際利子率よりも小さい限り続く。

　つまり、LM曲線がLM'からLMへとシフトし均衡点Eまで続く。結局、国民所得（Y）は、Y_1からY_0へと減少し当初の均衡点Eへ戻る。

⑷ 固定為替相場制における金融政策の効果

　IS曲線とLM曲線の動きを見ると、金融政策は、開放経済モデルで固定為替相場制を採用した場合、国際利子率と中央銀行の介入により、国民所得が当初の均衡点Eに戻る。そのため、閉鎖経済モデルでは有効であった金融政策は無効になることがわかる。

【 金融政策の効果（政策後③）】

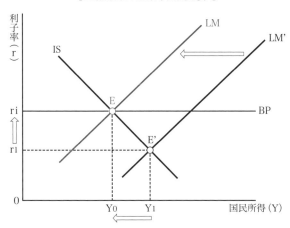

3 　固定為替相場制における財政政策の効果 C H20-09

　下記の図で、政策前は、点Eで、自国の利子率（r）と国際利子率（r_i）は均衡している。

【 財政政策の効果（政策前）】

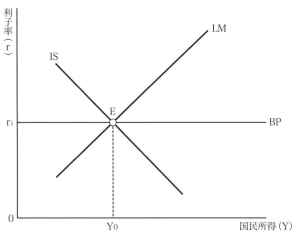

⑴ 財政政策の効果（政策後①：IS曲線の動き）

　公共投資など政府支出（G）による拡張的な財政緩和策を行うと、IS曲線は、ISからIS'へ右シフトする。

　IS曲線の右シフトにより、IS'とLMの交点はE'となり、利子率（r）はr_iからr_1へと上昇する。国民所得（Y）はY_0からY_1へ増加する。

⑵ 財政政策の効果（政策後②：貨幣供給曲線の右シフト）

　IS曲線の右シフト後の交点E'はBP曲線の上方であり、自国の利子率（r_1）が国際利子率（r_i）よりも高くなる。

　自国の利子率が国際利子率よりも高いため、外国資本が国内へ流入し、国際収支は黒字となる。外国資本が国内へ流入し、円の価値が高くなり円高になる。

　固定為替相場制の場合、中央銀行は、円高を防ぎ為替レートを一定に保つため、円売りドル買いの介入をする。

　円売りドル買いの介入により、貨幣市場ではハイパワード・マネーが増加するため、マネー・サプライ（M）もM_0からM_2へ増加する。マネー・サプライの増加により貨幣供給曲線が右シフトする。

　貨幣供給曲線の右シフトにより、貨幣市場における利子率（r）は、国際利子率（r_i）まで低下する。

【 財政政策の効果（政策後①）】

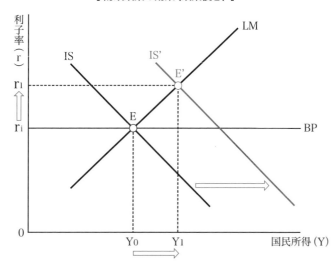

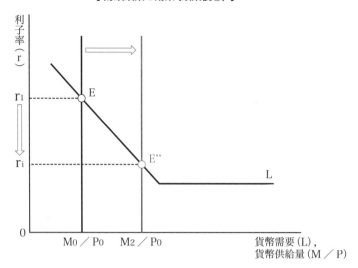

【財政政策の効果（政策後②）】

【財政政策の効果（政策後③）】

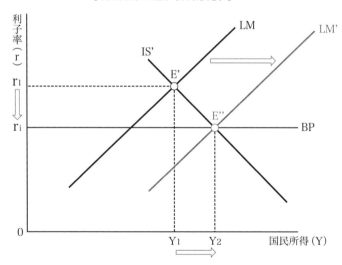

(3) 財政政策の効果（政策後③：LM曲線の右シフト）

　中央銀行が円売りドル買いの介入をしている限り、マネー・サプライが増加し、LM曲線はLMからLM'へ右シフトする。LM曲線の右シフトは、自国の利子率が、国際利子率よりも大きい限り続く。

　つまり、LM曲線がLMからLM'へとシフトし均衡点E"まで続き、国民所得（Y）は、Y_1からさらにY_2へと増加する。

⑷ 固定為替相場制における財政政策の効果

　IS曲線とLM曲線の動きを見ると、開放経済モデルで固定為替相場制の場合の財政政策は、国際利子率と中央銀行の介入により、きわめて有効であることがわかる。

■■■ **問題編** ■■■　　　　Check!!

問1 (H19-04)　　　　　　　　　　　　　　　　　　　[○・×]
　経常収支が黒字の場合、財政収支が赤字であれば、民間の貯蓄と投資の差額は必ずプラスになる。

問2 (H27-09)　　　　　　　　　　　　　　　　　　　[○・×]
　円高にかかわらず、ある輸出財のドル価格を一定に保つためには、その輸出財の円価格を引き上げなくてはならない。

問3 (H26-08)　　　　　　　　　　　　　　　　　　　[○・×]
　実質外国為替相場が減価すると輸出が拡大するために、GDP は増加する。

問4 (R05-09改題)　　　　　　　　　　　　　　　　　[○・×]
　アメリカにおける市場予想を上回る雇用者数の増加は、変動為替レート制の下で円安・ドル高への圧力を強めると想定される要因となる。

問5 (H19-04)　　　　　　　　　　　　　　　　　　　[○・×]
　アブソープション・アプローチでは、経常収支は GDP と国内需要（内需）の差額に等しい。

問6 (H22-08)　　　　　　　　　　　　　　　　　　　[○・×]
　変動為替レート制のもとでは、外国利子率の低下は、円安を通じて自国の経常収支を改善させる効果を持つ。

問7 (R04-09改題)　　　　　　　　　　　　　　　　　[○・×]
　金利平価説において、将来の為替レートが円安に進むと予想するとき、現在の為替レートは円高に変化する。

問8 (R01-07)　　　　　　　　　　　　　　　　　　　[○・×]
　購買力平価説によると、日本の物価の上昇は円安の要因になる。

問1 ○：経常収支＝（民間貯蓄－民間投資）＋政府財政収支で表される。
問2 ×：円価格を引き下げる必要がある。
問3 ○：自国通貨の価値が相対的に低下するため、輸出が拡大する。
問4 ○：設問文のとおり。
問5 ○：設問文のとおり。
問6 ×：円高を通じて自国の経常収支を悪化させる。
問7 ×：将来の為替レートが円安に進むと予想するとき、現在において円売りドル買いをして米国の金融資産に投資を行えば、将来その金融資産を売って円を買うことで利益を生むことができる。そのため、米国の金融資産への投資が活発になり、現在の為替レートは円安に変化する。
問8 ○：設問文のとおり。

厳選!!

必須テーマ　重要例題　──第5章──

令和2年度　第11問

問題編

グローバル化の進展には、資本移動と為替レート制度が重要である。ここでは、マンデル＝フレミング・モデルの完全資本移動かつ小国のケースを考える。

変動為替レート制下での財政政策と金融政策の効果に関する記述として、最も適切なものの組み合わせを下記の解答群から選べ。

a　財政拡大政策は、完全なクラウディング・アウトを引き起こし、所得は不変である。

b　金融緩和政策は、自国通貨高による純輸出の減少を引き起こす。

c　財政拡大政策は、自国通貨安による純輸出の増加を引き起こす。

d　金融緩和政策は、純輸出の増加を通じて、GDP を押し上げる。

〔解答群〕

ア　aとb

イ　aとd

ウ　bとc

エ　cとd

解答：イ

マンデル＝フレミング・モデルに関する出題である。

a ：適切である。財政拡大政策を行うとIS曲線は右シフトするが、LM曲線との交点における自国の利子率が、国際利子率よりも高くなるため、外国資本が国内へと流入し、自国通貨の価値が上がり自国通貨高となる。自国通貨高により輸出は減少し輸入は増加するため、財市場における総需要が減少しIS曲線は左シフトする。この左シフトは、財政拡大政策を実施する前のIS曲線とLM曲線の交点で均衡するまで続く。このような完全なクラウディング・アウトを引き起こし、当初の国民所得（GDP）と変わらないため、財政政策は無効となる。

b ：不適切である。選択肢dのとおりである。

c ：不適切である。選択肢aのとおりである。

d ：適切である。金融緩和政策を行うとLM曲線が右シフトし、IS曲線との交点における自国の利子率が国際利子率よりも低くなるため、国内資本が海外へと流出し、自国通貨の価値が下がり自国通貨安となる。自国通貨安により輸出は増加し輸入は減少するため、財市場における総需要が増加しIS曲線は右シフトする。この右シフトは、IS曲線、LM曲線、BP曲線の交点まで続く。このように、金融緩和政策はIS曲線も右シフトさせるため、国民所得（GDP）を押し上げる。

よって、aとdが適切であるため、イが正解である。

テーマ別出題ランキング

過去23年分 平成13年(2001年)〜令和5年(2023年)	
1位	需要の価格弾力性
2位	予算制約線(購入可能線)の理解
2位	所得効果と代替効果
3位	無差別曲線理論
3位	特殊な形状の無差別曲線

直近10年分 平成26年(2014年)〜令和5年(2023年)	
1位	需要の価格弾力性
2位	所得効果と代替効果
3位	予算制約線(購入可能線)の理解

過去23年間の出題傾向

　需要の価格弾力性は、23年間で18回出題されている超頻出テーマで、直近の5年間でも4回出題されている。所得効果と代替効果、予算制約線の理解に関する出題は、直近の5年間ではそれぞれ2回と1回のみだが、23年間では14回ずつ出題されているため、油断せずにしっかりと押さえておいてほしい。

第6章

消費者行動理論

I 消費者行動理論の概要

　ミクロ経済学では、個別の家計や企業の経済行動の分析からはじまり、全体としての市場および経済を分析する。本章では、ミクロ経済学の1分野である消費者行動理論について紹介する。

1 消費者行動理論の基本用語

(1) 効用

　効用とは、消費者が財やサービスの消費から得る心理的な満足感である。効用の水準が高ければ、家計の満足度が高く、効用の水準が低ければ、家計の満足度は低い。

> 効用の水準 (高) 　→　家計の満足度が高い
> 効用の水準 (低) 　→　家計の満足度が低い

(2) 総効用と限界効用

① 総効用
　総効用とは、ある量の財を消費したことによって得られる効用である。

② 限界効用
　限界効用とは、ある財の消費量を1単位増加したとき、消費量の増加にともない増加する効用の大きさである。限界効用がゼロとなる消費量を**飽和点**という。

　例えば、牛肉を200g食べたときの満足度を「100」とし、その時点での総効用とする。さらに牛肉を100g食べたときの満足度は、先ほどの「100」に「50」の満足度が加わり総効用は「150」となる。このとき、限界効用は「50」となる。

　なお、限界効用を金額で示したものが**限界価値**である。限界価値は、消費量を1単位増加したとき、余分に支払ってもよいと考える金額を意味し、需要曲線の高さに相当する。

(3) 限界効用逓減の法則

　限界効用逓減の法則とは、消費量の増加にともない限界効用が次第に減少していくことである。

　例えば、牛肉を200g食べたときの総効用を「100」とし、さらに牛肉を100g食べたときの総効用が「100＋50＝150」とする。

　さらに100g食べたときには、総効用は「200」になるだろうか。通常、同じものを食べ続けると、空腹から満腹になり満足度は減少していく。そのため、限界効用は「50」から減少し、総効用は「200」にはならない。

⑷ 家計

家計とは、財・サービスの消費活動を営み、心理的な満足感である効用を最大にしようとする意思決定単位である。これに対して、**企業**は、財・サービスの生産活動を営み、利潤を最大にしようと努力する意思決定単位である。

2 消費者行動理論の前提条件

⑴ 消費者行動理論

① 消費者行動理論の概要

消費者行動理論とは、消費者はその所得と各財の価格を与件とみなし、それらが確定する予算制約のもとでの効用最大化を図るという仮説にもとづき、消費者の需要行動を説明する理論である。この仮説から、需要関数が導出される。

② 需要法則

需要曲線は、価格が下がると需要が増えるため、右下がりになる。価格の低下により需要量が増加することを、**需要法則**という。

⑵ 消費者行動理論における前提条件

経済学は、いくつかの仮定により、現実経済の一部分を「箱庭」のように取り出して分析している。消費者行動理論では、次の３つの仮定を設けている。

【仮定１】

家計は効用を最大化するように行動する

↓

精一杯の満足度を得るように考えて行動する

【仮定２】

家計は財の消費によってのみ効用を得る

↓

牛肉を食べる、マグロを食べることによってのみ満足度を得る

【仮定３】

財はX、Yの２種類のみ

↓

市場には、牛肉とマグロしか存在しない

---

1 無差別曲線理論

（1）無差別曲線

　無差別曲線とは、効用水準（U）の等しいＸ財の消費量とＹ財の消費量の組み合わせの集合である。満足感が等しい牛肉とマグロの消費量の組み合わせの点を結んだ曲線とイメージしてほしい。

【 牛肉とマグロを食べたときに同じ満足感を与える点 】

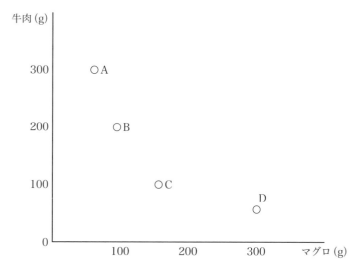

　上記の図で、点Ａは、Ａさんが牛肉300gとマグロ80gを同時に食べたときの満足感を表しており、点Ｂは牛肉200gとマグロ100gを同時に食べたときの満足感を表している。点Ｃは牛肉100gとマグロ150gを同時に食べたときの満足感を表しており、点Ｄは牛肉50gとマグロ300gを同時に食べたときの満足感を表している。

　点Ａ～点Ｄの各点が、それぞれ同じ満足感をＡさんに与えるとき、これらの点は「無差別である」ということができる。

　牛肉の量とマグロの量の単位を、0.1g、0.2g、0.3g…と小刻みに満足感を求めていくと、次の図表のような曲線になる。この満足感の点の集合（集まり）の線を「無差別曲線」という。

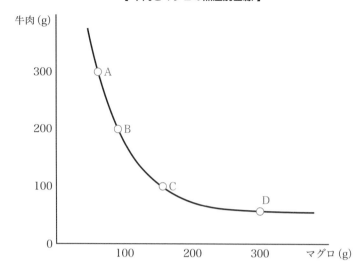

【 牛肉とマグロの無差別曲線 】

牛肉 (g)

300 ── ○A

200 ── ○B

100 ── ○C

D ○

0 ── 100 ── 200 ── 300 ── マグロ (g)

⑵ 無差別という表現

　本試験で出題されるわかりにくい表現に「効用が無差別」という表現がある。こ
れは「効用が等しい」ことである。

　「効用が無差別な点の集合」と問題文に書かれていた場合には、「効用が等しい消
費量の組み合わせの集合」と理解してほしい。同一の無差別曲線上では、どの点を
比較しても効用は等しいとされる。

2 　無差別曲線の性質

⑴ 無差別曲線は無数に存在する

　2つの財の組み合わせを変えることにより、無差別曲線は無数に存在する。次の
図表は、点Aの牛肉300gとマグロ100gの組み合わせと同様の満足感をもたらす
牛肉とマグロの組み合わせを求め、無差別曲線 (U) を得た。

　次に、最初の出発点を点Aではなく、点A'の牛肉200g、マグロ100gから出発
することにより、無差別曲線 (U') を描くことができる。UとU'の異なる無差別曲
線は、それぞれ違う効用をもたらす。

【 無差別曲線 】

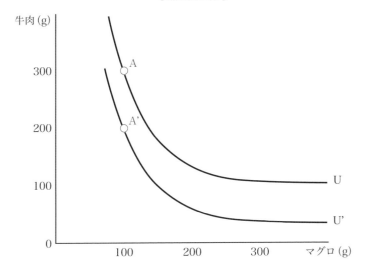

(2) 無差別曲線は右上ほど効用が高い

　図表の点Aと点A'の牛肉の量を比較するとわかるように、右上方に行くほど、牛肉の量は増加する。これは、点A'よりも点Aのほうが効用は高いことを示している。

　無差別曲線上は同一の効用であり、無差別曲線U'よりも無差別曲線Uのほうが効用は高い。右上方に位置する無差別曲線ほど効用は高いことがわかる。

> 右上方に位置する無差別曲線　→　効用（高）

(3) 無差別曲線は右下がりとなる

　次の図表で、点Aより右上にある点Cは、点Aよりも牛肉もマグロも多く消費している点である。消費者は、効用を最大化するため、少ない財よりも多い財を好む。ゆえに、点Aの右上にある点Cと点Aは無差別にならない。

　点Aより右上の網掛けの領域には点Aと同じ効用の点はないことがわかる。同様に点Aの左下の網掛けの部分にも、点Aと同じ効用の点はないことがわかる。

　上記より、点Aと同じ効用をもたらす点は、点Aより右下か、左上の領域にしかなくなり、点Aを通る無差別曲線が右下がりになることがわかる。

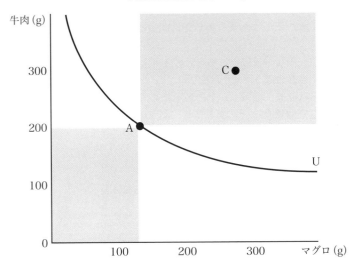

【 無差別曲線は右下がり 】

⑷ 無差別曲線は原点に対し凸となる

　上記の図表のような無差別曲線の形状を「原点に対して凸（トツ）」であるという。このような形状は、マグロの消費量を1単位増やし、同じ効用水準に戻るように牛肉の消費量を減らしていくにつれ、限界代替率が次第に小さくなる限界代替率逓減の法則により導出される。

① 限界代替率

　限界代替率とは、X財が1単位増えたときに、もとの効用水準に戻るために失わなくてはならないY財の量である。

$$限界代替率 = -\frac{\varDelta Y}{\varDelta X}$$

② 限界代替率逓減の法則

　限界代替率逓減の法則とは、2つの財であるX財とY財があるとき、Xの消費量を1単位増やし、同じ効用水準に戻るようにYの消費量を減らしていくにつれて、限界代替率は次第に小さくなっていく法則である。

　例えば、レストランでステーキを食べている人と大とろ寿司を食べている人がいる。大とろ寿司を食べている人に、大とろ寿司1個とステーキ4切れを交換すると、大とろ寿司を食べている人は、最初は喜ぶが、交換を続けていくと、ステーキのほうが皿の上に多くなり、うれしさが減少していくことをイメージしてほしい。

⑸ 無差別曲線は互いに交わらない

　無差別曲線理論では、2つの異なる無差別曲線は交わることはない。次の図表で考えよう。

　① 点Aと点Cが同じ垂直線上にあると仮定すると、マグロは同じ量なので牛肉の量が多い点Aのほうが効用は高い
　② 点Aと点Bは無差別曲線（U）上にあるため両点の効用は等しくなる。点Bと点Cも無差別曲線（U'）上にあるため、両点の効用は等しくなる。すると点Aと点Cの効用は等しくなる

　①と②のように考えると考え方に矛盾が生じてしまう。そのため、無差別曲線は交わらないことがわかる。

【 無差別曲線は互いに交わらない 】

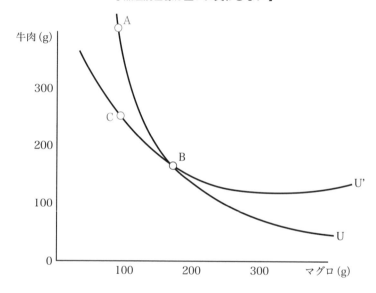

```
┌─────────────────────────────────────────────┐
│  【 無差別曲線の性質 (まとめ) 】                  │
│  ① 無差別曲線は無数に存在する                    │
│  ② 右上方の無差別曲線ほど効用が高い               │
│  ③ 無差別曲線は右下がりである                    │
│  ④ 無差別曲線は原点に対し凸となる                 │
│  ⑤ 無差別曲線は互いに交わらない                  │
└─────────────────────────────────────────────┘
```

R02-13
H29-15
H28-15
H28-16
H27-14
H26-15
H25-19
H25-13
H24-17
H23-18
H22-02
H21-20
H20-18

3 予算制約線 (購入可能線) の理解 Ⓐ

(1) 予算制約線 (購入可能線)

　予算制約線 (購入可能線) とは、与えられた所得 (予算) と価格のもとで、消費者が購入できる複数の財 (ここでは牛肉とマグロ) のもっとも大きい組み合わせの軌跡を示す線である。**予算線、価格線、あるいは支出可能線**ともいわれる。

　例えば、Aさんには1,000円の予算があり、牛肉の価格は100g400円で、マグロの価格は100g200円とする。Aさんの購入できる牛肉とマグロの組み合わせは、次の図表のとおりである。

【 予算制約線 (購入可能線) 】

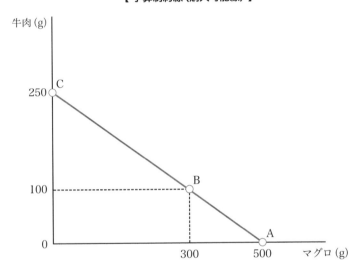

　Aさんの予算で購入できる牛肉とマグロの組み合わせを求める。マグロを500g購入すると、200円 × 5 ＝ 1,000円となり、予算をすべて使い切ってしまうため牛肉の購入量は0になる。このとき点Aとなる。

　マグロを300g購入すると、200円 × 3 ＝ 600円となり、400円予算が余っているため、牛肉を100g購入できる。このとき点Bとなる。

　牛肉を250g購入したときには、400 × 2.5 ＝ 1,000円となり、予算をすべて使い切るため、マグロの購入量は0になる。このとき点Cとなる。

　上記のように3つの点以外の購入点も含めて、すべてつなぐと直線ACになる。この直線のことを、一定の予算の制約下で購入できる2つの財の組み合わせを示すため、購入可能線または、予算制約線という。

⑵ 予算制約式

① 予算制約式

予算制約式は、次の式のとおりである。

$$M = PxX + PyY$$

M：予算、Px：X財の単価、Py：Y財の単価

　ある家計がマグロをX単位、牛肉をY単位消費すると仮定する。マグロの価格が1単位（100g）当たり200円、牛肉の価格が1単位（100g）当たり400円とすると、マグロには（200×X）円支払い、牛肉には（400×Y）円を支払う。

　予算制約により、2つの消費金額をたし合わせたものは、予算額の1,000円に等しくなる。式で表すと、200X＋400Y＝1,000となる。

② 予算制約線の傾きと切片

　次に予算制約線の傾きと切片を求めるため、M＝PxX＋PyYの式をY＝～の式に変形する。

$$M = PxX + PyY$$
$$- PyY = PxX - M$$
$$Y = - \frac{Px}{Py}X + \frac{M}{Py}$$

予算制約式の傾きと切片

傾き：$- \dfrac{Px}{Py}$　　切片：$\dfrac{M}{Py}$

【 予算制約線の傾きと切片 】

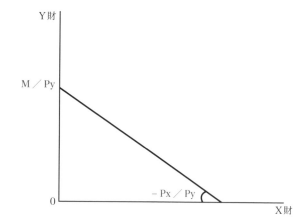

(3) 最適消費点

　最適消費点とは予算制約内で効用が最大となる点のことである。消費者は、予算という制約があるため、X軸の切片、Y軸の切片、原点0の3つの点を結ぶ三角形の内側でもっとも効用の大きい無差別曲線の点を選択する。

　次の図表で最適消費点は、無差別曲線Uの点Eである。U"の無差別曲線は、予算内であるが、無差別曲線Uに比べて、下方にあるため効用が少ないといえる。一方、無差別曲線U'は、無差別曲線Uの右上方にあるが、予算制約線から離れているため予算オーバーになる。

【 最適消費点 】

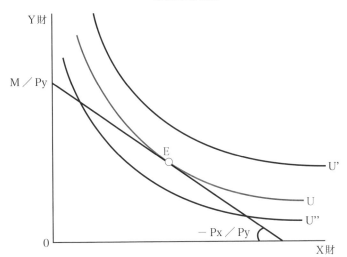

R03-16
H29-16
H27-13
H26-16
H25-14
H23-19
H20-18
H19-16

4 所得効果と代替効果 Ⓐ

(1) 所得効果

　所得効果とは、消費者が実質所得の変化に対応して行う財の組み合わせの変化である。例えば、現在1,000円の予算が2,000円に増加したとき、消費者が購入する牛肉とマグロの数量の変化が、次の図表のようになるとする。

【 所得効果 】

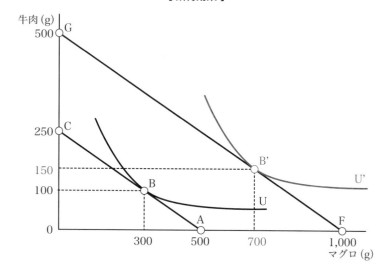

　上記の図では、予算制約線ACが予算の増加により、予算制約線FGとなり、右上方に平行にシフトする。

　新しい最適消費点は、新しい予算制約線FGと無差別曲線U'の接するB'になる。点B'では、マグロの消費量は300gから700gに、牛肉の消費量は100gから150gに増加している。このとき、点Bと点B'を結ぶ線を描いた場合、その線を所得－消費曲線という。所得－消費曲線は、家計の所得水準が増加するに従い、2つの財の需要量がどのように変化するのかを示している。

　ミクロ経済学では、予算と所得は同義語として使用されるため、予算の変化によって最適消費点が変わることを所得効果という。

(2) 上級財と下級財

　上級財とは、**正常財**とも呼ばれ、需要の所得弾力性が0より大きい財のことである。また、上級財の中でも、所得弾力性が0より大きく1未満の財を**必需品**、1以上の財を**奢侈品**という。所得弾力性が0の財は**中立財**、**下級財**とは所得弾力性が0より小さい財のことである。

　次の図表では、消費者の無差別曲線 (U) が予算の増加にともない、UからU'にシフトし、最適消費点が点Bから点B'に移動している。このとき、点Bと点B'を結ぶ線を描き、所得－消費曲線を考えると、左上がりになることがわかる。

　最適消費点を予算増加の前後で比較すると牛肉は100gから400gに増加しているものの、マグロは逆に300gから200gへ減少している。よって、牛肉は上級財、マグロは下級財とわかる。

【 上級財と下級財 】

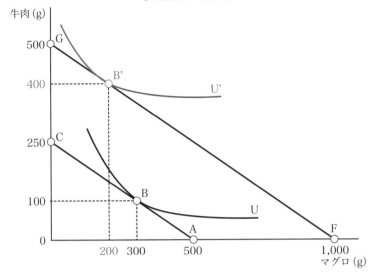

【 上級財と下級財の区分 】

財	区 分	所得弾力性	所得の増加に対する需要量 (消費量) の変化
上級財	奢侈品	1以上	増 加
	必需品	0超え1未満	
中立財		0	変わらない
下級財		0未満	減 少

(3) 価格変化の効果

　財の価格が変化した場合の、その財の消費量への影響について考える。

　例えば、マグロの価格が100g200円から125円に低下した場合、マグロの消費量への影響を考える。予算は1,000円、牛肉の価格は100g400円で変わらないものとする。

　次の図表をみると、マグロの価格の低下により、X軸上の予算制約線は右にシフトする。予算をすべてマグロの購入に使用した場合に、今まで500g買えたマグロが、価格低下により800g購入できる。新しい最適消費点B'では、マグロの消費量が増加していることがわかる。

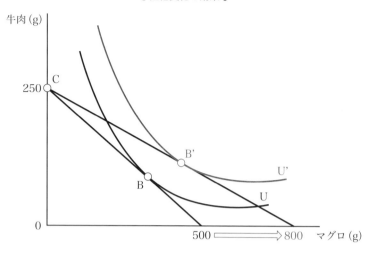

【 価格変化の効果 】

⑷ スルツキー方程式

スルツキー方程式とは、旧ソ連の統計学者スルツキーによって定式化され、ヒックスによって命名された価格理論の基本方程式である。

　財の価格が変化したとき、消費者の需要の変化が**所得効果**と**代替効果**に分割されることを数学的に定式化したものである。

　受験対策上では、グラフの変化で考えてほしい。価格変化の効果をより細かく分析するために、図のアルファベットを設定し直した上、補助線HIを追加する。当初の予算制約線はFG、マグロの価格低下により予算制約線はFDに変化した。最適消費点もBからAに変化したとする。補助線は無差別曲線（U）に接していて、価格が下がった後の予算制約線FDと平行になるように描く。

　また、補助線HIと無差別曲線（U）への接点をCとする。

　スルツキー方程式によると、図表でマグロの価格が下がったことによる最適消費点の点Bから点Aへの移動は、点Bから点C、点Cから点Aへの二段階の移動をつないだものと考えられる。

　点Bから点Cへの移動（①）のことを代替効果といい、点Cから点Aへの移動（②）のことを所得効果という。

　① マグロの価格が下がったことにより、牛肉を消費する割合が減り、マグロを消費する割合が増える→代替効果

　② マグロの価格が下がったことにより、実質的な所得が増え、消費量に変化がおこる→所得効果

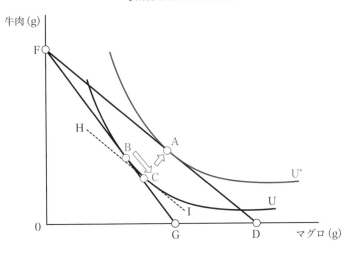

【 所得効果と代替効果 】

牛肉 (g)

F

H

B
A

C

I

U'

U

0
G
D
マグロ (g)

H28-16
H24-17
H23-19

(5) ギッフェン財の代替効果と所得効果

ギッフェン財は下級財であり、所得効果が代替効果よりも大きい財である。

ギッフェン財の価格が上昇した時、代替効果により需要は減少する。しかし、ギッフェン財は代替効果より所得効果が大きい財であるため、代替効果による需要の減少幅よりも、所得効果による需要の増加幅が大きい。よって、ギッフェン財は価格が上昇した時に需要が増加し、需要曲線は右上がりになる。

(6) 個別の需要曲線の導出

財の価格の低下は、財の消費量の増加を表すため、財の価格と消費量との対応関係は、右下がりの曲線として表される。この曲線は消費者の個別需要曲線になる。需要曲線は、無差別曲線と予算制約式から導き出すことができるといえる。

> 財の価格が低下 → 財の消費量が増加

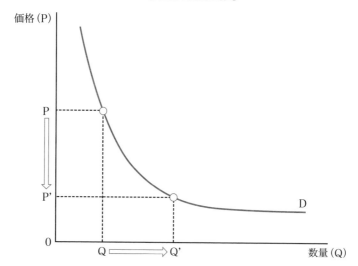

【 個別の需要曲線 】

価格（P）

P

P'

0

Q ⟹ Q'

数量（Q）

D

III 需要の弾力性

R04-14
H30-12
H29-13
H29-11
H28-13
H25-15
H23-12
H22-07
H20-12
H19-12

1 需要の価格弾力性 Ⓐ

(1) 需要の価格弾力性

需要の価格弾力性とは、ある財に対する需要の変化率をその財の価格の変化率で除したものである。

需要の価格弾力性の絶対値が1より大きくなるとき、需要は価格弾力的であるといい、需要の価格弾力性の絶対値が1より小さくなるとき、需要は非価格弾力的といわれる。公式は次のようになる。

$$需要の価格弾力性 = -\frac{\dfrac{\varDelta X}{X}}{\dfrac{\varDelta Px}{Px}}$$

需要曲線が直線の場合、需要曲線の「**中点**」の価格と数量の組み合わせのとき、**需要の価格弾力性は1**となる。中点よりも、縦軸切片に近づいた(中点より上側)価格と数量の組み合わせの場合、需要の価格弾力性は1より大きくなる。中点よりも、横軸切片に近づいた(中点より下側)の価格と数量の組み合わせの場合、需要の価格弾力性は1より小さくなる。

(2) 需要の価格弾力性と総収入の関係

R03-14
R01-13
H29-13

① 需要の価格弾力性が1より大きいとき

次の図表で、ある市場の需要曲線Dにおいて、価格がP_0のとき、需要量はQ_0となる。このとき生産者の総収入は、価格と需要量の積で表されるため、$OP_0E_0Q_0$となる。

生産者が価格を引き下げる戦略をとり、価格をP_1へ低下させると、需要量はQ_1に増加する。このときの生産者の総収入は、$OP_1E_1Q_1$となる。価格P_0と価格P_1のときの総収入の面積が重なる部分のOP_1FQ_0を除いた、総収入の面積を比較すると、価格P_0のときの$P_1P_0E_0F$よりも、価格P_1のときの$FE_1Q_1Q_0$の方が面積は大きく、総収入が増加したことがわかる。

【 需要の価格弾力性が1より大きいとき 】

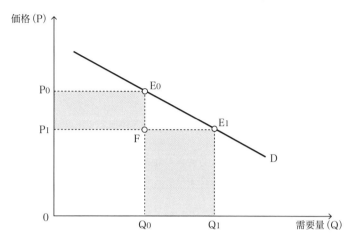

② **需要の価格弾力性が1より小さいとき**

次の図表で、ある市場の需要曲線D'において、価格がP_0のとき、需要量はQ_0となる。このとき生産者の総収入は、価格と需要量の積で表されるため、$OP_0E_0Q_0$となる。

生産者が価格を引き下げる戦略をとり、価格をP_1へ低下させると、需要量はQ_1に増加する。このときの生産者の総収入は、$OP_1E_1Q_1$となる。価格P_0と価格P_1のときの総収入の面積が重なる部分のOP_1FQ_0を除いた、総収入の面積を比較すると、価格P_0のときの$P_1P_0E_0F$よりも、価格P_1のときの$FE_1Q_1Q_0$の方が面積は小さく、総収入が減少したことがわかる。

【 需要の価格弾力性が1より小さいとき 】

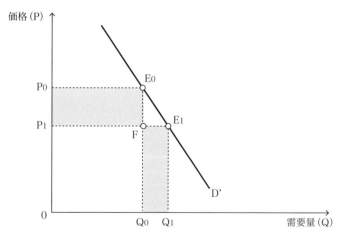

(3) 豊作貧乏

R05-12
H28-13

　豊作貧乏とは、ある農作物が豊作になり供給量が増えたにもかかわらず、農作物の価格が暴落することで、生産者である農家の収入がかえって減少してしまう現象である。ある農作物の供給曲線が垂直であるとき、農家は価格の変化に対して供給量を調整することができない。

　需要の価格弾力性が１より小さいときは、供給量の増加により供給曲線は右シフトするが、均衡価格が下落するため、価格と供給量の積である農家の収入は減少する。

2 需要の所得弾力性

R05-16
R03-04
H30-17
H28-13

(1) 需要の所得弾力性

　需要の所得弾力性は、ある財に対する需要の変化率を所得の変化率で除したものである。所得が1%変化するとき需要量が何%変化するかを示す尺度である。公式は次のようになる。

$$需要の所得弾力性 = \frac{\dfrac{\Delta X}{X}}{\dfrac{\Delta M}{M}}$$

(2) 所得弾力性とエンゲル曲線

　エンゲル曲線は、所得と需要量（消費量）の関係を表しており、縦軸に財の需要量、横軸は所得となる。所得弾力性が１より大きい奢侈品などの上級財（正常財）の場合には、所得の増加に対して財の需要量が増加するため、右上がりの曲線になる。所得弾力性が０より大きく１より小さい必需品（必需財）の場合には、右上がりの曲線の傾きが逓減する。

　所得弾力性がマイナスとなる下級財（劣等財）の場合には、所得の増加に対して需要量が減少するため次のような右下がりの曲線となる。

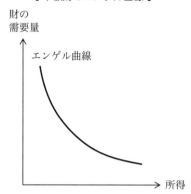

【 下級財のエンゲル曲線 】

財の
需要量

エンゲル曲線

所得

IV その他の無差別曲線の理論

1 期待効用仮説

(1) 期待効用

　期待効用とは、個々の結果が起こる確率とその結果がもたらす効用との積を求め、その積をすべての結果について合計した数値のことをいう。

　ある個人が得ることができる所得を、所得Ａと所得Ｂとすると下記のように表すことができる。

> 期待効用
> 　＝（所得Ａのときの効用×所得Ａを得ることのできる確率）
> 　＋（所得Ｂのときの効用×所得Ｂを得ることのできる確率）

(2) リスクプレミアム

　リスクプレミアムとは、不確実な状況下で期待効用をもたらす所得のかわりに、もしも確実な所得が保証されるならば、支払ってもよいと考える金額の上限である。

(3) 危険愛好的

　ある事象について、縦軸に効用、横軸に所得を表すと、危険愛好的な人のグラフは次の図表のように**所得の限界効用が逓増**するグラフとなる。

　危険愛好的な消費者は、所得が増加すると限界効用が逓増するような効用関数となる。

　例えば、確率0.5でＡ円の所得、確率0.5でＢ円の所得がもらえる場合（Ａ円＜Ｂ円）、所得の期待値は（0.5Ａ＋0.5Ｂ）円となり、所得の期待効用は点ａと点ｂを結んだ直線上の点ｅの効用となる。

　危険愛好的な消費者の効用関数は下に凸（トツ）なため、点ｅの期待効用をもたらす所得は、効用関数上の点ｃのときの所得Ｃ円となり、（0.5Ａ＋0.5Ｂ）円より高い所得になる。

　危険愛好的な効用関数をもつ消費者が、確実に（0.5Ａ＋0.5Ｂ）円をもらえるといわれた場合の効用は期待効用よりも低く、期待効用と同じ効用を得るためには、（0.5Ａ＋0.5Ｂ）円より高いＣ円の所得が必要である。この（0.5Ａ＋0.5Ｂ）円とＣ円の差額がリスクプレミアムであり、危険愛好的な消費者の場合、差額の金額（リスクプレミアム＝ｅ－ｃ）は**マイナス**となる。

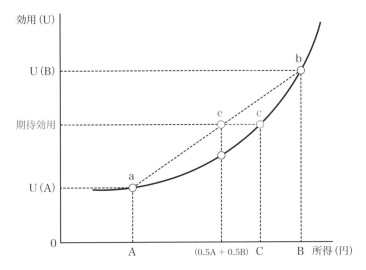

【 危険愛好的 】

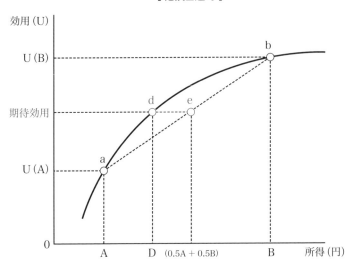

⑷ 危険回避的

次に危険回避的な消費者で考えよう。危険回避的な消費者は、所得が増加すると**限界効用が逓減**するような効用関数となる。

確率0.5でA円の所得、確率0.5でB円の所得がもらえる場合（A円＜B円）、所得の期待値は（0.5A＋0.5B）円となり、所得の期待効用は点aと点bを結んだ直線

上の点eの効用となる。

危険回避的な消費者の効用関数は上に凸（トツ）なため、点eの期待効用をもたらす所得は、効用関数上の点dのときの所得D円となり、（0.5A＋0.5B）円よりも低い所得になる。

危険回避的な効用関数をもつ消費者は、確実に（0.5A＋0.5B）円をもらえるといわれた場合の効用は期待効用よりも高く、期待効用と同じ効用をもたらすのは、（0.5A＋0.5B）円より低いD円の所得である。このD円と（0.5A＋0.5B）の差額がリスクプレミアムであり、危険回避的な消費者の場合、差額の金額（リスクプレミアム＝e－d）は**プラス**になる。

(5) **危険中立的**

危険中立的というのは、**限界効用が一定**で、効用関数が直線で表されているときの態度である。不確実な状況と確実な状況との差がなく、リスクプレミアムは**ゼロ**となる。

2 特殊な形状の無差別曲線

R03-15
R02-14
H29-12
H28-16
H27-12
H24-16
H23-16

左図のような**L字型の無差別曲線**は、X財とY財が補完関係にある財である。例えば、右手の手袋と左手の手袋のように、XとYが同数あって初めて役に立つものである。Xが1個しかないのにYだけ2個あっても役に立たないため、効用はX、Yが1個の時と変わらない。

また、右図のような**右下がりで直線の無差別曲線**はX財とY財が完全な代替関係にある財である。XとYの交換の割合（限界代替率）が常に一定である。例えば1000円札と500円玉は、常に1000円札1枚と500円玉2枚を交換することになる。

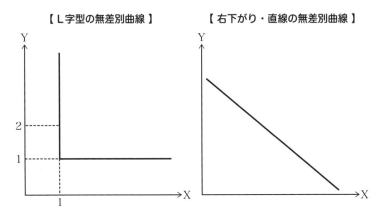

【 L字型の無差別曲線 】　　　【 右下がり・直線の無差別曲線 】

3 異時点間理論（2期間モデル）

現在と将来という異時点間において、消費と貯蓄がどのように決まるかを表す理論を**異時点間理論（フィッシャーの2期間モデル）**という。第1期（現在）と第2期（将来）という2期間を生きる個人を想定し、その個人は親から資産を承継せず、また、資産を子孫に残さないものとする。第1期、第2期ともに、労働所得を得ている。それぞれ、Y_1、Y_2とする。第1期において労働所得Y_1から、第1期の消費C_1を引いた差額$(Y_1 - C_1)$がプラスの場合、個人は貯蓄をして、その貯蓄は第2期において全て取り崩されることとなる。$Y_1 - C_1$がマイナスの場合、借入を行い、第2期において返済されることになる。以上より、下記の式が導出される。この式は消費の現在価値と所得の現在価値が等しくなるように、異時点間の消費が決定されることを意味している。この式から予算制約式を導出できる。

$$C_1 + \frac{C_2}{1 + r} = Y_1 + \frac{Y_2}{1 + r}$$

図のように横軸に第1期の消費、縦軸に第2期の消費を示した場合、上記の式を$C_2 = -(1 + r)C_1 + (1 + r)Y_1 + Y_2$と書き換えて予算制約式を表すことができる。**予算制約式の傾き**は、$-(1 + r)$、**切片**は$(1 + r)Y_1 + Y_2$、である。図のE点において個人の効用は最大になる。

【 異時点間理論 】

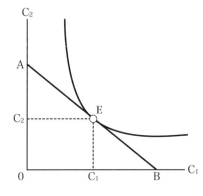

4 労働供給曲線

(1) 賃金率上昇による効果

賃金率上昇の効果を代替効果と所得効果に分けると次のようになる。

① 代替効果

賃金率の上昇は代替的な余暇のコストを高めるため、余暇時間を減少させ、労働時間を増加させる。

② 所得効果

賃金率が上昇し所得が増えるほど、余暇時間を増加させ、労働時間を減少させる。

(2) 労働供給曲線

労働供給曲線とは、賃金率と労働供給の関係を表す曲線である。賃金水準が比較的低い間は、賃金の上昇は労働供給を増加させるため、労働供給曲線は右上がりの無差別曲線となる。賃金水準がある水準以上になると、所得効果が代替効果より大きくなり、賃金の上昇は労働供給を減らす働きをもつ。このとき、労働供給曲線は左上がりの無差別曲線となる。よって、労働供給曲線は後方屈折型の無差別曲線となる。

■■■ 問題編 ■■■　　　Check!!

問1(H15-15 改題)　　　　　　　　　　　　　　　　　　　　　　　［○・×］

　横軸を第1財の消費量、縦軸を第2財の消費量とする。直線の無差別曲線の場合、第2財の第1財に対する限界代替率は逓減している。

問2(H29-13)　　　　　　　　　　　　　　　　　　　　　　　　　　［○・×］

　需要の価格弾力性が1に等しい場合、企業が価格を変化させる戦略をとっても、売上額は変化しない。

問3(H13-19)　　　　　　　　　　　　　　　　　　　　　　　　　　［○・×］

　ギッフェン財が成立する理由とは、その財が下級財であり、かつ所得効果が代替効果を上回ることによる。

問4(H15-18)　　　　　　　　　　　　　　　　　　　　　　　　　　［○・×］

　ある財の需要は、価格が100円のとき、200単位であるという。売り手がその半額で売ると、需要が3倍に増えることが知られている。このときの需要の価格弾力性は6となる。

問5(R03-04)　　　　　　　　　　　　　　　　　　　　　　　　　　［○・×］

　不要不急の財に関する需要の所得弾力性が高い傾向にあるとすれば、一時金の給付が消費を増やす効果は、不要不急の消費ほど大きくなると考えられる。

問6(H21-18 改題)　　　　　　　　　　　　　　　　　　　　　　　［○・×］

　リスク回避的な消費者のリスクプレミアムは負の値をとる。

■■■ 解答・解説編 ■■■

問1　×：無差別曲線が直線のため、X財（第1財）が1単位増えたときにもとの効用水準に戻るために失わなくてはならないY財（第2財）の量が常に同じ単位となり、限界代替率は一定となる。

問2　○：設問文のとおり。

問3　○：ギッフェン財は下級財であり、所得効果が代替効果を上回る財である。

問4　×：需要の価格弾力性の公式にあてはめると、需要の価格弾力性は4となる。

問5　○：需要の所得弾力性が高い財ほど、所得を増やしたときに消費を増やす効果が大きくなる。

問6　×：リスクプレミアムは正の値（プラス）となる。

■■■ **問題編** ■■■

　下図には、予算制約線Aと予算制約線Bおよび、これらの予算制約線上にあるa, b, c, d, eという5つの点が描かれている。ある合理的な消費者にとって最も高い効用をもたらすのは、予算制約線A上ならば点cであり、予算制約線B上ならば点dであることがわかっている。この図の説明として最も適切なものを下記の解答群から選べ。

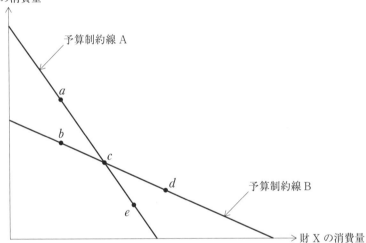

〔解答群〕
　　ア　図中に点cより効用が高い点はない。
　　イ　図中で点cより効用が高い点は、点aと点eである。
　　ウ　図中で点dより効用が高い点は、点cである。
　　エ　図中に点dより効用が高い点はない。

解答：エ

　予算制約線に関する出題である。
　問題文より、予算制約線Aでは点a、c、eのうち、点cの効用が最も高いため、効用はa・e＜cであることがわかる。予算制約線Bでは点dが最も効用が高いとあるため、効用はb・c＜dであることがわかる。

ア：不適切である。問題文より、予算制約線Bにおいて、効用はb・c＜dであることが示されている。
イ：不適切である。問題文より予算制約線Aにおいて、効用はa・e＜cであることが示されている。
ウ：不適切である。問題文より、予算制約線Bにおいて、効用はb・c＜dであることが示されている。
エ：適切である。予算制約線Aで最も効用が高い点cは、予算制約線Aと予算制約線Bとの交点でもある。予算制約線Bにおいて点dの効用が最も高いため、効用はc＜dであることがわかり、図中に点dより効用が高い点はない。

テーマ別出題ランキング

過去23年分 平成13年(2001年)〜令和5年(2023年)	
1位	平均費用の理解
2位	生産関数
3位	総費用・固定費・可変費用

直近10年分 平成26年(2014年)〜令和5年(2023年)	
1位	平均費用の理解
2位	生産関数
3位	最適生産量
3位	等費用曲線(等費用線)
3位	最適投入量の決定

過去23年間の出題傾向

　生産者行動理論の概要は、直近10年間で7回出題されているため、各グラフの内容をしっかりと理解してほしい。生産関数は23年間で6回、平均費用の理解は23年間で8回出題されているため、各曲線上の点の意味や傾きの変化まで確実に押さえておいてほしい。

第7章

生産者行動理論

Ⅰ　生産者行動理論の概要

1　生産者行動理論の基本用語

(1) 生産要素

生産要素とは、財およびサービスの生産に必要な要素である。企業が生産に投入する生産要素には、可変費用と固定費用がある。

経済学で使う生産要素には、生産手段としての資本、労働、土地がある。試験対策上は、資本と労働が中心である。

> 生産要素＝資本（機械）＋労働（人手）＋土地（天然資源）

(2) 収穫逓減・収穫逓増

収穫逓減とは、土地と労働などの生産要素を一定とし、肥料などの一生産要素のみを増加させると、収穫の絶対量は増加するが、その増加率は逓減することである。

また、追加的に得られる産出量の増加分が次第に増えていく場合を**収穫逓増**という。

(3) 利潤最大化仮説

利潤最大化仮説とは、企業は利潤の最大化を目ざして生産活動を遂行するという、ミクロ経済学における仮定である。企業は常に自社の利潤を最大にするように生産を行うと仮定している。

2　長期と短期の考え方

(1) 短期

原材料・労働などの可変的投入物（可変的生産要素）を変化させ、生産量の増減が生じるが生産設備は一定であるような期間である。

(2) 長期

生産設備が変更あるいは拡張され、生産規模も変化しうるような期間である。

3　可変的生産要素と固定的生産要素

(1) 可変的生産要素（可変費用、可変的投入物）

ある生産期間を考えた生産過程において、その投入量を変化させることのできる

生産要素（投入物、インプット）のことである。短期的に数量を変えることができる生産要素であり、生産過程に投入される原材料などがある。

(2) 固定的生産要素（固定費用、固定的投入物）

生産過程で用いられる投入量（生産要素）のうち、短期的には変更することのできないものであり、機械設備などがある。

4 利潤と費用の基本概念

(1) 利潤

利潤とは、企業の総売上額からその生産ないし販売に要したすべての費用を差し引いた残額のことである。企業はこの利潤を最大にするように行動する。

(2) 財務・会計の利益との違い

財務・会計で学習する利益と経済学で学習する利潤は異なる。利益を算出するときの総費用は、営業活動にかかった費用のみを考えるが、利潤を算出するときの総費用には、**機会費用**が含まれる。

① 財務・会計の利益
利益＝総収入（通常は売上高）－総費用
② 経済学の利潤
利潤＝総収入－総費用（機会費用を含む）

(3) 機会費用

機会費用とは、ある行動を選択することで失われる、他の選択肢を選んでいたら得られたであろう利益のことである。

例えば、ある店舗が、営業したら20万円の利益が獲得できた日を休業にした場合、20万円の機会費用がかかっているとみなす。

その店舗の売上高が150万円、費用が100万円かかっていたとすると、財務・会計の利益と経済学の利潤の違いは下記のようになる。

① 財務・会計の利益
利益＝総収入（通常は売上高）－総費用
　　＝150万円－100万円＝50万円
② 経済学の利潤
利潤＝総収入－総費用（機会費用を含む）
　　＝150万円－100万円－20万円
　　＝30万円

R02-16
R01-14
H28-20
H26-13
H24-18
H21-13

5 生産関数

(1) 生産関数

企業が2つの生産要素（労働, 資本）を用いて、生産物を算出する場合、生産関数は次のようになる。生産物の産出量を y、労働の投入量を L、資本の投入量を K とする（F は関数を意味する）。

$$y = F(L, K)$$

企業の生産物の産出量（y）は、労働の投入量（L）と資本の投入量（K）に依存することがわかる。

(2) 総生産物曲線

上記の生産関数のうち、労働は生産水準に合わせて投入量を調整することができるため、**可変費用**である。資本は生産水準に合わせて投入量を調整することが困難なため、**固定費用**とする。

資本を固定費用とし、固定されていると仮定し（$K = K_0$）、生産物の産出量（y）は、労働の投入量（L）にのみ依存しているとすると、生産関数は次の図表のようになる。

【 総生産物曲線 】

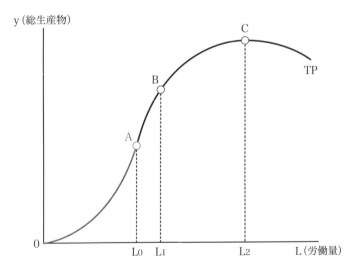

生産物曲線は、上記の図表の様にS字型に描かれる。原点0からAの間では、労働投入量が増加するにつれて、分業の成果などがあがり、総生産物は急速に増加する。

点Aを過ぎると、追加的な労働が重要度の低い周辺作業に利用されるため、労働投入量の増加に対して総生産物の増加の程度は徐々に小さくなっていく。つまり、

労働量の増加によって、労働の限界生産物は減少する。

　総生産物が最大になる点Cを過ぎると、労働投入量が増加しても総生産物がかえって減少する。

(3) 平均生産物

　平均生産物とは、生産要素1単位当たりの生産量のことである。ここでは、資本を一定としているため、次の式になる。平均生産物は点Bにおいて最大になり、B点を過ぎると減少していく。総生産物をTP、労働の投入量をL、産出量をyとすると下記の式になる。また、労働の平均生産物と限界生産物は点Bで一致する。

$$平均生産物（AP）= \frac{TP}{L} = \frac{y}{L}$$

(4) 限界生産物

　限界生産物とは、生産要素の追加的1単位の増加にともなう、生産量の増加分である。労働の変化分を⊿L、総生産物の変化分を⊿y、⊿TPとすると次の式になる。限界生産物は生産の初期段階で増加し、点Aにおいて最大になり、点Aを過ぎると限界生産物は減少し、点Cを過ぎるとマイナスの値となる。

$$限界生産物（MP）= \frac{⊿TP}{⊿L} = \frac{⊿y}{⊿L}$$

点A　→　限界生産物（MP）が最大
原点0〜点A　→　収穫逓増の状態
点A以降　→　収穫逓減の状態
点B　→　平均生産物（AP）が最大

6　総費用・固定費・可変費用

基

H24-19
H21-13
H19-13

　総費用とは、生産にかかった費用の合計で、固定費（固定費用）と可変費用からなる。

総費用＝固定費（固定費用）＋可変費用

(1) 固定費 (fixed cost；FC)

　固定費とは、生産量の変動にかかわらず必要な費用である。工場、機械類などの

固定的生産要素にかかる利子費用や減価償却費、維持費用、広告費、研究開発費などがある。生産量が０でも費用は変わらない。固定費用ともいわれる。

【 固定費 】

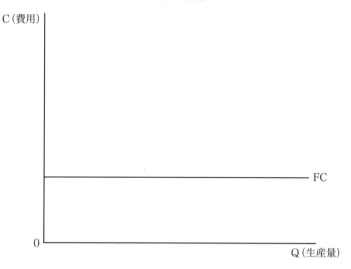

⑵ 可変費用 (variable cost；VC)

　可変費用とは、生産量の短期的変動とともに変化する費用である。生産過程に投入される原材料（可変的生産要素）の費用などがある。

【 可変費用 】

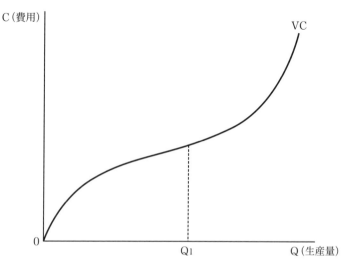

(3) 可変費用の理解

可変費用の曲線は図表のように**逆S字型**をしている。逆S字型になるのは、Q_1より左側の状態では、収穫逓増の状態であり、Q_1より右側では収穫逓減の状態であることが理由にある。

例えば、20人でフル稼働となる生産設備（資本）がある工場で、生産の初期段階に労働を投入する。

生産の初期段階では生産量も少ないため、生産設備を少人数で動かすことになる。生産設備をフル稼働させるため、労働を投入することにより、生産量は大きく増える。

しかし、労働の投入が20人を超えたとき生産量の大きな増加は見込めなくなる。生産設備の必要人数を上回って労働投入を行っても、投入分の生産は見込めず、収穫は逓減する。

可変費用を労働の投入費用と考えると、初期段階では労働投入の費用を増加することで、生産量が大きく増加するため、費用は逓減している。しかし、Q_1を過ぎると、労働を1単位増加させても生産量は大きく増加しなくなるため、費用が逓増していくことになる。よって、図のような逆S字型となる。

(4) 総費用 (total cost ; TC)

総費用は、総費用＝固定費（固定費用）＋可変費用であるため、次の図表のようになる。可変費用を、固定費用分だけ上にシフトさせた曲線であることがわかる。

【 総費用 】

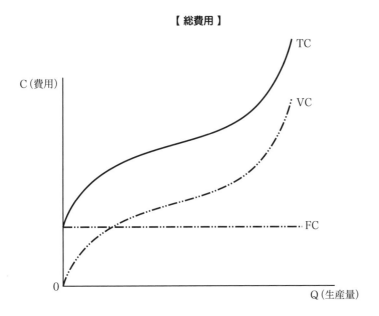

7 収入の理解

(1) 総収入 (total revenue ; TR)

総収入とは企業が自己の生産物の販売から得る総売上額である。

> 総収入 (TR) ＝価格 (P) ×供給量 (Q)

(2) 平均収入 (average revenue ; AR)

　平均収入とは、企業が自己の生産物の販売によって得る総収入を生産数量で割ったものである。

(3) 限界収入 (marginal revenue ; MR)

　限界収入とは、企業による生産・販売量1単位の増加がもたらす総収入の増加分のことである。

　例えば、自動車を400台から450台に増産することによって、総収入が100万円から200万円に増加した場合の限界収入を考える。

　総収入の増加分 (⊿TR) は、200万円－100万円＝100万円になる。記号で表すと、生産台数の増加分 (⊿Q) は450台－400台＝50台となる。限界収入を求めると100万円÷50台＝2万円／台となる。

II 費用関数の理解

R05-14
R04-15
H30-19
H29-14
H21-13
H19-13
H19-13

1 平均費用の理解

(1) 平均費用・平均可変費用・平均固定費用

　平均費用とは、生産量1単位当たりの生産費用額である。総費用を生産量で割ることにより求められる。

　平均費用は、総費用、可変費用、固定費用のどの費用を平均するかにより、平均総費用（平均費用）、平均可変費用、平均固定費用と区別される。

(2) 総費用曲線と平均費用・平均可変費用の関係

① 平均費用 (average cost：AC)

　平均費用は、次の図表の原点0と総費用曲線（TC）上の点を結んでできる直線の傾きで大きさを表すことができる。総費用曲線上の点Cまで減少し、点Cで最小値となる。点C以降は増加に転じる。

$$
平均費用 = \frac{総費用（TC）}{生産量（Q）} = 平均可変費用 + 平均固定費用
$$

② 平均可変費用 (average variable cost：AVC)

　平均可変費用は、次の図表の原点0と可変費用曲線（VC）上の点を結んでできる直線の傾きで大きさを表すことができる。平均可変費用は、可変費用曲線（VC）上の点Bまで減少し、点Bで最小値となる。点B以降は増加に転じる。

$$
平均可変費用 = \frac{可変費用（VC）}{生産量（Q）}
$$

③ 平均固定費用 (average fixed cost：AFC)

　平均固定費用とは、生産物1単位当たりの固定費用である。生産の拡大とともに低下する。

$$
平均固定費用 = \frac{固定費用（FC）}{生産量（Q）}
$$

【 平均費用・平均可変費用・固定費用 】

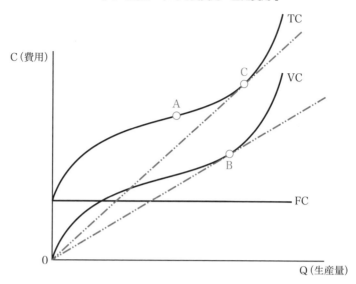

2 限界費用の理解

(1) 限界費用 (marginal cost；MC)

　限界費用は、生産量を1単位増加させることによって発生する総費用の増加分である。限界生産費とも呼ばれる。

　例えば、自動車を400台から450台に増産することによって、総費用が100万円から200万円に増加した場合の限界費用を考える。ここで、総費用の増加分（⊿TC）は、200万円－100万円＝100万円になる。

　生産台数の増加分（⊿Q）は450台－400台＝50台となる。

　限界費用を求めると100万円÷50台＝2万円／台となる。総費用の中身は、可変費用と固定費用である。限界費用は可変費用の増加分を生産量の増加分で割ったものと、固定費用の増加分を生産量の増加分で割ったものの合計に等しい。

(2) 総費用曲線と限界費用の関係

　限界費用は、総費用曲線（TC）上の任意の点における接線の傾きで大きさを表すことができる。限界費用は、総費用曲線（TC）上の点Aまで減少し、点Aで最小値となる。点A以降は増加に転じる。

$$限界費用（MC）＝\frac{総費用の増加分（\varDelta TC）}{生産量の増加分（\varDelta Q）}$$

$$＝\frac{可変費用の増加分（\varDelta VC）}{生産量の増加分（\varDelta Q）}＋\frac{固定費用の増加分（\varDelta FC）}{生産量の増加分（\varDelta Q）}$$

　上記の式のように可変費用の増加分と固定費用の増加分を分けて表すことができる。短期的には固定費用は変化しないため、固定費用の変化分$\varDelta$FC＝0になる。

　限界費用は、可変費用の増加分を生産量の増加分で割ったものと考えることができる。

3 微分の知識と限界費用関数の算出

(1) 限界費用関数の算出

　限界費用は、総費用関数を生産量で微分した値となるため、微分の知識が必要である。数学を忘れてしまった方は、下記の微分のルールを確認してほしい。

【 基本的な微分のルール 】

● $5X^3$をＸで微分する場合
微分をするときは、$5X^3 \rightarrow (5X^3)'$
Ｘの右上の数値を、Ｘの左の数値と掛ける
Ｘの右上の数値から1をひく
$(5X^3)' = 5 \cdot 3 \cdot X^{3-1} = 15X^2$

● 10ＸをＸで微分する
Ｘの右上についている数値を、Ｘの左の数値と掛ける
Ｘの右上の数値から1をひく
$X^{1-1} = X^0 = 1$
$(10X)' = 10 \cdot 1 \cdot X^{1-1} = 10 \cdot 1 \cdot 1 = 10$

● 5をＸで微分する
数値のみを微分すると0になる
$(5)' = 0$

---

(2) 総費用関数から限界費用関数の算出

　次の総費用関数をもつ企業の限界費用関数を求めよ。Ｃは総費用、Ｘは生産量を表す。

　　　$C = X^3 - 2X^2 + 6X + 10$

【解答】
限界費用関数＝$3・X^{3-1}-2・2・X^{2-1}+6・1・X^{1-0}+0$
$＝3X^2-4X+6$

4 費用曲線図

(1) 限界費用、平均可変費用、平均費用のU字型曲線

　限界費用曲線、平均可変費用曲線、平均費用曲線を描くと、次の図表のようなU字型を描く。平均可変費用、平均費用の最小値は限界費用と一致するため、限界費用曲線が、平均可変費用、平均費用の最小点を突き抜けるような曲線となっている。

【 限界費用曲線、平均可変費用曲線、平均費用曲線 】

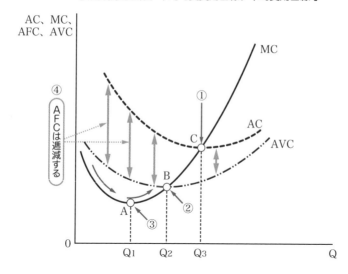

① 図表の限界費用曲線（MC）は、平均費用曲線（AC）の最小点である点Cを下から上へ突き抜ける。生産量Q_3の点Cは、前掲の図表「平均費用・平均可変費用・固定費用」の総費用曲線（TC）上の点Cと同じである

② 限界費用曲線（MC）は、平均可変費用曲線（AVC）の最小点である点Bを下から上へ突き抜ける。生産量Q_2の点Bは、前掲の図表「平均費用・平均可変費用・固定費用」の可変費用曲線（VC）上の点Bと同じである

③ 限界費用（MC）は、生産量Q_1までは逓減し、Q_1からは逓増する。生産量Q_1の点Aは、前掲の図表「平均費用・平均可変費用・固定費用」の総費用曲線（TC）上の点Aと同じである

④ ACとAVCの間はAFCを表す。AFCは生産量の増加とともに逓減する。

III 利潤最大化行動と損益分岐点

1 完全競争市場の分析

製品を販売する市場は、下記のA〜Dの条件比較から分類される。

- A 市場全体と比較した顧客の需要規模や企業の供給規模はどうか
- B 企業が提供する製品が同質的か異質的か
- C 企業や顧客が現在価格や製品について詳しいかどうか
- D 他業界からの市場への参入や退出が容易か

完全競争市場の特徴は次のようになる。

【 完全競争市場の特徴 】

A
市場全体と比較した顧客の需要規模や企業の供給規模

↓

市場全体と比較して非常に小さく、供給者である企業も需要者である顧客も、
価格に対して影響力がない市場

B
企業が提供する製品が同質的か異質的か

↓

製品は同質的で、どこの企業の製品を購入しても、
同じ機能や効用を持っている

C
企業や顧客の現在価格や製品についての知識

↓

供給者である企業も、需要者である顧客も
現在の製品価格について、よく知っている→情報の完全性

D
他業界からの市場への参入や退出の容易さ

↓

他業界からの市場への参入や、他業界への退出が自由

(1) 完全競争市場の特徴

　完全競争市場とは、前述したA〜Dの条件比較からもわかるように、消費者、企業といった経済主体が多数存在するために、個々の経済主体が市場価格に対して影響を与えることはできない市場である。消費者に対する情報が完全なため、安易に価格を吊り上げることはできない。

　また、製品が同質的であるため、製品差別化戦略を採用し、高い価格にすることはできない。企業は完全競争市場において、自ら価格設定を行うことはなく、価格受容的な行動をする。完全競争市場における価格受容者のことを**プライス・テイカー**という。このように完全競争市場では製品差別化はなく、それに市場参加者はみな完全な情報を持ち合わせているので、必ず「一物一価の法則」が成り立つ。

2 完全競争市場の企業が直面する需要曲線

　完全競争市場に存在する企業の需要曲線は、X軸に対して水平になる。完全競争市場において個々の企業は、市場で決められた価格を受け入れるしかない。企業は価格を操作することができないため、需要曲線は一直線になる。

【 完全競争市場の需要曲線 】

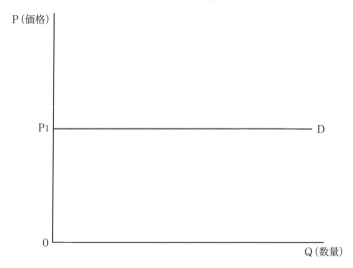

R04-15
H27-17
H26-18

3 最適生産量 Ⓑ

(1) 利潤

　企業の目的は利潤の最大化であり、利潤は総収入と総費用の差額として定義され

る。**総収入 (R)** は、その企業にとっての生産物の価格 (P) と数量 (Q) をかけた値になる。

完全競争市場では価格 (P) は市場により決められている。企業は市場価格を企業行動で変更することはできない。利潤を導く式は次のとおりである。

$$利潤 (\pi) = 価格 (P) \times 数量 (Q) - 総費用 (TC)$$

完全競争市場において、生産量が1単位増加することによって得られる追加収入である限界収入は、市場価格 (P) に等しく、限界収入 (MR) = 価格 (P) となる。

$$限界収入 (MR) = 価格 (P)$$

(2) 利潤最大化の条件

完全競争市場の場合、企業が求める利潤最大化の条件は限界費用 (MC) = 限界収入 (MR) になる生産量である。

> 完全競争市場の利潤最大化
> 価格 (P) = 限界費用 (MC) となる生産量

上記の生産量は図の Q_1 にあたる。理由として、企業が最適生産量を決定する際の2つのパターンを考えてみよう。

① 価格 (P) >限界費用 (MC) の場合

限界収入 (MR) = 価格 (P) であるため、1単位生産を増加させれば、価格 (P) 分の収入が増える。限界費用が価格を下回っている状態では、1単位増やしたときの収入 (限界収入) が、費用 (限界費用) を上回り、生産を続ければ利潤を増やすことができるため、企業は生産量を増加させる。

具体的には価格が100円で限界費用が50円のとき、限界収入は100円である。すると1単位生産するごとに100円−50円＝50円の儲けとなり、企業は生産すればするほど利潤を得ることができるため、生産量を増加させる。

② 価格 (P) <限界費用 (MC) の場合

限界費用が価格より大きくなるため、生産するほど利潤を減らす結果となり、企業は生産量を減少させる。

この2つのパターンより、企業は価格 (P) >限界費用 (MC) である場合は生産を増加させ、価格 (P) <限界費用 (MC) である場合は生産を減少させる。

結果として、価格 (P) = 限界費用 (MC) が利潤最大化の条件であり、価格 (P) = 限界費用 (MC) になる生産量が最適生産量になる。

(3) 利潤の大きさ

次に最大となった利潤の大きさを求める。次の図で企業が価格 (P) = 限界収入

（MR）＝限界費用（MC）となる生産量 Q_1 を決定した場合、総収入は $AQ_1 0P_1$ の面積に等しくなる。

　総費用は、$BQ_1 0C$ の面積に等しくなる。利潤＝総収入－総費用となるため、2つの長方形の差である $ABCP_1$ が利潤の大きさを示す。

【 利潤最大化条件での利潤の大きさ 】

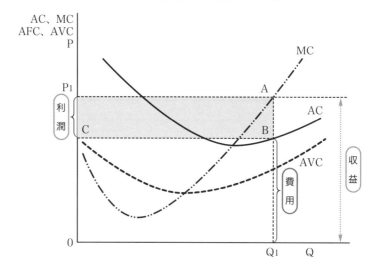

4　損益分岐点　Ⓒ

　損益分岐点とは、収益と費用が等しくなり、利潤が0となる価格と生産量の組み合わせである。次の図表では平均費用（AC）と限界費用（MC）の交点Bが損益分岐点である。企業は損益分岐点上で利潤がゼロであっても、操業（生産）を停止しない。

　損益分岐点は、利潤はゼロであるが価格が平均可変費用（AVC）を上回っている点である。

　例えば、1,000万円の機械（固定的生産要素）を購入し、生産をしている場合、生産を中止することにより、機械の費用である1,000万円が回収できなくなる。

　損益分岐点や、損益分岐点より下回る価格・生産量であっても、平均可変費用を上回っている場合、生産を続けることで、価格が平均可変費用を超えた差額分を固定費用の回収に当てることができる。そのため、企業は損益分岐点では生産を続ける。

【 損益分岐点 】

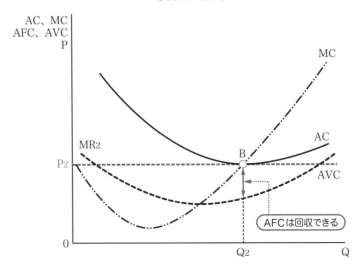

AFCは回収できる

5 操業停止点

操業停止点は、生産閉鎖点とも呼ばれ、次の図表では、平均可変費用（AVC）と限界費用（MC）の交点Cである。前述の例によると、企業が生産しても、しなくても機械の費用である1,000万円は回収できない点のことである。

【 操業停止点 】

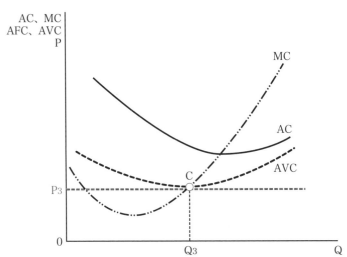

グラフの価格と生産量の変化に注目し、供給曲線を導出する。次の図表では、価格が低下すると、企業は限界費用曲線（MC）に沿う形で生産量を低下させ、損益分岐点を通過し、操業停止点で生産量をゼロにする。

　この限界費用曲線（MC）の軌跡を赤太線で示したものが企業の供給曲線である。**市場全体の供給曲線**は、個々の企業の短期供給曲線を水平にプラスしたものとなる。

　完全競争市場の場合には、各企業の右上がりの限界費用曲線の部分を市場全体について集計したものである。

【 企業の供給曲線 】

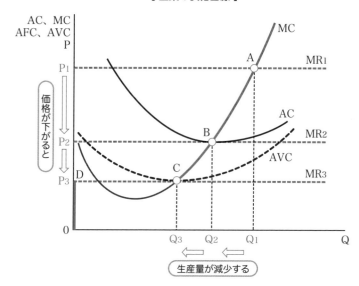

IV 等産出量曲線と等費用曲線

1 等産出量曲線（等量曲線）

 R04-16

　等産出量曲線とは、同じ生産量を生産する生産要素の組みあわせの集合であり、生産要素の投入と生産物の産出との関係を描いている。等産出量曲線上の任意の点における接線の傾きを**技術的限界代替率**という。無差別曲線で学習した限界代替率と同様に、技術的限界代替率も逓減するため、一般的に等産出量曲線は右下がりで原点に対し凸となる。

2 等費用曲線（等費用線）

R04-16
 R01-15
H29-15

　等費用曲線とは、一定の費用のもとで労働と資本をどれだけ投入することが可能かを表す式のことである。
　労働の投入量をL、資本の投入量をK、賃金率をw、資本のレンタル価格をr、生産要素の投入にかかる費用をCとすると、以下の式が成り立つ。

$$C = w \cdot L + r \cdot K \quad \text{これを変形すると、} \quad K = -\frac{w}{r} \cdot L + \frac{C}{r}$$

【 等費用曲線 】

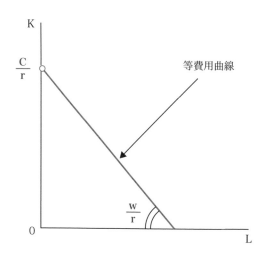

つまり、等費用線は傾きが生産要素の価格比（要素価格比率）である $\dfrac{w}{r}$、切片が $\dfrac{C}{r}$ の右下がりの直線となる。等費用線は次の３つの特徴を持つ。

【 等費用線の性質 】
①費用の増加に応じて等費用線は右方にシフトする
②賃金率が上昇した場合、縦軸の切片は不変のままで、横軸上の切片が左方へ移動する
③資本のレンタル価格が上昇した場合、横軸上の切片は不変のままで、縦軸上の切片が下方へ移動する

---

3 最適投入量の決定

等産出量曲線と等費用線を用いて、最適な生産要素の投入量を考えた場合、等費用線 C_0C_0 との接点である点Eが生産要素の投入量の最適な水準になり、最大の生産量を得ることができる。点Aでは、労働投入を増加させ、資本の投入を減少させることによって、生産量が増加する余地がある。また、点Bでは、労働投入を減少させ、資本の投入を増加させることによって、生産量が増加する余地がある。

点Dでは、労働投入を増加させ、資本の投入を減少させることによって、より少ない費用で同じ生産量を得ることができる。また、点Fでは、労働投入を減少させ、資本の投入を増加させることによって、より少ない費用で同じ生産量を得ることができる。つまり点Dから点Eへの変化と点Fから点Eへの変化は、生産の効率性を改善することになる。

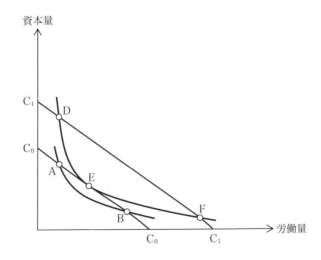

■■■ 問題編 ■■■　　　　　　　　**Check!!**

問1 (H14-20 改題)　　　　　　　　　　　　　　　　　　　　　　　　　［○・×］
　平均費用曲線と限界費用曲線が交わる点は、操業停止点を表す。

問2 (H14-20 改題)　　　　　　　　　　　　　　　　　　　　　　　　　［○・×］
　損益分岐点は、限界費用が最小となる点である。

問3 (H26-13 改題)　　　　　　　　　　　　　　　　　　　　　　　　　［○・×］
　縦軸を生産量、横軸を労働量とする生産関数が描かれ、収穫逓減の形状となっている。この生産関数では、平均生産物は労働の投入量が増加するほど大きくなる。

問4 (H29-15)　　　　　　　　　　　　　　　　　　　　　　　　　　　［○・×］
　費用が減少すると、等費用線は右方にシフトする。

■■■ 解答・解説編 ■■■

問1　×：損益分岐点を表す。
問2　×：損益分岐点は平均費用が最小となる点である。
問3　×：平均生産物は労働投入量が増加するほど小さくなる。
問4　×：費用が減少すると、等費用線は左方にシフトする。

■■■ **問題編** ■■■

　下図には、固定費用Fと可変費用で構成される総費用曲線が描かれている。また、原点から始まり総費用曲線と点Kで接する補助線Aと、固定費用Fから始まり総費用曲線と点Mで接する補助線Bが描かれている。この図に関する説明として、最も適切なものを下記の解答群から選べ。

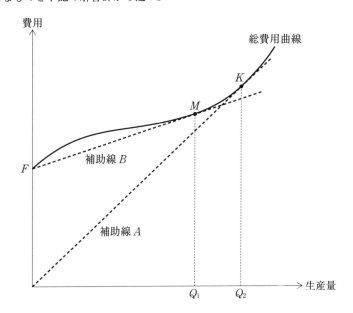

〔解答群〕

ア　生産量Q_2は、平均費用が最小となる生産量である。

イ　平均可変費用と限界費用が一致する点は操業停止点といわれ、図中で点Kがこれに該当する。

ウ　平均費用と限界費用が一致する点は損益分岐点といわれ、図中で点Mがこれに該当する。

エ　平均費用と平均可変費用は、生産量Q_1で一致する。

解答：ア

費用関数に関する出題である。

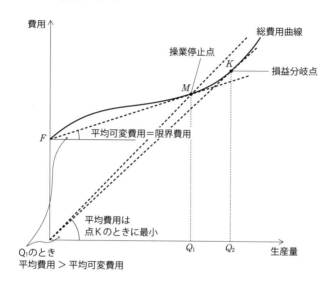

費用↑

総費用曲線

操業停止点

K 損益分岐点

M

F 平均可変費用＝限界費用

平均費用は
点Kのときに最小

Q_1 Q_2 生産量

Q_1のとき
平均費用 ＞ 平均可変費用

ア：適切である。平均費用は原点と総費用曲線の点を結んだ直線の傾きの大きさで表され、生産量Q_2で最小となる。

イ：不適切である。平均可変費用と限界費用が一致する点Mが操業停止点となる。

ウ：不適切である。平均費用と限界費用が一致する点Kが損益分岐点となる。

エ：不適切である。生産量Q_1では、平均費用が平均可変費用を上回っている。

過去23年分 平成13年（2001年）〜令和5年（2023年）	
1位	ゲーム理論
2位	独占企業の価格決定と非効率
3位	その他寡占市場の知識

直近10年分 平成26年（2014年）〜令和5年（2023年）	
1位	ゲーム理論
2位	独占企業の価格決定と非効率
3位	独占的競争市場の概要

過去23年間の出題傾向

　ゲーム理論は、直近10年間で7回、23年間で16回出題されている超頻出テーマであるため、分析手順や用語を確実に押さえておいてほしい。また、直近5年間において、独占市場の企業行動と独占的競争市場に関する内容のいずれかが出題されている年が3年あり、要注意の内容となっている。

第8章

不完全競争

I 独占市場の企業行動

1 独占市場の概要

(1) 独占の概要と市場の分類

　独占とは、市場における売り手、または買い手がただ1社という状態である。売り手がただ1社の場合を供給独占、買い手がただ1社の場合を需要独占という。

【 市場の分類 】

市場構造	企業数	価格支配力	新規参入
完全競争市場	非常に多い	な　し	容　易
独占市場	1　社	あ　り	不可能
寡占市場	少　数	あ　り (競合他社を考慮)	困　難

【 独占市場のイメージ 】

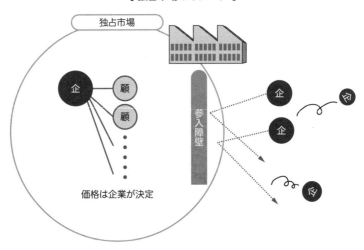

　不完全競争市場には独占市場や寡占市場、独占的競争市場がある。独占市場では完全競争市場で見た条件A〜Dのうち、どの部分が異なるだろうか。

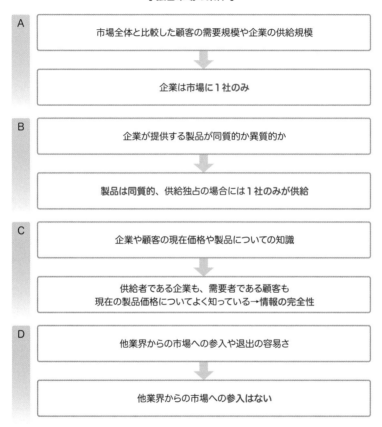

A 市場全体と比較した顧客の需要規模や企業の供給規模はどうか
B 企業が提供する製品が同質的か異質的か
C 企業や顧客が現在価格や製品について詳しいかどうか
D 他業界からの市場への参入や退出が容易か

【 独占市場の条件 】

A
市場全体と比較した顧客の需要規模や企業の供給規模

企業は市場に1社のみ

B
企業が提供する製品が同質的か異質的か

製品は同質的、供給独占の場合には1社のみが供給

C
企業や顧客の現在価格や製品についての知識

供給者である企業も、需要者である顧客も
現在の製品価格についてよく知っている→情報の完全性

D
他業界からの市場への参入や退出の容易さ

他業界からの市場への参入はない

　独占市場では、競合他社が市場に参入してこないため、企業は利潤を長期間、継続して獲得できる。企業は市場に1社で、自由に価格を決定できるため、価格決定権のある**プライス・メーカー**といわれる。

(2) 独占企業の需要曲線

　独占市場には、企業が1社しかないため、すべての消費者は1社の企業から需要する。市場全体の需要曲線が右下がりを仮定して行動する。

　独占企業は価格支配力を有し市場を独占しているため、市場全体の需要曲線に直

面している。独占企業が市場で製品をより多く販売するためには、需要曲線に沿って価格を変化させることになる。

【 独占企業の需要曲線 】

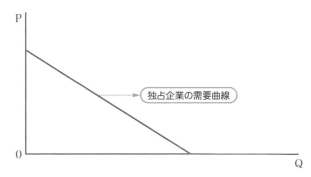

(3) 独占企業の利潤最大化

① 右下がりの需要曲線

独占企業は利潤最大化を目的として行動する。独占企業は市場における唯一の供給者のため、独占企業が直面する需要曲線は市場全体の右下がりの需要曲線になる。独占企業は、供給量を減少させることで財の価格を引き上げることができる。

② 需要曲線と限界収入

独占企業では、生産量を1個増加させれば、新しい価格の分だけ収入が増加するが、生産量の増加は価格を下落させる。

つまり、値下がり分だけ収入が減少する。独占企業の限界収入は、次頁で掲載する図表のようになる。**限界収入曲線 (MR)** は需要曲線の傾きより急になり (傾き2倍)、横軸の切片は需要曲線 (D) と原点0の中間をとおる。

> 限界収入 (MR) ＝価格 (P) －値下がり分

R05-20
R03-19
H30-13
H27-19
H26-19

2 独占企業の価格決定と非効率

(1) 独占企業 (供給独占) の価格決定

独占企業 (供給独占) は、生産数量を Q_E' で決定し、価格を需要曲線に沿った独占価格で決定する。需要曲線上のB点が供給点となり、この点をクールノーの点という。

完全競争市場では、MC曲線が供給曲線となるが、独占企業には、供給曲線はなく、供給点だけが存在する。

独占企業は、限界費用を上回る独占価格を設定するため、生産量 Q_E' は、社会的に効率的な水準 Q_E を下回る。

このとき死荷重は、需要曲線と限界費用（MC）曲線の三角形の領域BE'Eによって表される。死荷重の面積は、独占価格による総余剰の損失に等しくなる。

　死加重（厚生損失・デッドウエイトロス）とは、社会的総余剰の減少のことをいう（余剰については第10章「余剰分析と市場の失敗」を参照）。

【 独占企業（供給独占）による非効率 】

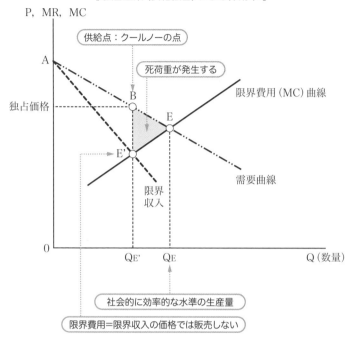

⑵ 需要独占（買い手独占）の賃金率の決定

① 需要独占の労働市場モデル

　企業城下町のように地域で生産活動を行う企業が1社しかない場合には、労働を需要する企業は1社のみになり、買い手の独占となる。**需要独占の企業**は、雇用する労働者を減らし、同時に賃金を低く抑えることができる。

　次の図で、Wは賃金率、Lは労働量（雇用量）、Dは労働需要曲線、Sは労働供給曲線、MCは労働の限界費用曲線である。労働の限界費用曲線（MC）は労働供給曲線（S）よりも上方に位置して、2倍の傾きを持つ直線となる。

　需要独占（買い手独占）の労働市場モデルでは、労働の限界費用曲線（MC）と労働の需要曲線（D）が一致するところで、企業の利潤が最大化する。この独占企業は、W₂ではなくW₁の賃金率で労働者を雇用する。

② 需要独占 (買い手独占) の余剰分析

労働市場が完全競争である場合には、企業の余剰はAEW0、家計の余剰はBEW0、総余剰は、AEBとなる。

しかし、需要独占の場合には、労働量はL1と過少となり、賃金率はW1と低い水準となるため、企業の余剰はAFGW1、労働者の余剰はBGW1となり、企業にとって有利な状況となる。また、三角形EFGだけの余剰が失われる（死荷重）。

③ 政府の介入 (最低賃金の設定)

政府が介入して、最低賃金をW0に規制すれば、労働量がL0となり、余剰の損失がなくなり総余剰が増加するため、資源配分の効率化を実現できる。

【 独占企業 (需要独占) による非効率 】

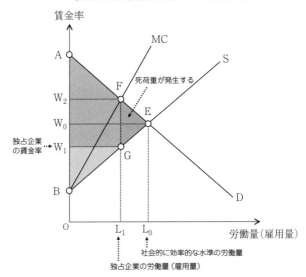

II 寡占市場の企業行動

1 寡占市場の概要

H24-20
H23-23

(1) 寡占市場の概要

　不完全競争市場のうち、寡占市場について紹介する。**寡占市場**は、市場に存在している需要者および供給者が少ない市場である。つまり、市場における売り手または買い手が少数の状態である。試験対策上、売り手が少数の供給寡占を紹介する。

【 寡占市場のイメージ 】

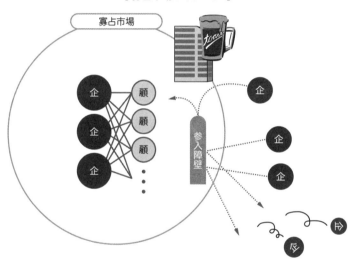

(2) 寡占市場の条件

　寡占市場は完全競争市場で見た条件A～Dのうち、どの部分が異なるだろうか。

> A　市場全体と比較した顧客の需要規模や企業の供給規模はどうか
> B　企業が提供する製品が同質的か異質的か
> C　企業や顧客が現在価格や製品について詳しいかどうか
> D　他業界からの市場への参入や退出が容易か

【 寡占市場の条件 】

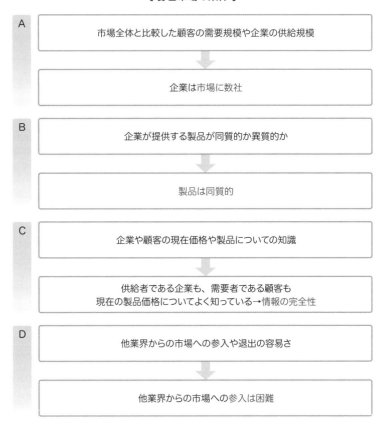

A

市場全体と比較した顧客の需要規模や企業の供給規模

企業は市場に数社

B

企業が提供する製品が同質的か異質的か

製品は同質的

C

企業や顧客の現在価格や製品についての知識

供給者である企業も、需要者である顧客も
現在の製品価格についてよく知っている→情報の完全性

D

他業界からの市場への参入や退出の容易さ

他業界からの市場への参入は困難

⑶ 寡占市場の特徴

　市場に企業が数社のみの場合には、企業には市場価格の決定権があり、顧客も市場価格で購入しなければならない。

　寡占市場では、ライバル企業の行動に影響され、同一価格になる傾向がある。

　プライス・リーダーシップを採用しており、暗黙の相互了解により市場におけるリーダー企業の価格の変更に合わせ、価格も横並びになる。

H24-20 ## 2 クールノー複占

　完全競争市場では、個々の企業は他の企業の行動を考慮せずに、市場から価格を与えられているプライス・テイカーとして利潤最大化行動をとる。

　独占企業は、市場の需要曲線に直面し、利潤最大化となるように生産数量と価格を決定した。複数の大企業からなる寡占市場では、他の企業の価格や生産量を無視

することはできない。

　寡占市場のもっとも簡単なケースである「市場が2社の企業からなる場合」を紹介する。市場が2社の企業からなる場合を**複占**という。複占では**クールノーの反応曲線（反応関数）**がある。

　企業Aの反応曲線とは、ライバルである企業Bの行動（生産量）に応じて、企業Aの最適な行動（生産量）を対応させるグラフである。逆の場合を企業Bの反応曲線という。

　次の図表で、縦軸は企業Aの生産量、横軸は企業Bの生産量を示す。両社の反応曲線を双方とも描き、均衡点となるところが**クールノー均衡**である。クールノー均衡では、企業A、Bがそれぞれ予測と一致した行動をとっている状態を示している。この状態では、企業A、Bとも生産量を変更しようとしない。

【 クールノー均衡 】

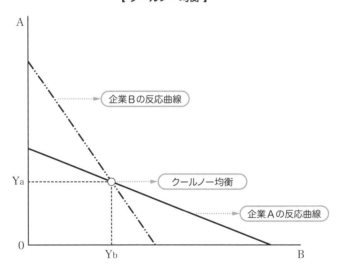

　また、複占市場において、他の企業の予想価格を所与として、自己の利潤を最大にする価格を決めるモデルを**ベルトランモデル**という。

3 屈折需要曲線

(1) 屈折需要曲線の概要

　完全競争市場下における企業とは違い、寡占企業は、価格影響力をもつため、右下がりの需要曲線に直面する。しかし、独占企業と異なり競合企業が存在するため、寡占企業の需要曲線は競合企業の影響を受けた形状となり、A点において屈折する。

　限界収入曲線も需要曲線に対して描くため、次の図表のように不連続となる。

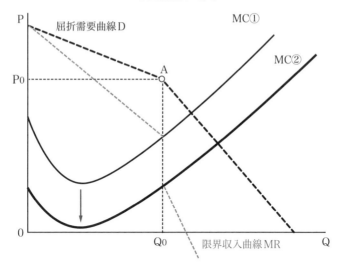

【 屈折需要曲線 】

(2) 寡占企業の価格の下方硬直性

　屈折需要曲線をもつ企業の限界収入曲線は不連続である。そのため、寡占企業においては、価格が下方硬直的になる。上記の図表をみると、企業はMC＝MRという利潤最大化の点を選択する。通常ならば、限界費用曲線（MC）が、MC①からMC②へ下方にシフトすることにより、価格が低下する。

　しかし、寡占企業の屈折需要曲線の場合、限界費用曲線（MC）が下方にシフトしても、限界収入曲線が不連続のため、MC①からMC②へシフトしている間は、価格が需要曲線が屈折する点（屈折しているA点）のP₀となり、価格が変化せず下方硬直的になることがわかる。

4 ゲーム理論

(1) ゲーム理論の概要

　寡占市場では、企業数が少ないため、個々の企業は他の企業の行動に影響を与えたり、他の企業の行動の影響を受けたりする。このような企業間の関係を相互依存関係という。市場において企業間に相互依存関係がある場合には、各企業は、他の企業の行動や自社の行動に対する他の企業の反応等を予測しながら戦略的に行動を決定する。**ゲーム理論**は、相互依存関係にある状況を一種のゲームとみなし、経済主体の行動や均衡等を分析する。

(2) ナッシュ均衡の選択

　ゲーム理論で頻出テーマのナッシュ均衡について紹介する。**ナッシュ均衡**とは、

各企業が利己的に自己の利潤の最大化を図った時、企業の選択した戦略が一致する組み合わせをいう。

　店舗Aと店舗Bの2つの店舗がある。2つの店舗は下記の利得表のような戦略を採用する。カッコ内の2つの数値のうち、左側の数値は、店舗Aが獲得する利得を表し、右側の数値は店舗Bが獲得する利得を表している（店舗Aの利得,店舗Bの利得）。下記の利得表のうちナッシュ均衡の組を選びたい。

【 利得表 】

店舗Bの戦略 店舗Aの戦略	戦略B①	戦略B②
戦略A①	(1, 1)	(10, 0)
戦略A②	(0, 10)	(8, 8)

⑶ ナッシュ均衡の思考手順

① 店舗Bが戦略B①を採用した場合
- ⒜ 店舗Aは、利得を最大にするために戦略A①を採用する
- ⒝ 店舗Aの考え：店舗Bが戦略B①を採用したとき、店舗Aは戦略A①を採用すると利得は1で、戦略A②を採用すると利得は0となるため、戦略A①を採用したほうが得である

② 店舗Bが戦略B②を採用した場合
- ⒜ 店舗Aは、利得を最大にするために戦略A①を採用する
- ⒝ 店舗Aの考え：店舗Bが戦略B②を採用したとき、店舗Aは戦略A①を採用すると利得は10で、戦略A②を採用すると利得は8となるため、戦略A①を採用したほうが得である

③ 店舗Aが戦略A①を採用した場合
- ⒜ 店舗Bは、利得を最大とするために戦略B①を採用する
- ⒝ 店舗Bの考え：店舗Aが戦略A①を採用したとき、店舗Bは戦略B①を採用すると利得は1で、戦略B②を採用すると利得は0となるため、戦略B①を採用したほうが得である

④ 店舗Aが戦略A②を採用した場合
- ⒜ 店舗Bは、利得を最大とするために戦略B①を採用する
- ⒝ 店舗Bの考え：店舗Aが戦略A②を採用したとき、店舗Bは戦略B①を採用すると利得は10で、戦略B②を採用すると利得は8となるため、戦略B①を採用したほうが得である

⑷ ナッシュ均衡のまとめ

　①〜④の内容をまとめると、次の表になる。互換性があるものは、（戦略A①,戦略B①）＝（1,1）の組となる。この組み合わせが、ナッシュ均衡である。

【 ナッシュ均衡のまとめ 】

戦略B① ⇨ 戦略A① 戦略A① ⇨ 戦略B①	戦略B② ⇨ 戦略A①
戦略A② ⇨ 戦略B①	

【 ナッシュ均衡は（戦略A①, 戦略B①） 】

店舗Bの戦略 店舗Aの戦略	戦略B①	戦略B②
戦略A①	(1, 1)	(10, 0)
戦略A②	(0, 10)	(8, 8)

(5) 囚人のジレンマ

　ナッシュ均衡になった戦略の利得と比べて、A、Bともに利得が高まる戦略の組みあわせがあったなら、ナッシュ均衡の組みは**囚人のジレンマ**に陥っていると表現される。前の例では、ナッシュ均衡は (1,1) であるが、戦略A②と戦略B②の組み合わせの時 (8,8) となりA・Bの企業の利益がともに高まっているため、このナッシュ均衡の組み合わせは囚人のジレンマに陥っているといえる。

 ### (6) バックワード・インダクション

　バックワード・インダクションとは、最後に意思決定をする人から順番に最適な行動を選び、最適でない選択肢を消していく方法である。

5 その他寡占市場の知識

 ### (1) 支配戦略

　ある戦略が相手の戦略にかかわらず常に最適であるとき、その戦略を**支配戦略**という。前の例では、Aにとっての戦略A①、Bにとっての戦略B①は支配戦略である。

(2) フォーク定理

　無限回の繰り返しゲームでは、協調解が均衡解として成立することが知られている。しかし、はじめから助け合わないという戦略の組み合わせも均衡解として成立することが知られている。

　この定理は誰かが発見したと主張する前から、ゲーム理論家の間で知られており、ゲーム理論家にとっては民話のように昔から誰にでも知られているという意味で**フォーク定理**（フォークとは民話という意味）といわれている。

⑶ トリガー戦略

H26-22

　囚人のジレンマゲームが何回も繰り返されるような繰り返しゲームにおいて、相手が1度でも裏切った場合には、自分は報復として、相手を裏切り続けるという戦略である。

⑷ 協力ゲームと非協力ゲーム

H24-23

① 協力ゲーム

　協力ゲームとは、プレーヤーたちは交渉することが許されていて、互いに合意が成立すると、その合意が守られるような仕組が存在するゲームである。

② 非協力ゲーム

　非協力ゲームとは、プレーヤーたちは交渉が許されず、プレーヤー間で合意を守る仕組みは存在しないゲームである。

⑸ ミニマックス戦略

H19-15

　自分のもっている各戦略に対し、ライバルが裏をかき自分が損失をこうむった場合を想定し、その中で最もましな結果が得られる戦略を採用する。

III 独占的競争市場

1 独占的競争市場の概要

(1) 独占的競争市場の概要

　完全競争市場の製品の同質的という条件が、**異質的**という条件に変更すると、**独占的競争市場**の条件となる。企業の製品が異質的という条件にするため、企業は製品差別化戦略を採用する。

> 独占的競争市場　→　製品は異質的（製品差別化）

　例えば、パソコン市場の企業は、ハードディスクの容量やCPUの優劣のみならず、デザインや携帯性などの差別化要因をプロモーションにより消費者に訴求して、価格競争を回避して独占的競争状態を作り出そうとする。

【 独占的競争状態の市場のイメージ 】

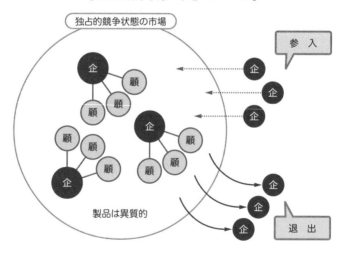

(2) 独占的競争市場の特徴

　独占的競争市場のイメージの図表をみると、企業が顧客を囲い込んでいることがわかる。レストランでは、料理の味やサービスなどで、製品差別化を行い、価格を下げずに常連客を囲い込む。各レストランは独占市場の企業と同様に右下がりの需要曲線で価格支配力をもつといえる。

2 独占的競争市場の短期均衡と長期均衡

　独占的競争市場にある企業の需要曲線（D）は下記の図表のように右下がりになる。独占的競争市場の企業の製品は差別化されているため、値上げをすることにより、一部の顧客は他の製品を購入するが、差別化された製品にこだわる顧客は引き続き同企業の製品を需要するため、完全競争市場の企業のように需要曲線が水平にはならない。

　需要曲線が右下がりであるため、独占市場の企業のように自社の価格を生産量の変化によりコントロールすることができる。

　次の図表では、利潤最大となる点は、限界収入曲線（MR）と限界費用曲線（MC）の交点である。この交点に対応する生産量はQ_0であり、価格は生産量Q_0に対応する需要曲線上の点が示す価格P_0となる。価格P_0は平均費用（AC）よりも高いため、企業の利潤は黒字となる。

【 独占的競争市場① 】

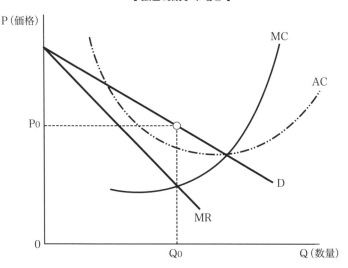

　企業が黒字である限り、その利潤（正の利潤）を得ようと新規参入がおきる。独占的競争市場の企業の長期均衡を図で示すと、次の図のようになる。新規参入により需要量が減少（$Q_0 \rightarrow Q_1$）し、需要曲線（D）は、平均費用曲線（AC）と接するまで左シフト（$D \rightarrow D'$）し、価格はP_1となる。価格P_1では平均費用曲線（AC）と接しているため利潤はゼロになる。

【 独占的競争市場② 】

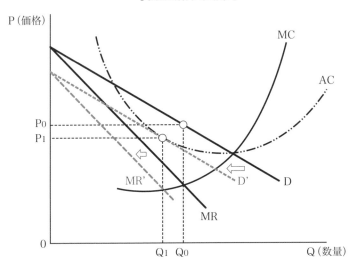

過去23年間（平成13～令和5年度）本試験出題の必須テーマから厳選！

■■■ 問題編 ■■■ **Check!!**

問1 (H16-14)　　　　　　　　　　　　　　　　　　　　　　　　　［○・×］
　屈折需要曲線の理論では、自社製品の価格引き下げに対して、ライバル企業が値下げを行うことを想定している。

問2 (H15-18)　　　　　　　　　　　　　　　　　　　　　　　　　［○・×］
　ある企業が完全独占して、利潤最大化を行ったとする。このときの独占価格は、この供給量を実現する際に要した限界費用と等しい。

問3 (H14-23)　　　　　　　　　　　　　　　　　　　　　　　　　［○・×］
　独占的競争市場の個別企業は、水平な需要曲線に直面しており、市場価格は個別企業の限界費用と等しい。

■■■ 解答・解説編 ■■■

問1　○：価格引き下げに対してライバル企業が追随し、価格引き上げについては
　　　　　ライバル企業が追随しないことから、需要曲線は屈折する。
問2　×：独占企業は限界費用と限界収入が一致する点で供給量を決定する。独占
　　　　　価格は、需要曲線によって定められる。限界収入曲線は需要曲線よりも
　　　　　下方にある。限界収入と一致している限界費用と需要曲線と一致してい
　　　　　る独占価格では、独占価格のほうが高くなる。
問3　×：完全競争市場の内容である。

■■■ 問題編 ■■■

　下表は、「囚人のジレンマ」として知られる非協力ゲームの利得表である。いま、2人の個人（個人Aと個人B）が1度限りの取引を行い、2つの選択肢（自らの選好を「正直に表明」するか、「過小に表明」する）のいずれかを選択することができる。なお、以下の表中にあるカッコ内の値は、それぞれ左側が個人Aの利得、右側が個人Bの利得を示している。この表から得られる記述として、最も適切なものを下記の解答群から選べ。

		個人B	
		正直に表明	過小に表明
個人A	正直に表明	(2, 2)	(0, 4)
	過小に表明	(4, 0)	(1, 1)

〔解答群〕
　ア　個人Aが非協力的に利得の最大化をめざすならば「過小に表明」を選択する。
　イ　個人Aにとって「正直に表明」を選択するのが支配戦略である。
　ウ　個人Aは、個人Bの選択に応じて最適な行動を変化させる。
　エ　個人Bが「正直に表明」を選択してくれることが確実であれば、個人Aも「正直に表明」を選択することが合理的である。

解答：ア

　ゲーム理論の囚人のジレンマに関する出題である。

ア：適切である。非協力ゲームにおいて、個人Bがどちらを選択しても、個人Aは「正直に表明」するより「過小に表明」するほうが利得は大きいので、Aは「過小に表明」を選択する。

イ：不適切である。相手がどの戦略を選ぶにしても自分にとって最適な戦略があるとき、その最適な戦略を支配戦略という。個人Aにとって「過小に表明」を選択することが支配戦略である。

ウ：不適切である。個人Aは選択するにあたり、個人Bの選択がどちらであっても、利得が大きい「過小に表明」するという最適な行動を変えることはない。

エ：不適切である。個人Bが「正直に表明」を選択してくれることが確実であれば、個人Aは利得が大きくなる「過小に表明」を選択する。

テーマ別出題ランキング

過去23年分 平成13年(2001年)〜令和5年(2023年)	
1位	ワルラス的調整過程
2位	市場均衡
2位	マーシャル的調整過程

直近10年分 平成26年(2014年)〜令和5年(2023年)	
1位	市場均衡
1位	ワルラス的調整過程
1位	マーシャル的調整過程

過去23年間の出題傾向

全体的に出題頻度は少ないが、基礎的な内容であり、知っていれば容易に解ける出題が大半である。とはいえ、ワルラス的調整過程や、マーシャル的調整過程といった特徴的な用語は、定義を知っていなければ対応が難しくなるため、油断せずに確認しておいてほしい。

第 9 章

市場均衡

I 市場均衡

1 市場均衡

(1) 市場均衡の概要

　市場均衡とは、市場における需要曲線と供給曲線との交点で市場価格が成立し、需給均衡の成立している状態である。

　次の図表の点Eは、市場における需要量と供給量が等しい状態で市場均衡点という。市場が均衡しているときの価格P_Eを均衡価格といい、Q_Eを均衡供給量（＝均衡需要量）という。

(2) 安定均衡

　安定均衡とは、たとえ均衡状態から乖離しても再び均衡状態になる運動が生じることである。

　つまり、経済が均衡状態からはずれたときに、再び均衡状態に戻る力が働き、最終的に均衡状態になることである。

　市場が超過需要と超過供給のとき、需要曲線と供給曲線の交点Eに向かって価格と数量が動く性質のことを市場均衡の安定性という。

(3) 不安定均衡

　不安定均衡とは、経済の均衡状態がなんらかの原因で撹乱されたとき、体系が新しい均衡点に近づかず、ますます均衡点から離れていくことである。

　この状態のときには、経済に再び均衡状態に戻る力が働かず、最終的に経済がどんどん変化し落ちつかない状態になる。

【 市場均衡 】

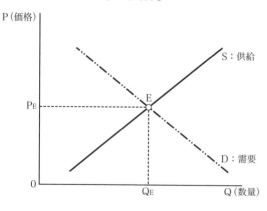

2 ワルラス的調整過程

⑴ ワルラス的調整過程

ワルラス的調整過程とは、超過供給が発生していれば価格は下落し、超過需要が発生していれば価格は上昇するという価格調整過程である。

ワルラス調整では、価格の上下により均衡価格に近づく。

① 超過供給

次の図表をみると、価格がP_1のとき、市場の供給量はQ_1となる。また、このときの需要量はQ_0となり、$Q_1 - Q_0$の供給量、つまり線分ABの部分が超過供給である。

超過供給になると、供給者である企業は、売れ残り商品を在庫として抱える。この在庫がデッドストックになると損をしてしまうため、企業は価格を下げて商品を売りさばこうとする。このような動きが一つの企業で起こると価格を下げた企業に消費者が集中してしまうため、他の企業も負けじと価格を下げて商品を売ろうと考える。結局、市場の価格は①の動きを示し低下する。

つまり、超過供給が存在すると、供給業者間の競争によって価格が下がる。また、均衡価格であるP_Eまで価格が低下すると、超過供給はゼロになるため、価格はそこに止まる。

② 超過需要

次の図表において価格がP_0のとき、市場の需要量はQ_1となる。このときの供給量はQ_0となり、$Q_1 - Q_0$の需要量、つまり線分CDの部分が超過需要になる。

超過需要が存在すると、一部の需要者は、欲しい数量を買い損なう。すると、この人は、自分が他の人より価格を少し多く払えば、買い損なうことはないため、価格を多少高く払っても買い損なうよりはましと考える。

この需要者が商品を手に入れると、他の需要者も同じ判断をして、価格を高く払って商品を手に入れようと考える。結局、すべての需要者が高い価格を払うようになり市場全体の価格が上昇する。

このようにして、市場の価格の②の動きを示し上昇する。超過需要が存在すると、需要者間の競争により価格が上がる。均衡価格であるP_Eまで価格が上昇すると、超過需要はゼロになるため、価格はそこに止まる。

【 ワルラス的安定のパターン 】

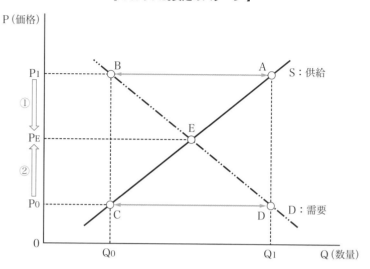

3 マーシャル的調整過程

(1) マーシャル的調整過程

　マーシャル的調整過程とは、一定の供給量に対して、需要者側の支払う価格が、供給者が最低限これだけ支払ってほしいという価格より高ければ、供給者が供給量を増加させ、低ければ供給量を減少させて均衡点に近づくという考えである。

　① **超過供給**

　次の図表をみると、今年の生産量がQ_1に決まっているとき、供給者はP_1で売ろうと考える。しかし、需要者は需要曲線とQ_1の交点である点Dの価格P_0でないと買わないと考えている。

　そのため、P_1で売ろうと考えても、P_0でしか買ってくれないため、市場における今期の価格はP_0となる。

　すると、供給者は来期の計画の際に、今期の経験を活かして、生産量を減らそうと考える。これは、矢印①の動きとなる。

　② **超過需要**

　一方、今期の生産量がQ_0のときは、供給価格のP_0に対して需要価格はP_1であるため、来期の計画で生産者は、もっと生産して儲けようと考える。来期の生産量はQ_0よりも多く生産しようと考えるため、矢印②の動きになる。

　供給者が生産量を変更することにより需要曲線と供給曲線の交点Eに落ちつく過程のことをマーシャル的調整過程という。

【 マーシャル的安定のパターン 】

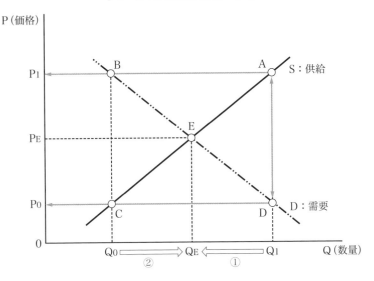

(2) クモの巣理論

マーシャル的調整過程と似た市場の調整メカニズムとして、**クモの巣理論**と呼ばれるものがある。供給曲線の傾きの絶対値が需要曲線の傾きの絶対値よりも大きい場合、振動しながら次第に均衡価格に収束する。一方、需要曲線の傾きの絶対値が供給曲線の傾きの絶対値よりも大きい場合、振動しながら発散する。

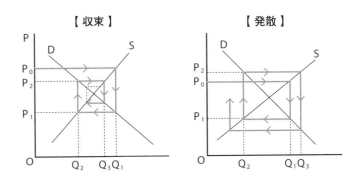

不安定なパターン

一般的には、需要曲線が右下がり、供給曲線が右上がりのときは、ワルラス的にもマーシャル的にも安定で、どちらの考えをとっても価格は均衡点に近づく。

1 ワルラス的不安定の基本パターン Ⓒ

　需要曲線と供給曲線が図のような関係の場合を考える。線分ABのように超過供給のとき、価格はP_0であるが、価格が下がれば下がるほど超過供給が発生して、原点0に向かって下落していく。これは、矢印①の動きとなる。

　逆に線分CDのような超過需要のとき、価格はP_1であるが、価格が上がれば上がるほど超過需要が発生し、価格はさらに上昇し、交点Eの価格P_Eから離れていく。これは、矢印②の動きとなる。

【 ワルラス的不安定のパターン 】

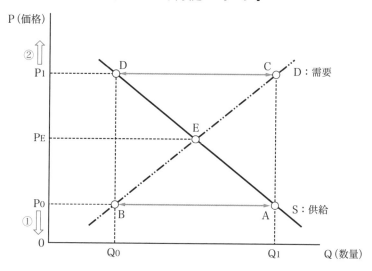

2 マーシャル的不安定の基本パターン Ⓒ

　需要曲線と供給曲線が図のような関係の場合を考える。今年の生産量がQ_1のとき、需要者価格はP_1であるが、供給者価格はP_0である。よって、今期の価格はP_1になる。供給者は来期の計画をたてるとき生産量を増やすと儲かると考える。すると来期の生産量はQ_1より大きくなり、均衡点の生産量であるQ_Eから離れていく。これは矢印①の動きである。

逆に今期の生産量がQ₀のときには、市場価格は需要者価格のP₀になり、供給者価格のP₁に比べて低い。生産者は儲からないためどんどん生産量を削減し、生産量Q₀は原点へ向かう。これは矢印②のような動きとなる。

　このように両者とも、均衡点Eに落ちつかないため、マーシャル的不安定な状態といわれる。

【 マーシャル的不安定のパターン 】

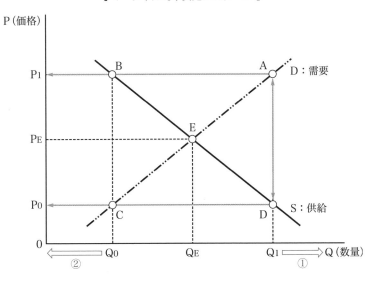

■■■ **問題編** ■■■　　　　　　Check!!

問1 (H13-13 改題)　　　　　　　　　　　　　　　　　　　　　　［○・×］
　ある財の市場の需要曲線が右下がり、供給曲線が右上がりで描かれている。価格が均衡価格より高い水準にある場合、超過供給が発生しており、価格は下落する。

問2 (H22-16 改題)　　　　　　　　　　　　　　　　　　　　　　［○・×］
　右下がりの需要曲線と右上がりの供給曲線がある。この交点の近傍では、ワルラス的調整、マーシャル的調整ともに安定である。

問3 (H24-12)　　　　　　　　　　　　　　　　　　　　　　　　　［○・×］
　市場において供給量が需要量を上回っているならば、市場では価格が上昇する圧力が生じ、逆に、需要量が供給量を上回っているならば、価格が低下する圧力が生じる。

■■■ **解答・解説編** ■■■

問1　○：均衡価格よりも高い水準では、需要＜供給となり、超過供給となる。超
　　　　過供給の場合、価格は下落する。ワルラス的調整過程の考え方である。
問2　○：右下がりの需要曲線と、右上がりの供給曲線の場合、ワルラス・マーシャ
　　　　ルともに安定的である。
問3　×：市場において供給量が需要量を上回っているならば、市場では価格が低
　　　　下する圧力が生じ、逆に、需要量が供給量を上回っているならば、価格
　　　　が上昇する圧力が生じる。

■■■ **問題編** ■■■

　下図には、相対的に緩い傾斜の需要曲線が破線で描かれ、相対的に急な傾斜の供給曲線が実線で描かれている。これら需要曲線と供給曲線の交点は、点Eとして与えられている。この図に関する説明として、最も適切なものを下記の解答群から選べ。

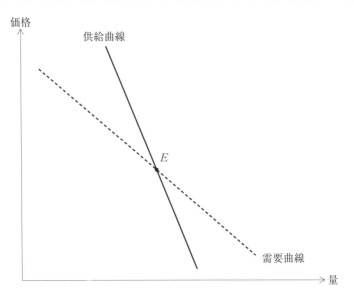

〔解答群〕

　ア　供給曲線が右下がりであるため、ワルラス的調整を通じて点Eへ収束する力は働かない。

　イ　供給曲線の傾きが相対的に急であるため、「蜘蛛の巣理論」による調整を通じて点Eへ収束する力は働かない。

　ウ　交点よりも価格が高いとき、需要量よりも供給量が多いため、価格調整を通じて点Eへ収束する力が働く。

　エ　交点よりも数量が少ないとき、供給価格が需要価格よりも高いため、マーシャル的な数量調整を通じて点Eへ収束する力が働く。

解答：ウ

　市場均衡に関する出題である。

ア：不適切である。交点よりも高価格のとき、需要量＜供給量となり、超過供給の状態が生じる。超過供給におけるワルラス的調整により価格が下落すると、均衡点Eへ収束する力が働く。

イ：不適切である。「蜘蛛の巣理論」では、供給曲線の傾きの絶対値が需要曲線の傾きの絶対値よりも大きく、供給曲線の傾きが相対的に急であるとき、振動しながら次第に均衡価格に収束する。

ウ：適切である。

エ：不適切である。交点よりも数量が少ないとき、供給価格が需要価格よりも高いため、生産量を減らす力が働く。これにより、均衡点Eからより離れる力が働く。

過去23年分 平成13年（2001年）〜令和5年（2023年）	
1位	逆選択
2位	生産者余剰
2位	外部不経済の分析
3位	外部経済と外部不経済
3位	自然独占の概要
3位	モラル・ハザード

直近10年分 平成26年（2014年）〜令和5年（2023年）	
1位	生産者余剰
2位	消費者余剰
3位	外部不経済の分析
3位	公共財の定義・特徴
3位	価格規制の理論

過去23年間の出題傾向

　生産者余剰は23年間で8回、消費者余剰は23年間で6回出題されている。これらはさまざまな余剰分析に欠かせない内容となっているため、最優先で理解してほしい。公共財は、近年の出題頻度が高くなっている傾向があるため、要注意である。

第 10 章

余剰分析と市場の失敗

I 余剰分析

1 消費者余剰

　消費者余剰とは、消費者が支払っても良いと考える支払意思の最高額と、実際の支払額との差である。

　A、B、C、Dの4人から構成されている社会において、Aは1,800円、Bは1,600円、Cは1,500円、Dは1,000円を最大限支払っても良いと考えている。市場価格P_Eが1,400円のとき、A、B、Cの3人は、支払っても良いと考える最高額が実際の支払額を上回るために消費を行なうが、Dは実際の支払額が高いため消費を行なわない。そのため社会全体の消費量は3人分（3単位）となる。

　このとき、Aは1,800円支払う意思があったが、実際には1,400円の支払いのため1,800円－1,400円＝400円の利益を得る。同様に、Bは1,600円－1,400円＝200円、Cは1,500円－1,400円＝100円の利益を得る。社会全体では消費者側に700円の利益が発生し消費者余剰となる。消費者余剰は均衡価格であるP_Eから発する横軸に平行な線と需要曲線に囲まれた部分となる。

> 消費者余剰　→　需要曲線と均衡価格によって作られる三角形の面積

【 消費者余剰 】

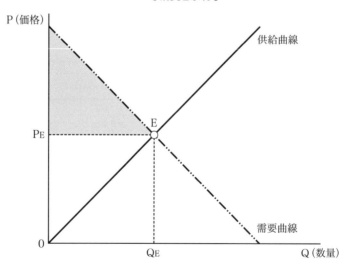

R05-13
R04-12
R02-12
R01-10
R01-11
H30-10
H24-14

2 生産者余剰

　生産者余剰とは、生産者が獲得する収入から生産を行なう上で、最低限回収しなければならない費用との差である。

　A社、B社、C社、D社の4つの企業から構成されている社会において、それぞれの企業が、生産を継続するために最低限回収しなければならないと考える金額（生産物1単位当たり）が、A社は400円、B社は800円、C社は1,200円、D社は1,600円であるとする。いま、市場価格P_Eが1,400円のとき、A～D社のそれぞれの生産者余剰は次のようになる。

　A社は1,400円－400円＝1,000円、B社は1,400円－800円＝600円、C社は1,400円－1,200円＝200円、D社は市場価格を超えているため、生産者余剰は発生しない。それぞれの企業の生産者余剰を合計した社会全体の生産者余剰は1,800円となる。生産者余剰は均衡価格であるP_Eから発する横軸に平行な線と供給曲線に囲まれた部分となる。

> 生産者余剰　→　供給曲線と均衡価格によって作られる三角形の面積

【 生産者余剰 】

　消費者余剰と生産者余剰を合わせたものを**総余剰**という。総余剰は完全競争時に最大となる。また、需要曲線や供給曲線が右シフトすることにより余剰は増加する。

> 消費者余剰＋生産者余剰＝総余剰
> ↓
> 完全競争のときに最大

II パレート最適

1 パレート最適の定義

　ある資源配分について、ある個人が現状より有利な資源配分になるとき、必ず他のだれかが不利になるならば、もとの資源配分は**パレート最適**である。

　具体的には、AさんとBさんの2人が、ケーキの材料を無駄なく使ってケーキを焼いて、焼いたケーキを2つに分けたとき、Aさんがケーキをもっと食べたいと考えたならば、Bさんの分を奪わなければならない。

　パレート最適は、イタリアの経済学者パレートが最初に上記のような概念を用いて経済分析を行ったことから命名された。パレート最適を説明する理論を2つ紹介する。

> パレート最適　→　非常に効率的な状態

2 生産可能性フロンティア

　生産可能性フロンティアとは、**生産可能性曲線**ともいう。利用可能な生産要素と生産技術が与えられている場合に、生産可能性フロンティアの内側は、2種の生産物についてその経済が生産可能な生産量の組み合わせを表している。

　次の図表で、一定の材料（生産要素）を用いてパソコンとオートバイの生産を行う経済を考える。この経済では、生産可能性フロンティアの線上、または内側のどの生産台数の組み合わせでも生産することができる。生産可能性フロンティアの外側の組み合わせは、この経済の保有している生産要素では実現不可能である。

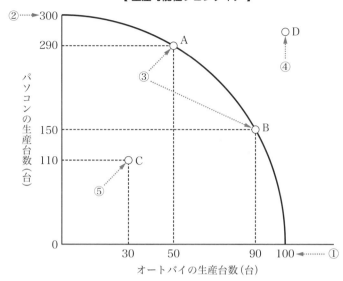

【 生産可能性フロンティア 】

②……▶300

290　A

パソコンの生産台数（台）

③

○D

④

150　B

110　○C

⑤

0

30　50　90　100 ◀……①

オートバイの生産台数（台）

(1) 生産可能性フロンティアの説明

① すべての生産要素がオートバイ産業で使用された場合、オートバイを100台
生産できるが、パソコンは生産できない（図表①）

② すべての生産要素がパソコン産業で使用された場合、パソコンを300台生産
できるが、オートバイは生産できない（図表②）

③ 点Aと点Bは生産可能性フロンティア上の点であるため、効率的な生産水準
を示している。両方とも、どちらか一方の生産を減少させることもなく、も
う一方が生産を増加させることもできない（図表③）

④ 生産可能性フロンティアの外側の点Dは、生産を支えるだけの生産要素をオー
バーしているために実現不可能である（図表④）

⑤ 点Cは利用可能な生産要素よりも少ない水準での生産のため、非効率となっ
ている（図表⑤）

> 生産可能性フロンティア　→　一定時点における異なる財の生産にお
> 　　　　　　　　　　　　　　　けるトレードオフを示している

> 生産可能性曲線上　→　パレート最適

3 エッジワースの箱図表

エッジワースの箱図表は、エッジワースのボックスダイアグラムとも呼ばれる。2財と2人の経済主体の均衡について直観的に理解するために、エッジワースにより用いられた図表である。

(1) エッジワースの箱図表

エッジワースの箱図表は、個人の無差別曲線の応用である。無差別曲線の特徴を再確認しよう。特徴は下記の①〜⑤である。

① 無数にある
② 右上ほど効用が高い
③ 右下がりである
④ 原点に対して凸である
⑤ 互いに交わらない

エッジワースは個人の無差別曲線を2人分用いてパレート最適を説明した。エッジワースの箱図表において、**パレート最適な状態**とは、両者の無差別曲線が接する点であり、エッジワースの箱図表②の図表の点A〜A'''のときである。

点A〜A'''では両者の限界代替率は等しくなり、この点以外のときには、両者の効用は増加の余地があるためパレート最適ではない。

> 無差別曲線の接点 → 限界代替率が等しい

(2) 契約曲線

エッジワースの箱図表で両者の無差別曲線の接点が描く点A、点A'、点A"と原点Oと原点O'を結ぶ曲線を契約曲線という。

契約曲線とは、2つの財と経済主体である2人の無差別曲線の接点の軌跡である。契約曲線上の各点は、一方の効用水準を低下させずには他方の効用を高めることが不可能な状態を示している。

契約曲線上では、綱引きのように一本の綱の長さが決められているため、長い綱が欲しいときには相手の分を奪うしかない。

> 契約曲線上 → パレート最適

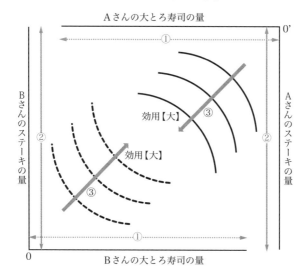

【 エッジワースの箱図表① 】

Aさんの大とろ寿司の量

0'

Bさんのステーキの量

Aさんのステーキの量

効用【大】

③

効用【大】

③

0

Bさんの大とろ寿司の量

(3) エッジワースの箱図表①の説明

① 横辺の長さは、2人の大とろ寿司の総量である (図表①)

② 縦辺の長さは、2人のステーキの総量である (図表②)

③ 両者とも箱図表の中では、無差別曲線が原点に対して右上 (もしくは左下) に
なるほど効用が高いため、食べる量を増加させる (図表③)

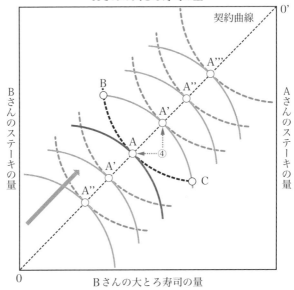

【 エッジワースの箱図表② 】

Aさんの大とろ寿司の量

契約曲線

Bさんのステーキの量

Aさんのステーキの量

Bさんの大とろ寿司の量

(4) エッジワースの箱図表②の説明

① 両者の無差別曲線が接するときはパレート最適である（図表④）

② 点B、点Cのように片方だけ接しているときはパレート最適ではない

III 外部効果（外部性）

いままでは、企業と消費者というように取引の当事者間の分析が中心であった。外部効果では、企業の行動や家計の行動が、周囲の経済主体にどのような影響を及ぼしていくかを考える。

1 外部経済と外部不経済

外部効果（外部性）とは、取引当事者以外の第三者に対して便益や損害を与えることである。

第三者である周囲の人が悪影響を受ける場合を外部不経済（負の外部性）といい、好影響を受ける場合を外部経済（正の外部性）という。

> 周囲に悪影響 → 外部不経済（負の外部性）
> 周囲に好影響 → 外部経済（正の外部性）

(1) 外部経済の具体例

歴史的建造物は、当時の建築士と、権力者や富豪との間で契約がなされ、彼らの効用を満たすために創られたものであった。

現在、人々が周囲を通るとき、その美しさや雰囲気を楽しめるため、契約の当事者以外の人にプラスの効用を与えていることになる。

取引当事者以外の第三者に対して便益を与えているため外部経済となる。

(2) 外部不経済の具体例

自動車を使用する人の効用を満たすために発生した自動車の排気ガスは、自動車メーカーと自動車を購入したオーナー（契約当事者）以外の周囲の人々に不快感を与える。

取引当事者以外の第三者に対して損害を与えているため外部不経済となる。

2 金銭的外部性と技術的外部性

(1) 金銭的外部性

金銭的外部性とは、ある経済主体の行動が市場を通じて波及する効果である。具体的には、鉄道の開発利益の発生による土地価格の上昇（金銭的外部経済）などがある。

金銭的外部性はその効果が市場を通して他の経済主体に波及するため、外部性そ

のものが市場の存在をゆがめる要因としては機能しない。金銭的外部性は市場の失敗を引き起こすことはない。

(2) 技術的外部性

技術的外部性とは、ある経済主体の行動が市場を通さないで他の経済主体に影響を与えることである。

具体的には、公害問題（技術的外部不経済）などがある。技術的外部性は市場を経由しないで他の経済主体に影響を及ぼすため、市場をゆがめる要因となる。政府による経済活動への介入が必要となる。

> 市場を通して周囲に影響　→　金銭的外部性
> 市場を通さないで周囲に影響　→　技術的外部性

3 外部効果の分析

外部効果の分析の前に、私的限界費用と社会的限界費用について確認する。

(1) 私的限界費用

私的限界費用とは、ある財を追加で1単位生産したときに、生産者に生じる費用である。つまり、企業が負担する限界費用である。

> 私的限界費用＝生産者の限界費用

(2) 社会的限界費用

社会的限界費用とは、ある財を追加で1単位生産したときに、社会全体に対して必要とされる費用である。企業で負担する限界費用に社会全体で負担する限界費用を加えている。

> 社会的限界費用＝私的限界費用＋社会全体で負担する限界費用

外部不経済が存在する場合には、生産者の費用計算に入らない費用が社会に加わるため、社会的限界費用は私的限界費用よりも大きくなる。

工場の排煙のように、外部不経済のある場合には、生産者自身には費用として計算されないが、他人に悪影響を与えるため社会全体からみた費用として考える。

悪影響を与える部分を費用とみなし、私的限界費用に加えたものが社会的限界費用となる。

4 外部不経済の分析 (基)

(1) 外部不経済の分析

外部不経済の分析をステンレスの市場で考えてみよう。仮定は下記のようになる。

> 【 仮定 】
> ①外部不経済が生じている以外は、完全競争市場の条件を満たす
> ②ステンレスを追加で1単位生産したときに生じる外部不経済は一定
> ③他の条件は一定

(2) 外部不経済を考慮しない場合の分析

① 外部不経済を考慮しない場合には、ステンレスの生産量はステンレス市場の需要と供給が釣り合うように調整される（図表①）。

② 均衡点Eでは、総余剰は最大である（図表②）。

【 外部不経済の分析（外部効果を考慮しない場合） 】

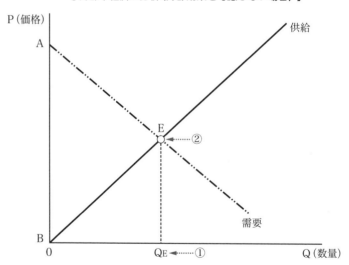

(3) 外部不経済を考慮した場合の分析

① ステンレス工場が汚染物を排出している場合、ステンレスが1単位生産されるごとに、工場周辺の空気が汚染される（図表①）

② 汚染のような外部不経済がある場合、ステンレス生産に要する社会的限界費用は、ステンレス生産の私的限界費用よりも、空気汚染を費用とした分だけ大きくなる（図表②）

③ 現在のステンレスの生産量は社会的には過剰になる（図表③）

④ ステンレスの最適生産量は、私的限界費用と需要曲線の均衡生産量よりも少なくなる（図表④）

【 外部不経済の分析（外部効果を考慮した場合）】

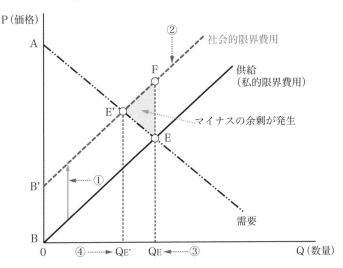

⑷ 総余剰の変化

① 総余剰の減少

余剰分析は面積の比較がポイントである。図表で、外部不経済がある場合の総余剰を考える。ステンレス工場は供給曲線と需要曲線の均衡点Eの生産量 Q_E で生産する。しかし、生産量 Q_E のときにはB'BEFの分だけ空気が汚染されるため、総余剰は AB'E' − E'EF となる。

② 総余剰が最大となる生産量

総余剰が最大となる生産量は、社会的限界費用曲線と需要曲線の交点である点E'の生産量 $Q_{E'}$ である。このとき総余剰は AB'E' である。

市場に委ねると企業は Q_E の生産量を保とうとするため過剰生産となり、外部不経済の発生のため総余剰は最大とならず、最適資源配分は実現されず市場の失敗となる。

5 外部経済の分析

(1) 外部経済の分析

外部経済の分析のために、産業用ロボットの市場を考える。企業が産業用ロボットを製造するときには、技術的な試行錯誤の中で社会的に便益がある技術知識を生み出す。仮定は下記のようになる。

> 【 仮定 】
> ①外部経済が生じている以外は、完全競争市場の条件を満たす
> ②産業用ロボット追加1単位につき生じる外部経済は一定
> ③他の条件は一定

(2) 外部経済を考慮しない場合の分析

① 外部経済を考えない場合には、産業用ロボットの数量は、産業用ロボットの需要と供給が釣り合うように調整される（図表①）
② 均衡点Eでは総余剰は最大である（図表②）

【 外部経済を考慮しない場合 】

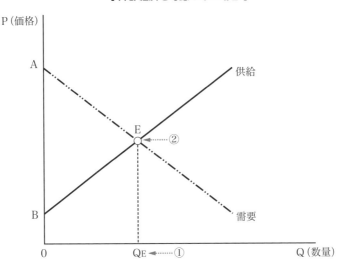

(3) 外部経済を考慮した場合の分析

① 産業用ロボットの製造が、社会的な技術進歩に貢献している場合には、社会的限界費用は私的限界費用よりも下方にシフトしていると考える（図表①）
② 外部経済がある場合には、産業用ロボット生産に要する社会的限界費用は、

産業用ロボット生産の私的限界費用よりも小さくなる（図表②）
③ 現在の産業用ロボットの生産量は、社会的にみると過少となる（図表③）
④ 産業用ロボットの社会的最適生産量は均衡生産量よりも大きくなる（図表④）

【 外部経済を考慮した場合 】

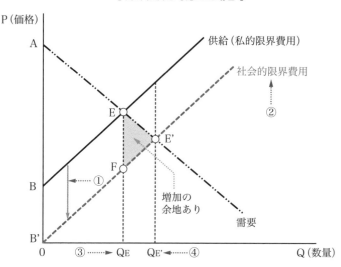

⑷ 総余剰の変化

外部経済がある場合の総余剰を考えると、生産量 Q_E のとき、総余剰は AB'FE となる。

社会的限界費用曲線と需要曲線の交点である点 E' の生産量 $Q_{E'}$ で生産できれば、総余剰は AB'E' と増加できる。

市場に委ねると、Q_E の生産量を保とうとするため過少生産となり、外部経済の発生のため総余剰は最大とならず、最適資源配分は実現されず、市場の失敗となる。そのため、政府が補助金を交付することによって、現在の供給（私的限界費用）曲線を、社会的限界費用曲線まで下にシフトさせることで、生産量 $Q_{E'}$ とする。

市場に委ねる　→　過少生産　→　外部経済の発生
↓
最適資源配分は実現しない
↓
市場の失敗

IV 外部効果の内部化

1 外部効果の内部化

 R05-17 / H28-18 B

　市場の失敗はどのように解消したらよいだろうか。一つの方法として外部効果の内部化がある。**外部効果の内部化**とは、外部効果による資源配分の非効率性を解決するため、経済計算できるように取り込むことである。

　「ここは禁煙です」と貼り紙をしても、黙って吸う人がいるが、法律で「喫煙した場合は罰金100万円」とすると黙って喫煙する人は減少する。

　補助金や法規制のように、人々に自分の行動の及ぼす外部効果を考慮させるため、インセンティブや罰則を与えることにより外部効果の内部化が図られる。具体的には、二酸化炭素の排出量を基準とした化石燃料への課税などがある。

> インセンティブ・罰則　→　外部効果の内部化

2 コースの定理

C / H24-21 / H20-14

(1) コースの定理の概要

　コースの定理とは、市場が不完全であるためにパレート効率的な配分が達成されないとき、取引費用が無視できるならば、経済主体の交渉を通じてパレート効率的な配分を可能とする定理である。ここでは政府の介入がない場合について考える。

　取引費用や交渉のコストがかかる場合には、パレート効率的な配分は必ずしも達成されないことを明らかにしている。

　しかし、一定の条件を満たし、当事者たちが費用をかけずに資源の配分について交渉できるのであれば、自分たちの力で問題を解決できることを示唆している。

> 取引費用・交渉のコスト　→　パレート効率的な配分は必ずしも達成
> されない

(2) コースの定理の具体例

　コースの定理を理解するために、自動車工場と資格試験予備校が隣り合っている場合を考える。

　自動車工場は生産のために騒音を出す。資格試験予備校は受験生の勉強のため静かな環境を必要とする。自動車工場と資格試験予備校はお互いに相手の経済活動に影響を与える。

自動車工場の経営者と資格試験予備校の経営者が話し合い、自動車工場の操業時間の調整や騒音レベルの引き下げを取り決めたり、自動車工場や資格試験予備校の移転までを考えたりする。このとき、双方とも十分な資金があるならば、自動車工場と資格試験予備校のどちらに解決責任を課したとしても「効率的」な解決策が実行される。

① 自動車工場に責任（資格試験予備校に権利）がある場合

　資格試験予備校が自動車工場に対して静かにしてもらう権利があり、自動車工場に解決責任がある場合を考える。

　自動車工場の経営者か交渉担当者が資格試験予備校に出向き、自社の事業を続けるために交渉し、問題を解決させる責任がある。

　自動車工場側は、自らの事業を続けるために騒音に対する補償金の支払い、必要な防音工事、あるいは資格試験予備校の移転費用を負担することになる。これらの費用が自動車工場の移転費用に比べて高額であれば、別の場所に移転し、安いならば費用を負担し事業を続ける。

| 自動車工場は事業続行費用と
工場移転費用のうち安いほうを選択 | | 「効率的」な結果に到達 |

② 資格試験予備校に責任（自動車工場に権利）がある場合

　資格試験予備校に解決責任がある場合を考える。資格試験予備校に解決責任があるため、自動車工場が資格試験予備校に対して騒音を我慢してもらう権利がある。

　自動車工場が、資格試験予備校が営業を開始する以前から事業を営んでいた場合、資格試験予備校は、自動車工場があるにもかかわらず、隣の土地に移転してきたことになる。

　騒音や振動があるのは最初から了解していると判断されるため、騒音問題を解決したいのは、自動車工場側ではなく、資格試験予備校側となる。

　資格試験予備校は騒音があるため、防音（防振動）設備の整備か、その場所から移転という代替案を考える。資格試験予備校は、もっとも効率的な方法を選択する。

| その土地で資格試験予備校を開く便益と
問題解決のために支払う費用を比較し決断 | | 「効率的」な結果に到達 |

③ コースの定理の結論

　コースの定理では、民間の経済主体である自動車工場と資格試験予備校は、自分たちの力で外部効果の問題を解決することができると考える。

　権利がどのように設定されていても、取引費用がないため、利害関係のある当事者たちは、つねに全員の余剰が改善されて効率的な結果を生み出すような契約に到達できる。

⑶ コースの定理を阻害する要因

① 効率的な契約に到達することは困難

コースの定理が当てはまるのは稀なケースである。実際には、お互いにとって有益な契約が可能であるときでも、交渉がつねに機能するとは限らない。

公害問題のように利害関係者の数が多いと、全員の調整に費用がかかるため、効率的な契約に到達することはきわめて困難である。

② 取引費用の存在

新聞やニュースでも報道されるように公害問題の裁判は何十年もかかっている。コースの定理を阻害する要因には、取引費用がある。**取引費用**とは取引契約の締結や対価徴収のための費用など、取引のために必要な費用である。

具体的には、自動車工場が資格試験予備校と契約について合意し、それを遂行する過程でかかる交通費、全体の調整費用、また、弁護士などへの支出の費用がある。

3 取引費用

取引費用は下記の３つに分類される。

⑴ 探索コスト (サーチコスト)　　　H21-14

探索コストは、有利な取引条件を探すための費用である。例えば、安い価格を提示している相手を探すための費用がある。近年、情報技術によって探索コストは大幅に低下したものと思われる。

⑵ 交渉コスト (コミュニケーションコスト)

交渉コストは、取引の合意形成にかかわる費用である。取引の合意に達しても取引が継続している間は、交渉は完了していないため費用がかかることになる。

例えば、金融取引では、金融機関が中小企業に資金を貸し付けた場合、中小企業から貸付金がすべて返済されるまで取引は完了しないため、その間も費用が発生する。

⑶ 監視コスト (モニタリングコスト)

監視コストは、合意に従った取引遂行を監視して、必要に応じて強制措置などのしかるべき措置をとることにともなう費用である。近年、個々の取引が多様化しているので、監視コストは増加する可能性がある。

4 政府の介入

コースの定理のように民間の当事者同士で市場の失敗が回避できないときには、政府が介入する。

(1) ピグー税

ピグー税とは外部不経済を修正するために課される税である。汚染する権利に、ペナルティーとして課税をする。

(2) ピグー税の実施前

① 企業が汚染物を排出している場合、1単位の生産ごとに工場周辺の空気が汚染されるため、社会的限界費用と私的限界費用との間に差ができる（図表①）

② 汚染のような外部不経済がある場合、社会的限界費用は、企業の私的限界費用よりも大きくなる（図表②）

③ 現在の企業の生産量は、社会的にみると過剰になる（図表③）

④ 企業の最適生産量は、均衡生産量よりも少なくなる（図表④）

【 ピグー税の実施前 】

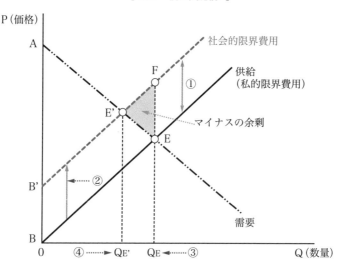

(3) ピグー税の実施後

① 外部不経済の発生原因の財に対し、政府が限界外部費用（t）だけ、従量税を課す（図表①）

② 企業は製品を1個作るたびにt円の税金を支払うため、企業の負担する限界費用である私的限界費用はt円分だけ上昇し、社会的限界費用と同じになる（図表②）

③ 企業の最適生産量は均衡生産量よりも少なくなり、社会的にみた最適生産量となり、総余剰は最大となる（図表③・④）

【 ピグー税の実施後 】

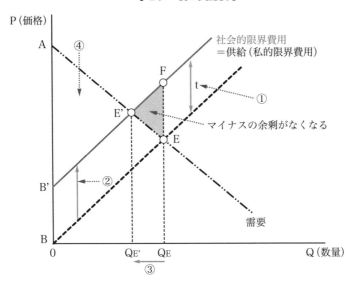

$$ 総余剰 AB'E' - E'EF \ \rightarrow \ ピグー税の実施 \ \rightarrow \ AB'E' $$

Ⅴ 公共財

R03-21
R01-17
H29-19
H24-22
H20-11

1 公共財の定義・特徴

(1) 公共財の定義

　公共財とは、各個人が共同消費し、対価を支払わない人を排除できず、ある人の消費により他の人の消費を減少できない財である。

> 公共財　→　消費の非排除性、消費の非競合性という性質をもつ財

　公共財は利用者から料金や対価を徴収することが困難であり、民間企業によっては十分に供給されない。多くは政府などによって供給されることになる。

(2) 消費の非排除性

　消費の非排除性とは、特定の者をその財の使用から排除することが不可能、あるいは排除に多大なコストがかかる性質をいう。
　具体的には、自分の家が税金を払っていて、隣の家が税金を払っていないからといって、洪水がおきたとき隣の家だけを守らないような堤防を造ることは、かえってコストがかかってしまう。

(3) 消費の非競合性

　消費の非競合性とは、ある人が消費をしても、同時に他の人も消費することができることである。
　具体的には、泥棒が自分の家と隣の家に侵入した場合、110番通報をすれば、どちらにも警察が駆けつけ隣の家の人と競合することはない。

【 財の分類 】

(1) 公共財と市場の失敗

　私的財の場合、完全競争市場に委ねておけば最適供給量が実現する。総余剰は最大となり最適資源配分が実現する。しかし、公共財の場合は、最適資源配分は実現しない。

```
私的財  →              →  最適資源配分が実現する
         完全競争市場に
         委ねる
公共財  →              →  最適資源配分が実現しない
```

(2) 最適資源配分が実現できない理由

　公共財は、対価を支払わない人を排除することが不可能であり、他の人が購入した財に、ただ乗りすることができる。ずるい人はただ乗りを前提とし、本当に欲しいと考える量を申告しないため、公共財は最適生産量より過少の生産量となってしまう。

　このように公共財は、市場に委ねていては最適資源配分が実現せず市場の失敗が生じる。

(3) フリーライダー（フリーライド）問題

　ある財の便益を享受するが、それに対する支払いを拒否する人を**フリーライダー（ただ乗り）**という。公共財が社会的に最適な量で供給されるためには、その公共財の**限界費用**が、各消費者のその公共財に対する**限界評価**の合計と等しくなくてはならない。

　公共財を最適に供給しようと思えば、その公共財に対する各人の評価を正確に把握しておかなくてはならず、その評価に応じた料金を徴収して公共財の供給の費用を賄わなくてはならない。

　ところが、消費者は費用負担を避けるために、自分がその公共財にどれだけの価値を認めているかを正直に申告しない。この問題を「フリーライダー（ただ乗り）の問題」という。

(4) 政府の対策

　政府は、ある公共財の総便益が総費用を上回ると判断すれば、税収を使用して公共財を提供し、すべての人の厚生を改善することができる。つまり、政府が最適資源配分を実現する供給量を公的に供給する代わりに、費用を租税で強制的に徴収する方法がある。

　夏に行われる花火大会などは、外部経済効果があるため、税金を使用して実施する場合が多い。無料でみられてよかったと思っていても、間接的に費用を負担していることになる。

3 スピルオーバー効果

スピルオーバー効果とは、公共サービスの便益が、それを給付した公共体の行政区域を超えて、給付費用を負担しないほかの行政区域にまで拡散する現象のことである。

外部効果の一種で、一般的にある経済主体の便益が、そのための費用を負担しない外部までに及ぶ場合もスピルオーバー効果という。

4 フライペーパー効果

フライペーパー効果とは、中央政府が地方政府への一般定額補助金と同額の国税減税を行った場合、実証的には一般定額補助金の方が国税減税よりも地方支出拡大効果が大きいことを蝿取り紙の効果になぞらえていったものである。

5 共有資源の問題点

(1) 共有資源と外部不経済

共有資源は、競合性の特徴を持つ一方で、非排除的な財である。例えば海にいる魚である水産資源がある。海洋漁業を行う場合、対価を支払わなくても漁獲が可能である。このため、利益を多く得ようとする漁業者は漁獲量を増やそうとする。

このような漁業者は他の漁業者のことを考慮せずに漁を行うので他の漁業者の漁獲量は減少し、漁場では乱獲が起こる。結局、水産資源が枯渇して、すべての漁業者が不利益を被るという外部不経済が発生する。

(2) コモンズの悲劇

また、共有の牧草地では、農家は対価を支払わずに牛を放牧することができる。ある農家が多くの利益を求めて、共有地（コモンズ）における牛の放牧数を増やせば牧草は食い荒らされ、他の農家は利用することができなくなり、牧草が枯渇してすべての農家が損害を被ることになる。このように共有資源が社会的に最適な水準より過剰に使用されることを、共有地（コモンズ）の悲劇という。

(3) 共有資源の消費の効率化

共有地のような共有資源の消費に対する有償の許可は、共有資源の消費の効率化につながる。また、水産資源の場合には、排他的水域を設定し、誰かに水産資源の所有権を与え、私的財と同様に水産資源を排除的な財に変えることである。

Ⅵ 自然独占

1 自然独占の概要

H28-22
H25-17
H24-20
H23-22

　資源の希少性や規模の経済性が存在すると、市場が1社で独占される可能性が高くなる。電力、ガス、水道、鉄道などの平均費用逓減型の産業では、生産規模が拡大するにつれて平均費用が逓減し、新規参入の他社がコスト面で太刀打ちできなくなるため**自然独占**となる。

(1) 規模の経済

① 規模の経済の概要

　規模の経済は規模に関する収穫が逓増するともいわれ、生産の規模を2倍、3倍にすると、収穫量(利益)は2倍以上、3倍以上に拡大する。規模を大きくすればするほど、生産物1単位当たりの費用が低下していくことが理由である。通常、規模の経済が発生するのは、固定費用が莫大な産業である。

② 規模の経済が発生する市場

　「規模の経済」が発生する市場では、生産物1単位当たりの費用が低くなると、価格を引き下げて競争相手に勝つことが容易になり、価格競争上有利になる。

(2) 範囲の経済

① 範囲の経済の概要

　範囲の経済とは、ある企業が複数の種類の財・サービスの生産について必要とする費用の合計が、個々の財・サービスを単独で生産した場合の費用の合計に比べて小さいことである。

② 範囲の経済が発生する市場

　範囲の経済がある場合には、企業は多種類の財・サービスをまとめて生産するほうが、1種類だけの財・サービスを生産する企業とのコスト競争において有利になる。複数の種類の財・サービスを生産することで費用が安くなる要因には、**共通費用**の存在がある。

　具体的には、ある鉄道会社が旅客列車と貨物列車を運行するとき、鉄道の線路や信号設備は共通費用であり、旅客列車のみ、あるいは貨物列車のみ経営する鉄道会社よりも安いコストでサービスを供給できる。

(1) 平均費用曲線の逓減

規模の経済をもつ平均費用逓減産業の平均費用は逓減する。平均費用逓減産業では、平均費用曲線 (AC) が右下がりになる。

【 平均費用逓減産業の平均費用曲線 】

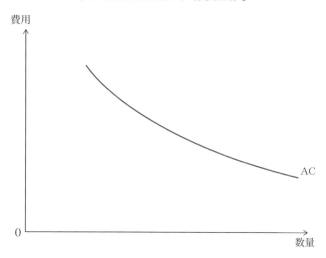

(2) 平均費用逓減産業の死荷重の面積

次の図表で平均費用逓減産業の死荷重の面積を考える。このとき市場に委ねていると過少生産となり最適資源配分が達成されない。

① 平均費用逓減産業の場合、市場に委ねておくと利潤最大化を目指すため、独占企業と同じように限界費用曲線 (MC) と限界収入曲線 (MR) の交点Bに生産量$Q_{E'}$を決定する

② 価格は需要曲線上の点E'の価格$P_{E'}$に設定する

③ 総余剰が最大となる生産量は、限界費用曲線 (MC) と需要曲線 (D) の交点Cの生産量Q_Eである

④ $Q_{E'}$のときと、Q_Eのときを比較すると総余剰はE'BCの大きさだけ減少し、死荷重となっている

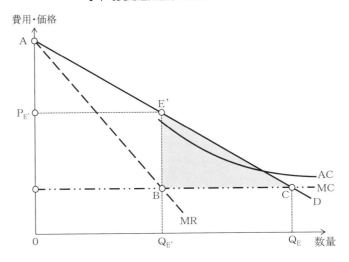

【 平均費用逓減産業の死荷重の面積 】

R05-19
H25-17
H23-22

3 価格規制の理論

　規模の経済が発生し平均費用が低減する産業では、市場にまかせておけば企業同士が相手企業を市場から退出させるために価格競争をして、勝ち残った企業が市場を独占して自然独占となる。

　しかし、価格競争に敗れて市場から撤退した企業の固定設備が大量に残されるような、資源の無駄が発生する。そのため、政府は規制により独占を許すが、独占した企業が高額な独占価格を消費者に課さないように価格規制を行う。

　自然独占における政府の価格規制に関する理論には限界費用価格形成理論（限界費用価格形成原理）、平均費用価格形成理論（平均費用価格形成原理）などがある。

(1) 限界費用価格形成理論（限界費用価格形成原理）

　限界費用価格形成理論とは、公益企業の料金決定の費用算定原理であり、限界費用曲線と需要曲線の一致点で価格を規制する。巨大な固定設備をもち、平均費用が逓減する特性をもつ公益企業では、限界費用は平均費用を下回る。

(2) 限界費用価格形成理論の問題点

① 限界費用曲線に価格を設定

　平均費用逓減産業の限界費用は、平均費用曲線の下方にあるため、限界費用曲線に価格を設定すると利潤がマイナスになる。

　限界費用価格形成理論による価格規制が行われれば、企業は儲からないため市場から撤退する。自然独占の企業の多くは公益企業のため、電気や鉄道などがストップしてしまい、社会的には大きな損失となる。

② 所得配分の公平性の問題点

　企業が撤退しないようにマイナスの利潤を補助金で穴埋めする場合には、国民から徴収した税金を特定の企業に用いるため、**所得配分の公平性**という観点から問題がある。

(3) 限界費用価格形成理論の生産量

　次の図表で限界費用価格形成理論に基づく、価格の変化と生産量の変化について考える。
　① 政府が企業に対して限界費用曲線（MC）と需要曲線（D）の交点Cの価格P_Eで価格規制を行う
　② 企業に交点Cの生産量Q_Eで生産をさせる
　③ 市場に委ねていたときの死荷重E'BCがなくなり、最適資源配分が達成される

【 限界費用価格形成理論 】

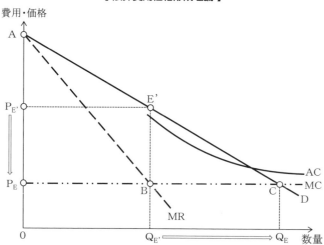

R02-21 ## (4) 2部料金制の概要

　2部料金制は、消費者が支払う料金を、消費量に応じた「従量料金」と、消費量にかかわりなく一定額を負担する「基本料金」に分けて徴収する制度である。この制度は、政府が補助金の交付を行わずとも、限界費用価格形成を可能にしながら、最適な生産水準を次の図表の生産量Q_Eとする仕組みである。

(5) 2部料金制の適用

　次の図表で政府が企業に対して、価格P_Eで価格規制をしたとき生産量Q_Eとなる。この生産量のとき平均費用曲線（AC）上の点Gは、限界費用曲線（MC）を上回るため利潤がマイナスとなり固定費用を回収できなくなる。
　消費者は消費量に応じて1単位あたりの限界費用に等しい支払をするとともに、

固定費用である四角形P_ECGHをすべての消費者が基本料金として均等に負担することになる。このとき四角形P_ECGHの部分は基本料金として消費者が負担し、企業がそれを獲得するため、余剰には影響を与えない。したがって、最適資源配分が達成され、総余剰は三角形ACP_Eとなる。

【2部料金制による固定費の負担】

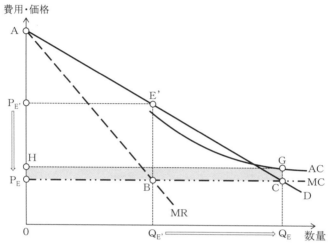

(6) 平均費用価格形成理論（平均費用価格形成原理）

平均費用価格形成理論とは、独立採算制度ともいわれる。公益企業の料金水準設定において公益企業の利潤がゼロとなるように平均費用曲線と需要曲線の一致点で規制価格を決定する方法である。

(7) 平均費用価格形成理論の問題点

次の図表のように総余剰は限界費用価格形成理論の場合と比較して、CEFだけ小さくなり最適資源配分は実現されない。

(8) 平均費用価格形成理論の生産量

次の図表で平均費用価格形成理論に基づく、価格の変化と生産量の変化について考える。
　① 政府の介入により、企業に平均費用曲線（AC）と需要曲線（D）の交点Eの価格P_Eで価格規制を行い、生産量Q_Eで生産させる
　② 企業の利潤はゼロであるが、市場からは撤退しない
　③ 死荷重EFCは残るがサービスの安定供給という面では優れている。セカンド・ベスト（次善）な価格設定ともいわれる

【 平均費用価格形成理論 】

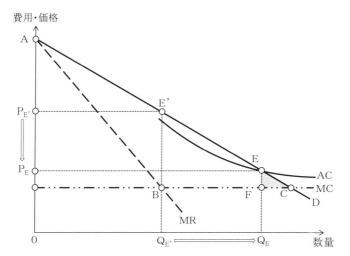

VII その他の価格規制の理論

1 積み上げ方式とレート・ベース方式

　積み上げ方式は、生産にかかる費用を積み上げて料金に反映させる方式である。この方式は放漫経営を招きやすいため、レート・ベース方式が採用される場合もある。

(1) レート・ベース方式の概要

　レート・ベース方式で電力料金を算定する場合、次のような算式となる。

> (a) 総括原価＝適正原価＋適正事業報酬
> (b) 総括原価÷販売予定電力量＝電力単価（円／Kwh）

　レート・ベース方式では、総括原価を決定する。**総括原価**は、適正原価と適正事業報酬の大きく2つに分けられる。

　電力料金の**適正原価**とは、発電にかかわる人件費、燃料費、修繕費、諸税、減価償却費などである。**適正事業報酬**は、発電、送電、変電、配電および営業用の施設、運転資本などの合計額がレート・ベース資産とされ、レート・ベース資産の帳簿価格の一定割合が事業報酬として認められる。

(2) レート・ベース方式の問題点

　レート・ベース方式による公共料金の決定に対する代表的な問題点がアバーチ・ジョンソン効果の問題である。

　アバーチ・ジョンソン効果とは、料金規制を受ける企業が利潤最大化行動をとる場合、費用を最小化する場合の資本・労働比率に比べて資本のほうに過大な投資を行う傾向にあることをいう。

　具体的には、資産を過大に保持し、レート・ベースを大きくすることにより、事業報酬を大きくしようという行動が起こる。このとき、資本と労働の比率がゆがむので、市場は最適な市場成果を達成することができない。

　過度に資本集約的な生産を行うことは、必要以上に高価で余分な施設を抱えることにつながり、公共料金水準の決定にも影響を与えることになる。

2 ピークロード・プライシング

(1) ピークロード・プライシングの概要

ピークロード・プライシングとは、需要変動の波動の動きを抑制するために、「需要量＞設備能力」時には、需要抑制型の料金体系をとって需要を抑え、「需要量＜設備能力」時には需要喚起型の料金設定をとり需要を多くする価格決定方式である。

> 需要量＞設備能力 → 需要抑制型の料金体系
> 需要量＜設備能力 → 需要喚起型の料金体系

公共サービスの多くは貯蔵不可能な財であり、需要面でピーク、オフピークが存在する。1日の時間帯、休平日の生活パターンや季節などの周期的な変動が、直接需要の変動として生じる。

公共サービスには需要に対する供給責任がある。そのため、需要の変動に即応する形での供給システムをとらざるを得ない。生産設備は最大需要を充足するに足るだけの設備規模をもたねばならず、低需要期には設備の遊休化が生じる。このため、需要変動の波動が激しければ激しいほど、オフピーク時（例えば、夜間時間帯）には大きな遊休設備が発生することになる。

(2) ピークロード・プライシングの具体例

ピークロード・プライシングは既にいろいろな分野で導入されている。電話や電気の夜間割引料金、鉄道での繁忙期と閑散期での料金格差、国際航空での季節別料金などがある。これらのピークロード・プライシングの導入によって混雑現象の緩和にある程度役立っている。

3 ラムゼイ価格

(1) ラムゼイ価格の概要

ラムゼイ価格とは、価格弾力性が小さいほど限界費用をかなり上回る価格となり、逆に価格弾力性が大きいほど、より限界費用に近づく価格となる。

価格弾力性の大小によって共通費が配分されることになり、そのサービスに認める価値が大きい（価格の変化に小さな反応しか示さない）消費者に、相対的に高い料金が設定される。

> 価格弾力性（小） → 限界費用を上回る価格
> 価格弾力性（大） → 限界費用に近づく価格

⑵ ラムゼイ価格の問題点

　ラムゼイ価格の採用は、各サービスの限界費用と価格弾力性についての数値の入手ができない限り難しく、現実性に乏しくなる。

　また、価格弾力性が異なるというだけで利用料金が異なるということが、利用者の間で不公平感を引き起こすことにならないかという問題がある。

⑶ 需要の価格弾力性と価格設定

　次の図表で、X市場のように、需要の価格弾力性が大きい需要者に対しては、価格が上昇すると需要が大きく減少するため、低い価格を設定する。Y市場のように、需要の価格弾力性が小さい需要者が多い市場では、限界費用を上回る高い価格を設定する。

　限界費用曲線との関係をみると、X市場の価格は限界費用曲線に近く、Y市場の価格は限界費用曲線から離れていることがわかる。

【 需要の価格弾力性が大きい市場 】

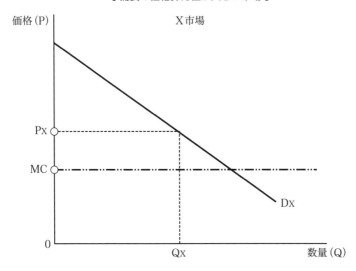

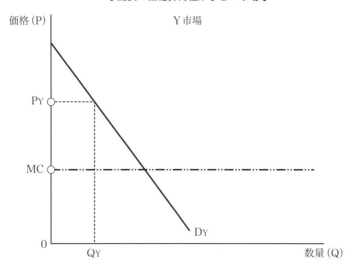

【 需要の価格弾力性が小さい市場 】

価格(P)　　　　　Y市場

PY

MC

0　　　QY　　　　　　　　　DY　　　数量(Q)

4　X非効率

(1) X非効率の概要

　X非効率は、生産方法が非効率的に組織されることによって、社会に限りある資源を浪費することである。

(2) X非効率の公益企業

　X非効率の高さは、生産物市場の競争の強さと密接な関係をもっている。独占利潤の存在は、不適切な慣習や標準手続きの存続を可能にし、組織の惰性やスラックを発生させる。

　公益企業といわれている産業分野では、参入が規制されている上に公正報酬といわれる正常利潤が保証されているので、X非効率は重大な問題となる。

5　レント・シーキング

　独占力の獲得や維持のために浪費された資源のロスを**レント・シーキング**という。
　例えば、監督官庁との円滑な交渉のため、天下りの受け入れにかかる、本来しなくてもよい支出などがある。

6　インセンティブ規制

　規制産業に対し、コスト削減、技術革新のインセンティブをより多く与え、企業

内部の効率化を促進させるような規制方式である。実際に導入されているものとしては、プライス・キャップ規制、ヤードスティック規制などがある。

(1) プライス・キャップ規制

　毎年の料金改定（引き上げ）幅を、その年の物価上昇率以下に抑える価格規制方式である。企業は生産性の向上を迫られるが、生産性の向上が達成されれば超過利潤を得ることができる。

(2) ヤードスティック規制

H21-12

　類似した複数の産業が規制を受ける場合、それぞれの産業の規制価格をライバル産業の費用条件をもとに決めることを**ヤードスティック**という。

　規制を受ける産業がライバル以上の費用削減を達成すれば、その差額は費用を削減した産業の利潤となるため、規制下におかれた産業への競争促進策となり、X非効率の対策となる。

7 費用便益分析

R01-21

　費用便益分析とは、公共事業などの経済的効率性を評価する方法である。事業の利用者の便益について、金銭価値に金額で測定した非金銭価値（利用者のメリットなど）を加味して評価する。

VIII 情報の非対称性

1 情報の非対称性の概要

　完全競争市場では最適資源配分が実現し、情報の完全性という仮定がある。本節では、情報が非対称になった場合に生じる問題点を紹介する。

　情報の非対称性とは、取引される財・サービスの品質やタイプなどの情報が、売り手と買い手などの経済主体の間で異なる状態である。情報の偏在ともいう。

　具体的には、労働市場で労働者の能力は、労働者自身は把握しているが、雇用する側にはわからない場合がある。

R04-21
H23-15
H22-14
H22-16
H20-15

2 逆選択

(1) 逆選択の概要

　逆選択とは、経済主体間に情報の非対称性が存在することによって、市場の資源配分機能が阻害されることにより生じる問題である。市場の資源配分機能が阻害されることにより、当初望まれていたものが市場からなくなり、望まれていないものが市場に流通する現象が引き起こされる。

(2) 金融取引における逆選択

　金融取引において、貸し出しリスクが大きく劣悪な融資案件を持ち込む資金の借り手（つぶれそうな会社）が市場に現れても、貸し手（金融機関）は情報の非対称性により完全に判別できないと貸倒れが発生する。

　これに懲りて、貸し手がリスクに見合う分、貸出金利を引き上げると、良質な借り手は他の低金利で調達できる市場に移り、当初の市場には劣悪な借り手しか残らなくなる。このような事態を「逆選択」という。

```
企業　←　情報の非対称性　→　金融機関
                 ↓
            企業の貸倒れ
                 ↓
       金融機関は金利を引き上げ
                 ↓
     良質な借り手（優良企業）は他の市場へ
                 ↓
  当初の市場には劣悪な借り手（つぶれそうな企業）が残る
```

H22-16
H20-15

(3) レモンの原理

① レモンの原理の概要

レモンの原理のレモンとは果物のことではない。アメリカでは質の悪い中古車をレモンという。**レモンの原理**とは、中古車市場における逆選択である。取引される自動車の品質を売り手のみが知っている場合に発生する市場の失敗である。

② レモンの原理の具体例

具体的には、売り手は高品質の自動車でもそれを証明して高く売ることが困難である。品質の低い自動車を高品質と偽って売る誘因をもつため、結果的に市場に出回る自動車の平均的な質が低下する事態が発生する。

情報の非対称性により逆選択が発生すると、中古車市場では良質な中古車がなくなり、傷物しか残らないことになる。

(4) シグナル

H21-15

① シグナルの概要

シグナルとは、取引される財やサービスの質などについて情報の非対称性が存在する場合、その情報を間接的に提供する指標のうち、情報をもつ者が自らその水準を選択することを通じて情報を外部に明らかにするものである。

② シグナルの具体例

具体的には、新卒者の能力のシグナルとして学歴などがある。また、商品につける品質保証などがある。

品質保証をつければ、需要者は信頼して買うことができる。需要者は品質そのものがわからなくても、品質保証というシグナルによって、その品質がわかる。

3 モラル・ハザード Ⓑ

R05-18
R01-19
H25-22
H22-14

(1) モラル・ハザードの概要

モラル・ハザードとは、情報の非対称性により、注意、仕事などを怠るようになり、資源の浪費を引き起こすことである。これは日本語で「道徳的危険」と訳されている。

(2) モラル・ハザードの例

① 自動車保険におけるモラル・ハザードの例

自動車保険に加入することで被保険者の自動車事故に対する注意が希薄になり、危険事故の発生する確率が増大することがある。

② 医療保険におけるモラル・ハザードの例

医療保険におけるモラル・ハザードは、医療の過剰消費の問題にみられる。

モラル・ハザードをいかにして減少させるかが現在の保険市場の重要課題である。保険会社はモラル・ハザード防止策として、事故にともなう損失の一部を被保険者にも負担させる契約や、固定額を超える損失額に対してのみ保険額を支払う契約を

する。

③ 金融におけるモラル・ハザードの例

　金融におけるモラル・ハザードは、特別融資や預金保険といったセーフティ・ネットの存在により、金融機関の経営者、株主や預金者等が、経営や資産運用等における自己規律を失うことをいう。

　例えば、金融機関経営上のモラル・ハザードとしては、公的資金による救済をあてにして、経営陣や株主が「最終的には金融当局が救済してくれるだろう」と考え、信用供与や資産の運用方法に慎重さを欠いた経営を行うといったことが考えられる。

【 情報の非対称性 】

取引される財・サービスの品質やタイプなどの情報が、
売り手と買い手などの経済主体間で異なる状態。

情報の非対称性

が存在すると…

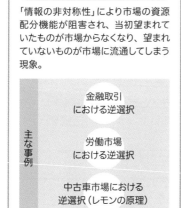

① 逆選択

「情報の非対称性」により市場の資源配分機能が阻害され、当初望まれていたものが市場からなくなり、望まれていないものが市場に流通してしまう現象。

主な事例

金融取引
における逆選択

労働市場
における逆選択

中古車市場における
逆選択（レモンの原理）

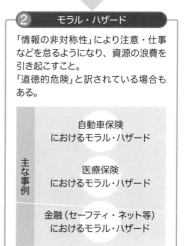

② モラル・ハザード

「情報の非対称性」により注意・仕事などを怠るようになり、資源の浪費を引き起こすこと。
「道徳的危険」と訳されている場合もある。

主な事例

自動車保険
におけるモラル・ハザード

医療保険
におけるモラル・ハザード

金融（セーフティ・ネット等）
におけるモラル・ハザード

「逆選択」現象を防ぐことを可能にする

シグナル

「情報の非対称性」が存在する場合、情報を保有する側が自らの水準を選択することで、情報を外部に明らかにするもの。

シグナルの例

● 新卒者の学歴
● 商品につける品質保証　など

4 プリンシパル＝エージェント理論

(1) プリンシパル＝エージェント理論の概要

情報の非対称性として、契約の相手が採用する行動を観察できない場合に起きる問題で、一般にプリンシパル（依頼人）と、エージェント（代理人）の関係を**エージェンシー関係（プリンシパル＝エージェント関係）**という。エージェンシー関係にある両者の利益が一致しない問題が**エージェンシー問題**という。

(2) プリンシパル＝エージェント（エージェンシー）関係の具体例

エージェンシー関係には、依頼人と弁護士、患者と医者、株主と経営者、地主と小作人、経営者と労働者、保険会社と保険加入者等の関係がある。

エージェンシー問題は、代理人は自分の働きを知っているが、依頼人は代理人がどのように働いているかを観察できないことから生じる。特に、契約の成立が人間の行動を変化させ、契約前に想定した条件が適応しなくなるケースをモラル・ハザードという。

(3) エージェンシー・スラック

エージェンシー・スラックとは、エージェントが、プリンシパルの利益のために委任されているにもかかわらず、プリンシパルの利益に反してエージェント自身の利益を優先した行動をとってしまうことである。

例えば、株式会社で所有と経営が分離しており、企業のオーナーである株主（プリンシパル）が企業経営を取締役に委任（エージェント）している場合、エージェントである取締役が自己の名声や利益を重視し、株主利益とは一致しない行動をとることである。

(4) エージェンシーコスト

エージェンシー問題により発生するコストである。エージェンシー・スラックによる利潤の減少やエージェンシー・スラックを防止するための監視コストなどがある。

■■■ 問題編 ■■■　　　Check!!

問1 (H13-17)　　　　　　　　　　　　　　　　　　　　　　　[○・×]
　ある財に外部不経済が伴うとき、その財の供給を市場に委ねると社会的に最適な供給量を上回ってしまう。

問2 (H17-10)　　　　　　　　　　　　　　　　　　　　　　　[○・×]
　特許の有効期間が長期間にわたり、かつ対象が広範囲な場合には、この独占権獲得を目指して革新を行うインセンティブは弱い。

問3 (H16-13)　　　　　　　　　　　　　　　　　　　　　　　[○・×]
　負の外部性が存在する場合、所有権を適切に定義することで解決可能なことを示したのが、コースの定理である。

問4 (H29-19)　　　　　　　　　　　　　　　　　　　　　　　[○・×]
　有料のケーブルテレビは、その対価を支払わない消費者を排除できる排除性を持つが、対価を支払った消費者の間では競合性がない。

問5 (H17-06)　　　　　　　　　　　　　　　　　　　　　　　[○・×]
　自由貿易協定の締結によって、固定費用が大きい産業では、市場統合によって規模の経済が実現し、収穫逓増と費用逓増が観察される。

問6 (H17-13)　　　　　　　　　　　　　　　　　　　　　　　[○・×]
　通信会社において、限られた地域の通信サービスと長距離通信サービスを一緒に行うよりも別々に行ったほうがコストが軽減される場合、範囲の経済性が存在するといえる。

問7 (H28-22)　　　　　　　　　　　　　　　　　　　　　　　[○・×]
　収穫逓増産業では、生産規模の拡大を通じて規模の経済のメリットを享受しうる。

問8 (H16-15)　　　　　　　　　　　　　　　　　　　　　　　[○・×]
　需要の価格弾力性が高いほど、価格の限界費用からの乖離度は大きい。

問9 (R05-18改題)　　　　　　　　　　　　　　　　　　　　　　　　　　　　　　［○・×］

　保険会社が、契約者であるドライバーが対物事故を起こした場合に、当該事故に伴う損害費用のうち一定金額を超える部分のみ補償を行うことは、情報の不完全性に起因するモラルハザードを軽減することを主な目的として行われる事例である。

問10 (R01-17)　　　　　　　　　　　　　　　　　　　　　　　　　　　　　　　［○・×］

　共有資源の消費に対する有償の許可は、共有資源の消費の効率化につながる。

問11 (R03-21)　　　　　　　　　　　　　　　　　　　　　　　　　　　　　　　［○・×］

　マグロの漁場のような共有資源には、排除性はないが、競合性がある。

■■■ 解答・解説編 ■■■

問1　○：市場に委ねると、私的限界費用に基づき供給されるため、社会的限界費用を考慮した最適な供給量を上回ってしまう。

問2　×：革新を行うインセンティブは強い。

問3　○：所有権が適切に定義されることで、取引費用の発生をおさえ、解決可能となるといえる。

問4　○：設問文のとおり。

問5　×：規模の経済では、収穫逓増と費用逓減が観察される。

問6　×：範囲の経済とは、複数の種類の財・サービスの生産について必要とする費用の合計が、それぞれ単独で生産する場合の費用の合計に比べて小さいことである。

問7　○：生産物1単位当たりの費用が低下する。

問8　×：需要の価格弾力性が低いほど、価格の限界費用からの乖離度は大きい。

問9　○：設問文のとおり。

問10　○：設問文のとおり。

問11　○：設問文のとおり。

■■■■ **問題編** ■■■■

　下図は、供給曲線の形状が特殊なケースを描いたものである。座席数に上限があるチケットなどは、ある一定数を超えて販売することができないため、上限の水準において垂直になる。なお、需要曲線は右下がりであるとする。

　この図に関する記述として、最も適切なものを下記の解答群から選べ。

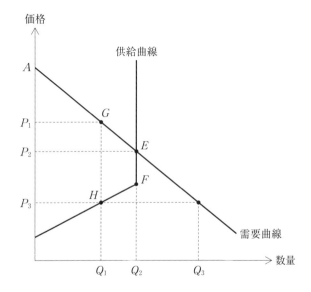

〔解答群〕

　ア　供給曲線が垂直になってからは、生産者余剰は増加しない。

　イ　このイベントの主催者側がチケットの価格をP_1に設定すると、超過需要が生じる。

　ウ　チケットがP_3で販売されると、社会的余剰は均衡価格の場合よりも□$GEFH$の分だけ少ない。

　エ　チケットがQ_1だけ供給されている場合、消費者は最大P_2まで支払ってもよいと考えている。

■■■ **解答・解説編** ■■■

解答：ウ

特殊なケースの余剰分析に関する出題である。

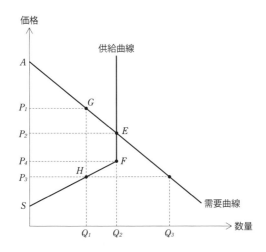

ア：不適切である。供給曲線が垂直になってから、生産者余剰は△P₄FSから□
　　P₂EFSまで増加させることができる。

イ：不適切である。価格をP₁に設定すると、需要量はQ₁であるのに対し、供給量
　　はQ₂であるため、超過供給が生じる。

ウ：適切である。チケットがP₃で販売された場合の総余剰は□AGHSとなり、均
　　衡価格P₂の場合の総余剰□AEFSと比べて、□GEFHの分だけ少なくなる。

エ：不適切である。Q₁だけ供給されている場合、消費者は最大P₁まで支払っても
　　よいと考えている。

過去23年分 平成13年（2001年）〜令和5年（2023年）	
1位	コンテスタビリティ理論
2位	需要の交叉弾力性
2位	ハーフィンダール・ハーシュマン指数
3位	SCPパラダイム
3位	累積集中度による市場の測定
3位	ユニバーサル・サービス

直近10年分 平成26年（2014年）〜令和5年（2023年）	
1位	需要の交叉弾力性
1位	累積集中度による市場の測定

過去23年間の出題傾向

　需要の交叉弾力性は、23年間で2回の出題となっているが、代替関係や補完関係の考え方は、汎用性の高い内容なのでしっかり確認しておいてほしい。その他のテーマは満遍なく出題されているが、出題頻度は高くないため、余力があれば押さえておこう。

第 11 章

産業組織論

I 産業組織論の概要

1 産業組織論の概要

　産業組織論は、ミクロ経済学の応用分野として生まれた。産業組織論では、各市場の構造を分析し、その構造のもとで各企業がどのように行動しているかを分析し、この行動の下で各市場の成果がどのような状態にあるかを分析する。

2 SCPパラダイム

　市場を3段階に分けて分析する方法を「構造−行動−成果」の3分法、または、S−C−Pパラダイムという。産業分析のため、メイスンやベインなどハーバード学派が依拠した主要な枠組みである。

　基本的には、個別市場において市場構造が市場行動を決定し、市場成果は市場行動によって決定されると考える。

市場構造 (S：Structure)
↓
市場行動 (C：Conduct)
↓
市場成果 (P：Performance)

II 市場範囲の決定

市場の範囲を決定するためには、消費と生産の両面において代替が可能であるかどうかを考慮する必要がある。理論的には、需要と供給の両面での交叉弾力性で考える。

1 需要の交叉弾力性

自社の販売する製品の競合関係を把握する手法に、需要の交叉弾力性がある。**需要の交叉弾力性**は、X財の価格の変化が、Y財の需要量の変化に与える影響度合いを表している。

$$需要の交叉弾力性 = \frac{Y財の需要量の変化率}{X財の価格の変化率}$$

(1) 交叉弾力性の値がプラスの場合

交叉弾力性の値がプラスの場合には、X財とY財とが代替関係である。

旅行会社において沖縄旅行とグアム旅行の関係で、沖縄旅行の料金が引き下げられたとき、グアム旅行の申込者数が減少したら、2つの旅行の間には代替関係があると考えられる。

代替関係にある2財は、一方の財の価格が下落して需要量が増加すると、もう一方の財は、需要量が減少し需要曲線が左方にシフトする。

$$需要の交叉弾力性 = \frac{グアム旅行の需要の変化率（-40\%）}{沖縄旅行の価格の変化率（-20\%）}$$
$$= 2$$

(2) 交叉弾力性の値がゼロの場合

交叉弾力性の値がゼロの場合には、X財とY財とが無関係である。ファミリーレストランの料金が値下げされたが、ラーメン屋の売上高は変化しなかったときに、2つの間は無関係と考えられる。

$$需要の交叉弾力性 = \frac{ラーメン屋の需要量（売上高）の変化率（0\%）}{ファミレスの価格の変化率（-20\%）}$$
$$= 0（ゼロ）$$

(3) 交叉弾力性の値がマイナスの場合

交叉弾力性の値がマイナスの場合には、X財とY財とが補完関係である。パソコンの価格が特売で安くなっているときに、プリンターの売上が増加したならば、2つの関係は補完していると考えられる。

補完関係にある2財は、一方の財の価格が下落して需要量が増加すると、もう一方の財の需要量も増加し、需要曲線が右方にシフトする。

$$需要の交叉弾力性 = \frac{プリンターの需要量（売上高）の変化率（20\%）}{パソコンの価格の変化率（-20\%）}$$
$$= -1（マイナス）$$

①交叉弾力性の値がプラスの場合⇒X財とY財とが代替関係
②交叉弾力性の値がゼロの場合⇒X財とY財とが無関係
③交叉弾力性の値がマイナスの場合⇒X財とY財とが補完関係

2 供給の交叉弾力性

企業の供給において、既存の生産設備に若干の手を加えれば、当該生産物を供給できる潜在的な参入企業がある場合には、供給の交叉弾力性が高いといわれる。

$$供給の交叉弾力性 = \frac{市場外の企業による供給量の変化率}{ある財の価格の上昇率}$$

供給の交叉弾力性の公式の背景には、ある財の価格が上昇すると、他の企業もその財の市場に参入して生産を行うという行動がある。

ある財の価格が上昇　→　他の企業もその財の生産を増加

H27-23

3 累積集中度による市場の測定

(1) 累積集中度の概要

累積集中度とは、上位企業のシェアの合計値であり、企業の製品にかかる集中度を示す指標の一つである。

上位3社累積集中度は1位から3位までの企業のシェアを合計した数値である。累積集中度では、上位3社累積集中度を「CR₃」、上位5社累積集中度を「CR₅」と表記する。上位数社のシェア合計で表され、完全独占の場合、上位1社の集中度は

100%となり、完全競争の場合、限りなくゼロに近づく。

　各社のシェアをSで表すとき、累積集中度は次の公式で求められる。

$$CR_n = S_1 + S_2 + \cdots S_n = \sum_{i=1}^{n} S_i$$

⑵ 累積集中度の分析

【X産業・Y産業の上位5社の市場シェア（%）】

	1位	2位	3位	4位	5位
X産業	20	20	20	20	20
Y産業	60	10	5	5	5

　上記の図表から累積集中度を計算すると、X産業の上位3社累積集中度（CR₃）は60%となり、Y産業の上位3社累積集中度（CR₃）は75%となる。

4 　ハーフィンダール・ハーシュマン指数　Ⓒ

⑴ ハーフィンダール・ハーシュマン指数の概要

　ハーフィンダール・ハーシュマン指数（以下「HHI」という）とは、企業の製品にかかる集中度を示す指標の一つである。

　事業者ごとに事業者のシェア（%）を二乗した値を計算し、当該品目にかかる全事業者について合計したものである。

　HHIにより市場の集中度を計測すると、完全独占の場合には10000となり、完全競争の場合には、限りなくゼロに近づく。HHIは、次の算出式により求められる。

$$HHI = (S_1)^2 + (S_2)^2 + \cdots (S_n)^2 = \sum_{i=1}^{n} S_i^2$$

⑵ ハーフィンダール・ハーシュマン指数の分析

【X産業・Y産業に属する企業の市場シェア（%）】

	1位	2位	3位	4位	5位	6位	7位	8位
X産業	20	20	20	20	20			
Y産業	60	10	5	5	5	5	5	5

　上記の図表からHHIを計算すると、X産業のHHIは2000となり、Y産業のHHIは

3850となる。Y産業のほうがX産業よりも上位集中度が高いということを表している。

5 HHIと累積集中度の同時分析

　HHIは、個別事業者ごとのシェアを二乗した値の総和であるため、例えば、上位3社累積集中度が同じ製品であっても、1位企業のシェアが高い製品ほどHHIは大きな値を示す。

　1位企業のシェアが同じ製品でも、2位以下の企業のシェアが低く、多数存在する場合、HHIは小さな値を示す。

III 市場の参入と退出

1 コンテスタビリティ理論 Ⓒ

(1) コンテスタビリティ理論

　コンテスタビリティ理論は、既存産業で企業数が少なくても、参入規制をせず、市場において潜在的な参入の脅威の圧力が働く限り、おのずと価格は最小費用に等しいものとなり、もっとも効率的な資源配分が実現されるという理論である。

(2) コンテスタブル市場の条件

　コンテスタブル市場であるためには、下記のような条件がある。現実的には妥当性が低い市場である。
　① 参入障壁が全くなく、市場への参入や退出が自由である
　② 新規参入企業が技術面や需要面で既存企業と比較して不利な立場にない
　③ 既存企業は、新規参入企業が低価格で参入し需要を奪っているときに、対抗的な価格引き下げ行動を採用する上で時間的な遅れがある
　④ 新規参入企業が市場から撤退する場合に回収不可能なサンク・コストがない
　コンテスタブル市場は、参入障壁がなく、潜在的な参入企業が既存の企業と全く同じ費用条件、同じ技術、同じコストでの原材料等の調達を可能とする状況を仮定している。

(3) サンク・コストがないことによる効果

　サンク・コストがないと、新規に参入した企業が既存の企業から何らかの形で報復措置を受けたときに、すぐ退出してしまうという行動ができる。
　このような行動を可能にするためには、新規に参入した企業が創業したが1週間でやめてしまったときに、1週間で投資を回収できることが必要である。
　投資を回収できなければ簡単に退出できず、投資が回収できないことを恐れて参入しなくなる。潜在的な参入の脅威が存在するためには、サンク・コストがないことが必要である。

(4) 潜在的な参入の脅威による効果

　潜在的な参入の脅威が強いと、既存企業は平均費用を上回る価格設定ができない。平均費用を上回る価格を設定すると直ちに参入が起きるからである。
　そのため、実際に事業活動をしている企業は独占であっても、潜在的な参入の可能性があれば、平均費用と同じような価格を設定せざるをえなくなるため、死荷重は発生しない。

⑸ ヒット・エンド・ラン戦略

　低価格で市場に新規参入した企業が、既存企業が対応に追われている間に利潤を獲得し、既存企業が競争を仕掛ける前にその市場から退出する戦略のことである。このような新規参入企業の行動を**ヒット・エンド・ラン戦略**という。

⑹ クリーム・スキミング現象

　新規参入企業が、市場からクリームの部分（市場でうまみのある部分のサービス）をすくい取り、不味い部分（市場でうまみのない部分のサービス）は残滓（スキムド・クリーム）として市場に残る状態が生じることである。

⑺ 埋没費用（サンク・コスト）

　企業が他の行動を選択することによって発生する回収不能費用である。サンク・コストは、事業への参入時に発生し、生産を縮小、または撤退したときに回収不可能となるコストである。

　サンク・コストは、耐久的資本に関する中古市場が存在する場合や、耐久的資本が他の生産活動へ転用可能であるほど小さくなる。

　このように固定費用の中にはサンク・コストにならない部分が存在するため、必要資本量が大きくてもサンク・コストが小さい場合は、「大きな必要資本量」が、主要な参入障壁にならない。

IV その他産業組織論の重要事項

1 公的規制

(1) 公的規制の概要

公的規制は、大きく「直接規制」と「間接規制」に分類される。経済活動へ政府が直接介入する直接規制の典型例には、許認可等の手段による直接的な規制がある。不公正な競争行為を制限する間接規制には、独占禁止法や会社法、民法などの法律による間接的な規制がある。

(2) 直接規制の分類

直接規制を目的の違いから分類すると社会的規制と経済的規制に分類される。

① 社会的規制

社会的規制は、消費者や労働者の安全・健康の確保、環境の保全、災害の防止などを目的として、財やサービスの質や提供にともなう活動に一定の基準や制限を加えている。

経済学の視点では、市場の失敗に対する公的な対応として紹介されている。市場の失敗のうち、情報の非対称性、外部性、公共財が該当する。

② 経済的規制

経済的規制は、企業の参入・退出、価格やサービスなどについて規制する。経済学の視点では、自然独占等における非効率的な資源配分の防止が該当する。

2 ユニバーサル・サービス

ユニバーサル・サービスとは、①国民生活に不可欠なサービスであって、②誰もが利用可能な料金など適切な条件で、③あまねく日本全国において公平かつ安定的な提供の確保が図られるべきサービスである。

経済的規制では、経済活動の効率性だけではなく、公平性の実現も重要である。公平性を実現するためにユニバーサル・サービス義務を課していることが多い。

(1) 外部補助によるユニバーサル・サービス確保

① ユニバーサル・サービス基金方式：原資は事業者拠出（基金方式）、補助対象者は事業者という方式

② アクセスチャージ方式：原資は事業者拠出（アクセスチャージ方式）、補助対象者は事業者という方式

③ バウチャー方式：原資は事業者拠出ないし税金等、補助対象者は利用者という方式

④ 税金等：原資は税金等、補助対象者は事業者という方式

(2) 内部相互補助

複数の需要部門ないし事業部門を有する企業が、一方の部門における黒字をもって、他方の部門の赤字を補填することをいう。

3 最小最適規模

最小最適規模は平均生産費用を最小にするために必要な最小限の生産規模と定義される。製造業の場合、工場の規模が小さいと、分業を十分に進めることができないこと等の理由から平均生産費用が高く、規模の拡大とともに低下する。

最小最適規模が市場規模に比べて大きくなればなるほど、市場で効率的に生産を維持しつつ、その市場内で生存可能な企業数は減少する。

厳選!! 必須テーマ［○・×］チェック ──第11章──

過去 23 年間（平成 13 ～令和 5 年度）本試験出題の必須テーマから厳選！

■■■ **問題編** ■■■　　　**Check!!**

問1 (H15-14)　　　　　　　　　　　　　　　　　　　　［○・×］
　産業組織論で用いられるSCPパラダイムは、個別市場の「システム－コンポーネント－プログラム」という特徴と因果律を問題にしている。

問2 (H14-15)　　　　　　　　　　　　　　　　　　　　［○・×］
　市場構造が完全競争市場に近づくと、HHIは無限大に近づく。

問3 (H16-18)　　　　　　　　　　　　　　　　　　　　［○・×］
　市場に多数の企業が存在していなくとも、潜在的な参入の脅威によって競争原理が働く市場のことを、過剰供給市場という。

問4 (H13-22)　　　　　　　　　　　　　　　　　　　　［○・×］
　ある設備をレンタルやリースで調達しやすいほど、サンク・コストは小さい。

■■■ **解答・解説編** ■■■

問1　×：「構造－行動－成果」という特徴と因果律を問題にしている。
問2　×：完全競争の場合、限りなく0に近づく。
問3　×：コンテスタブル市場という。
問4　○：一般的に、購入するよりもレンタルやリースのほうが、大きなサンク・コストは発生しない。

厳選!!

必須テーマ　重要例題　―第11章―

令和4年度　第13問

問題編

代替財、補完財と需要曲線のシフトについて考える。ここでは図は省略するが、縦軸に価格、横軸に数量をとるものとする。2財の関係が代替財あるいは補完財であるときの需要曲線のシフトに関する記述として、最も適切な組み合わせを下記の解答群から選べ。

a　A財とB財が代替財の関係にあるとき、A財の価格の下落によって、B財の需要曲線は右方にシフトする。
b　C財とD財が補完財の関係にあるとき、C財の価格の下落によって、D財の需要曲線は右方にシフトする。
c　A財とB財が代替財の関係にあるとき、A財の価格の上昇によって、B財の需要曲線は右方にシフトする。
d　C財とD財が補完財の関係にあるとき、C財の価格の上昇によって、D財の需要曲線は右方にシフトする。

〔解答群〕

ア　aとb
イ　aとd
ウ　bとc
エ　cとd

解答：ウ

代替財と補完財に関する出題である。

a：不適切である。2つの財が代替財の関係にあるとき、A財の価格の下落によってA財の需要量が増加すると、B財の需要量は減少するため、B財の需要曲線は左方にシフトする。

b：適切である。

c：適切である。

d：不適切である。2つの財が補完財の関係にあるとき、C財の価格の上昇によってC財の需要量が減少すると、D財の需要量も減少するため、D財の需要曲線は左方にシフトする。

よって、bとcが適切であるため、ウが正解である。

過去23年分 平成13年(2001年)〜令和5年(2023年)	
1位	自由貿易の総余剰と関税による変化
2位	比較生産費説の分析
3位	貿易開始後の動向

直近10年分 平成26年(2014年)〜令和5年(2023年)	
1位	比較生産費説の分析
1位	自由貿易と総余剰
1位	自由貿易の総余剰と関税による変化
2位	貿易開始後の動向
3位	生産要素の国際移動
3位	生産補助金による総余剰の変化

過去23年間の出題傾向

　自由貿易の総余剰と関税による変化は、直近10年間で3回、23年間で8回出題されている。余剰分析の中でも複雑な内容になるが、重要テーマであるためしっかりと押さえておいてほしい。比較生産費説に関する内容は、直近10年間で3回出題されている。分析方法を確認しておこう。

第 12 章

国際ミクロ経済学

I 国際貿易論

　国際ミクロ経済学で試験対策上中心となる貿易の理論は、国家の介入のない自由貿易、余剰分析を用いた理論、比較生産費説、ヘクシャー＝オリーンの理論である。
　上記の理論以外に、保護貿易についても紹介する。
　自由貿易の考え方は、19世紀、産業革命によりイギリスが世界で一番の工業国であった時期に現れた。自由貿易論の基礎は、アダム・スミスにより与えられ、リカードによって完成された。

1 アダム・スミスの考え方

　アダム・スミスは、絶対的費用格差のみを想定しており、輸入制限のない自由貿易のもとでは、あらゆる個人は資本のもっとも有利な用途を見出そうと努力し、その結果、社会にとってもっとも有利な用途を選択することになるとした。

2 リカードの考え方

(1) 相対的費用格差

　リカードは、生産要素を価値基準として、外国よりも価格が低い財であっても、国内においてその財と比べて価格が高い財がなければ輸出されないとした。
　また、生産要素を価値基準として、外国よりも価格が高い財であっても、国内に、その財と比べて価格が高い財があれば輸出されるとして、国内における「相対的」費用格差が貿易の機会を生み出すと考えた。

(2) イギリスとポルトガルの比較

　具体的には、イギリスとポルトガルとの比較において、当時、イギリスのほうがワイン生産においても繊維の生産においても優れているにもかかわらず、貿易を行うことにより両国が利益を得ることができるという数値例を示した。これは、比較生産費説といわれ、国際貿易論の出発点となっている。

3 保護貿易の考え方

　保護貿易の考え方は、先進イギリスの自由貿易主義に対して新興工業国であったドイツの経済学者F.リストにより提唱された。勃興期の工業、すなわち、国際貿易上幼稚な経済の国は、その健全な発展を確保するために一時的に国際競争の圧力から隔離され保護・育成される必要があるとするものである。
　F.リストの発展段階説における保護政策の説明によると、初期的工業段階と国内

工業の発展段階には、保護政策が必要であり、初期的農業段階と国内工業の成熟段階には、自由貿易が必要であるといわれている。

II 比較生産費説（比較優位論）

H21-11
H19-14

1 比較生産費説の概要

比較生産費説は、リカード（D.Ricardo）によって提唱された貿易および国際分業に関する基礎理論である。

比較生産費説は比較優位論とも呼ばれ、2国間の相互比較において、それぞれの国が相対的に低い生産費で生産しうる財、すなわち比較優位にある財に特化し、他の財の生産は相手国にまかせるという形で国際分業を行い、貿易を通じて特化した財を相互に交換すれば、貿易当事国は双方とも貿易を行わなかった場合よりも利益を得ることができるという説である。

R04-18
H29-20
H28-19

2 比較生産費説の分析

（1）比較生産費説の概要

比較生産費説では、2国2財1生産要素のモデルを考える。下記の図表において、国はA国とB国の2国、財はチーズとワインの2財、生産要素は労働のみとする。

【 比較生産費説① 】

	チーズ	ワイン
A 国	1	2
B 国	6	4

(2) 図表による分析

① A国とB国の比較生産費

【 比較生産費説② ：比較生産費 】

	チーズ	ワイン
A 国	1÷2＝1／2	2÷1＝2
B 国	6÷4＝1.5	4÷6＝2／3

　比較生産費とは財1単位の生産に必要な国内の生産要素の相対的な比を求めたものである。

　比較生産費説①の図表のとおり、A国とB国の財1単位当たりの必要労働量が与えられているとする。比較生産費説②の図表をみると、A国ではチーズの生産にワインの1／2の労働量で済む（ワインの生産にチーズの2倍の労働量が必要）ことがわかり、B国ではチーズの生産にワインの1.5倍の労働量が必要である（ワインの生産にチーズの2／3の労働量で済む）ことがわかる。

② 比較優位

【 比較生産費説③ ：比較優位 】

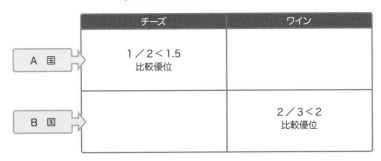

	チーズ	ワイン
A 国	1／2＜1.5 比較優位	
B 国		2／3＜2 比較優位

　比較優位では、A国とB国の同一の財にかかる比較生産費を比較する。A国はチーズの比較生産費がB国の比較生産費よりも小さいため、チーズの生産に比較優位を持っている。

　B国はワインの比較生産費がA国の比較生産費よりも小さいため、ワインの生産に比較優位を持っている。

③ A国とB国の貿易の方向性

　A国はチーズの生産に特化して輸出し、ワインを輸入することで、また、B国は

ワインの生産に特化して輸出し、チーズを輸入することでA、B両国の経済的利益がそれぞれ増加することになる。

つまり、比較生産費説とは、各国とも比較優位のある財（A国のチーズ、B国のワイン）を輸出し、比較劣位にある財（A国ではワイン、B国ではチーズ）を輸入すれば貿易による経済的利益は大きくなるという考え方である。

3 絶対優位と絶対劣位

(1) 絶対優位

絶対優位では、A国とB国の同一の財の生産にかかる費用を比較する。

財の生産にかかる費用を比較して、より少ない労働力で生産できる国は、比較した財の絶対優位があるという。

比較生産費説①の図表において、A国とB国の同一の財の生産にかかる費用を比較すると次のようになる。

> チーズの生産にかかる費用　→　A国（1人）＜B国（6人）
> ワインの生産にかかる費用　→　A国（2人）＜B国（4人）

上記をみると、A国のチーズの生産にかかる費用は1人で、B国のチーズの生産にかかる費用は6人のため、A国のほうがより少ない労働力で生産でき効率的である。

A国のワインの生産にかかる費用は2人で、B国のワインの生産にかかる費用は4人のため、A国のほうがより少ない労働力で生産でき効率的である。

A国はB国に対して、チーズの生産とワインの生産に関して絶対優位をもつことがわかる。

(2) 絶対劣位

絶対劣位も、絶対優位と同様に、A国とB国の同一の財の生産にかかる費用を比較する。

上記をみると、A国のチーズの生産にかかる費用は1人で、B国のチーズの生産にかかる費用は6人のため、生産の際にB国のほうがより多くの労働力がかかり非効率である。

A国のワインの生産にかかる費用は2人で、B国のワインの生産にかかる費用は4人のため、生産の際にB国のほうがより多くの労働力がかかり非効率である。

B国はA国に対して、チーズの生産とワインの生産に関して絶対劣位であることがわかる。

III ヘクシャー＝オリーンの定理

1 ヘクシャー＝オリーンの定理の概要

ヘクシャー＝オリーンの定理とは、ある国において相対的に豊富な生産要素を、集約的に用いる財に比較優位をもつという定理である。

ヘクシャー＝オリーンの定理から、貿易後の要素価格は、各国間で均等化するという、要素価格均等化定理が導出される。

先ほど学習した比較生産費説では生産要素は労働のみであるが、ヘクシャー＝オリーンの定理では、労働とともに資本を考慮している。

2 要素価格均等化定理

(1) 要素価格均等化定理の概要

要素価格均等化定理とは、きわめて制約された条件の下では、国際貿易は財貨の相対価格を等しくするばかりでなく、同時に、国際間に要素価格の均等化をもたらすという国際貿易理論上の命題であり、ヘクシャー＝オリーンの定理の結論でもある。

(2) 要素価格均等化定理の具体例

相対的に労働の希少な国においては、資本集約的な財に比較優位がある。貿易が始まると資本集約的な財の生産は拡大し、労働集約的な財の生産は縮小する。

その結果、いままで高かった労働の価格は下落し、資本需要の増加のため資本の価格は上昇する。

反対に、資本が労働と比較して希少な国においては、貿易により資本の価格が下落し、労働需要の増加により労働の価格が上昇する。

```
労働が希少な国  →  資本集約的な財（比較優位）
                 ↓
   資本需要の増加  →  資本価格上昇
```

```
資本が希少な国  →  労働集約的な財（比較優位）
                 ↓
   労働需要の増加  →  労働価格上昇
```

3 ヘクシャー＝オリーンの定理の分析

(1) 貿易開始前

　貿易開始前の2国2財2生産要素のモデルは図表のとおりである。A国は、機械が安いため資本集約財に比較優位があり、B国は、人件費が安いため労働集約財に比較優位がある。

【 ヘクシャー＝オリーンの定理① 】

	車〈資本集約財〉	洋服〈労働集約財〉
A 国	資本（機械〈安〉） 比較優位：輸出	労働（人件費〈高〉）
B 国	資本（機械〈高〉）	労働（人件費〈安〉） 比較優位：輸出

(2) 貿易開始後

　貿易が始まると、A国は車【資本集約財】を輸出するので、国内の資本需要は増加し、機械の価格は上昇する。逆に、B国は洋服【労働集約財】を輸出するので、国内の労働需要は増加し、人件費が上昇する。

【 ヘクシャー＝オリーンの定理② 】

	車〈資本集約財〉	洋服〈労働集約財〉
A 国	資本需要↑ 機械の価格↑ ⇒ 機械〈高〉	労働（人件費〈高〉）
均等化する	＝	＝
B 国	資本（機械〈高〉）	労働需要↑ 人件費↑ ⇒ 人件費〈高〉

4 リカードの定理とヘクシャー＝オリーンの定理 ⒸC

(1) リカードの定理とヘクシャー＝オリーンの定理の相違

　リカードの定理とヘクシャー＝オリーンの定理の違いは下記の表のとおりである。

	リカードの定理	ヘクシャー＝オリーンの定理
生産要素	1種類（労働）	2種類（労働・資本）
生産関数	生産関数は異なる	生産関数は同じ
生産要素の量	生産要素の量は、2国間で同じでも、異なってもよい	生産要素の量は2国間で異なる

⑵ 生産技術の差と生産要素の量

　リカードの定理では、生産技術の差により、貿易の利益が生じるとされている。生産技術の差による効率性が異なるため、生産関数は異なる。

　ヘクシャー＝オリーンの定理では、2国が同じ生産関数をもっていても、生産要素の量が異なれば、貿易が生じるとされる。つまり、ヘクシャー＝オリーンの定理では、リカードの定理と異なり、特定の財に特化しなくても貿易は生じる。

IV その他国際貿易論の知識

1 レオンチェフの逆説

　ヘクシャー＝オリーンの定理では、資本を豊富にもつ米国は資本集約財を輸出するはずである。

　しかし、レオンチェフが、1947年当時の米国について産業連関分析したところ、資本集約財を多く輸入しているという観測結果が得られた。

> 1947年当時の米国　→　資本集約財が豊富
> ↓
> 産業連関分析　→　資本集約財を多く輸入していたことが判明

2 リプチンスキーの定理

　各財の価格や生産要素の価格が一定に保たれるとき、ある生産要素が存在する量（生産要素賦存量）が増加する場合、その生産要素をより集約的に投入する財の生産量が増加し、他の財の生産量が減少する。

3 ストルパー＝サミュエルソンの定理

　ストルパー＝サミュエルソンの定理では、ある生産財の価格の上昇は、その生産財に集約的に投入される生産要素の価格を上昇させることを提唱している。

> 労働集約的な財の価格の上昇
> ↓
> 労働集約的な財に投入される生産要素の価格の上昇

R04-19
H23-10
H18-09

4 生産要素の国際移動

(1) 資本移動の自由化

　企業は、資本の限界生産物と資本のレンタル料が等しくなるように資本投入量を決定する。いま、Ⅰ国とⅡ国は同一財を生産していると仮定し、次の図表ではⅠ国の限界生産物曲線を$MPK_Ⅰ$、Ⅱ国の限界生産物曲線を$MPK_Ⅱ$とする。

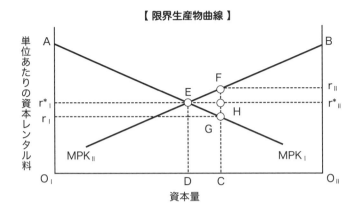

【 限界生産物曲線 】

（縦軸）単位あたりの資本レンタル料
（横軸）資本量

A, B, E, F, G, H
r^*_I, r_I, r_{II}, r^*_{II}
MPK_{II}, MPK_I
O_I, D, C, O_{II}

　当初、資本移動が自由化されていない場合、Ⅰ国とⅡ国が保有する資本量をそれぞれO_ICとO_{II}C、資本のレンタル料をそれぞれr_Iとr_{II}とする。

　資本移動が自由化されると、資本のレンタル料の格差から、より高いレンタル料を求めてⅠ国からⅡ国へ資本が移動する。この結果、Ⅰ国とⅡ国の資本のレンタル料が均等化し、$r^*_I = r^*_{II}$となる。ただし、資本移動が起こっても、資本の所有権自体は変化しないため、Ⅰ国の資本所有者の所得は資本量O_ICに資本のレンタル料r^*_Iをかけた値、Ⅱ国の資本所有者の所得は資本量O_{II}Cに資本のレンタル料r^*_{II}をかけた値になる。総生産（限界生産物曲線の下部）から資本所有者の所得を除いたものが、労働者の所得となる。よって、Ⅰ国の労働者の所得は、三角形AGr_Iから三角形AEr^*_Iに減少し、Ⅱ国の労働者の所得は、三角形BFr_{II}から三角形BEr^*_{II}へと増加する。合計すると、資本移動によって世界全体では三角形EFGだけ資源配分が効率化する。

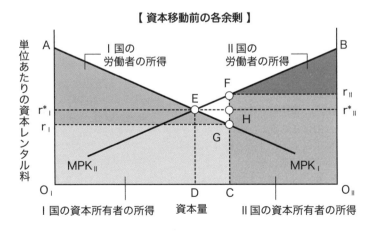

【 資本移動前の各余剰 】

（縦軸）単位あたりの資本レンタル料
（横軸）資本量

A, B, E, F, G, H
Ⅰ国の労働者の所得
Ⅱ国の労働者の所得
r^*_I, r_I, r_{II}, r^*_{II}
MPK_{II}, MPK_I
O_I, D, C, O_{II}
Ⅰ国の資本所有者の所得　　Ⅱ国の資本所有者の所得

【 資本移動後の各余剰 】

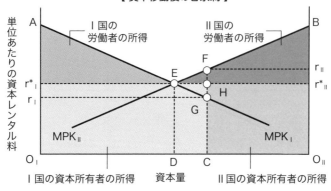

I 国の資本所有者の所得　　資本量　　II 国の資本所有者の所得

(2) 労働移動の自由化

労働の限界生産物と賃金率が等しくなる水準で、企業にとって最適な労働投入量が実現する。いま、I 国と II 国は同一財を生産していると仮定し、次の図表では I 国の限界生産物曲線を MPL_I、II 国の限界生産物曲線を MPL_{II} とする。

【 限界生産物曲線 】

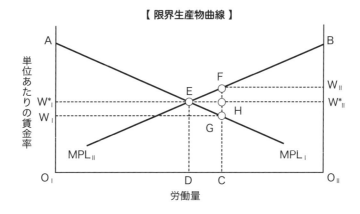

労働量

当初、労働移動が自由化されていない場合、I 国と II 国が保有する労働量をそれぞれ $O_I C$ と $O_{II} C$、賃金率をそれぞれ W_I と W_{II} とする。

労働移動が自由化されると、労働者はより高い賃金率を求めて I 国から II 国へ移動する。この結果、I 国と II 国の賃金率が均等化し、$W^*_I = W^*_{II}$ となる。労働移動をしても、労働者の国籍は変わらないとすると、I 国の労働者の所得は労働量 O_I C に賃金率 W^*_I をかけた値、II 国の労働者の所得は労働量 O_{II} C に賃金率 W^*_{II} をかけた値になる。総生産（限界生産物曲線の下部）から労働者の所得を除いたものが、資本所有者の所得となる。よって、I 国の資本所有者の所得は、三角形 AGW_I から三角形 AEW^*_I に減少し、II 国の資本所有者の所得は、三角形 BFW_{II} から三角形 BEW^*_{II} へと増加する。合計すると、労働移動によって世界全体では三角形 EFG だ

け資源配分が効率化する。

【 労働移動前の各余剰 】

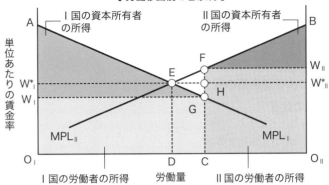

【 労働移動後の各余剰 】

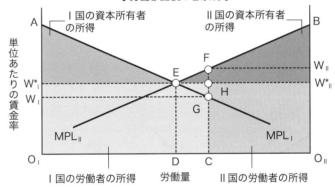

V 余剰分析による説明（小国モデル）

1 自由貿易と総余剰

(1) 自由貿易による総余剰の最大化

① 余剰分析の仮定

自由貿易を行うことにより、国内の総余剰が最大となることを、ある財AとX国、Y国の2つの国を用いて説明する。

余剰分析の際の仮定で、2国ともプライス・テイカーである小国であり、国際価格には影響を与えないとし、他の財は一定とする。X国、Y国の国内市場は完全競争市場で、貿易に関する取引費用はゼロとする。

② 国内経済の状況

図表をみると、XY両国の国内の経済について、X国の国内の需要曲線をDx、供給曲線をSxとする。また、Y国の国内の需要曲線をDyとし、供給曲線をSyとする。X国の価格はPx、Y国の価格はPyとし、国際価格はPiとする。このときの総余剰はX国がABEであり、Y国がA'B'E'である。

【 X国の国内経済 】

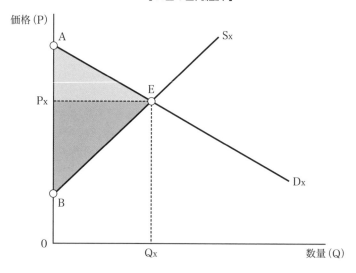

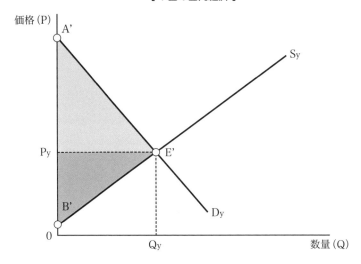

【 Y国の国内経済 】

価格 (P)

A'

Sy

Py ─────────── E'

B'

Dy

0

Qy

数量 (Q)

---

2 貿易開始後の動向

R05-21
R03-23

B

(1) 自由貿易後の輸出入の変化

　次の図表のように、XY両国とも自由貿易を行うと、X国では国内価格Pxが、国際価格Piより高いため財Aの輸入が起こる。また、Y国では国内価格Pyが国際価格Piよりも低いため、財Aの輸出が起こる。すると、X国の財Aの国内価格もY国の財Aの国内価格も国際価格であるPiと等しくなる。

(2) 総余剰の変化

① X国の総余剰の変化

　X国では、自由貿易の結果、財Aの価格がPiとなり、消費者余剰が自由貿易前のAEPxから、AFPiとなる。生産者余剰は、PiCBと小さくなるが、総余剰は自由貿易前のAEBより、CEFだけ大きくなる。

　CEF部分がX国における輸入による利益、つまり自由貿易による利益である。X国の輸入量はCFである。

② Y国の総余剰の変化

　Y国では、自由貿易の結果、財Aの価格がPiとなり、消費者余剰が自由貿易前のA'E'Pyから、A'C'Piとなる。

　生産者余剰は、PiF'B'と大きくなり、消費者余剰がA'C'Piと小さくなるが、総余剰は自由貿易前のA'E'B'より、C'E'F'だけ大きくなる。

　C'E'F'部分がY国における輸出による利益、つまり自由貿易による利益である。Y国の輸出量はC'F'である。

　X国、Y国ともに自由貿易により利益を享受できることがわかる。

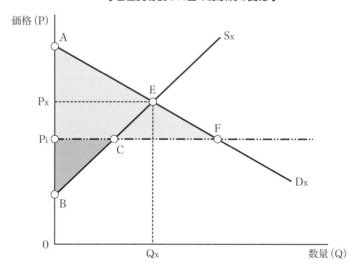

【 自由貿易後のＸ国の総余剰の変化 】

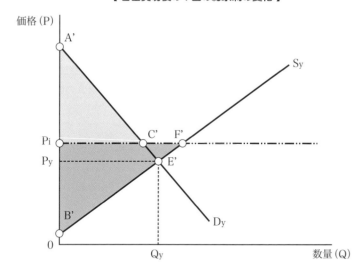

【 自由貿易後のＹ国の総余剰の変化 】

Ⅵ 保護貿易

　ある財について、自由貿易を採用していた国（X国）が、輸入に対して保護貿易をした場合、総余剰はどのように変化するかを考える。

　仮定には小国モデルを採用する。**保護貿易**とは、自国の特定の産業を保護・育成するために、国家が対外貿易に干渉し、関税を課したりすることである。

R01-18
H30-20
H29-21
H27-21
H26-21
H25-22
H24-15
H23-11
H20-08

1 自由貿易の総余剰と関税による変化 Ⓑ

(1) 自由貿易前の総余剰

　X国の国内の経済について、需要曲線を Dx、供給曲線を Sx とする。また、X国の価格は Px とし、国際価格は Pi とする。図表をみると、X国の自由貿易前の総余剰は AEB である。

(2) 自由貿易後の総余剰

　X国では、自由貿易の結果、商品の価格が Pi となり、消費者余剰が自由貿易前の AEPx から、AFPi となる。

　生産者余剰は、PiCB と小さくなるが、総余剰は自由貿易前の ABE より、CEF だけ大きくなる。CEF の部分が自由貿易による利益である。

【 自由貿易前と自由貿易後の総余剰 】

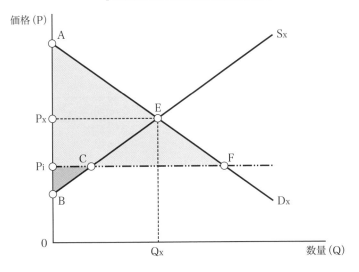

⑶ 関税による輸入制限

X国が保護貿易を行い、関税をt円かけると、輸入品については、$P_i + t$円となる。その結果、X国の国内価格も$P_i + t$円となる。国内価格の上昇にともない、需要量は関税前のQ_4からQ_3へ減少する。供給量は関税前のQ_1からQ_2へ増加する。

総余剰について考えると、消費者余剰が関税前のAFP_iからAHP_{i+t}となる。生産者余剰は、P_iCBから$P_{i+t}GB$となる。

この場合、総余剰の計算に政府余剰が入る点に注意してほしい。政府余剰は、図表のGLJHの部分であり、関税による収入分をさす。政府余剰とは、政府の受け取りから支払いを差し引いた差である。

総余剰は、消費者余剰＋生産者余剰＋政府余剰となり、関税前の総余剰と比較して、（GCL＋HJF）分だけ小さくなる。ゆえに、関税をかけて保護貿易を行うことは総余剰を小さくするので望ましくないことがわかる。（GCL＋HJF）のような余剰の損失分を死荷重（厚生損失・デッドウエイトロス）という。

【 関税による総余剰の変化 】

⑷ 保護貿易のまとめ

関税による保護貿易のもとでは、国内における財の価格は上昇する。保護貿易により、生産の余剰は改善するが効率性が損なわれることを意味する。消費者余剰は減少し、死荷重を生み出す。

2 生産補助金による総余剰の変化

(1) 自由貿易下での総余剰

次の図表は、輸入競争財市場を描いたものである。いま、当該財の国内需要曲線がDで、国内総供給曲線がSで描かれている。

ここで、自国は小国であり、当該財の国際価格を Pi とする。図表の自由貿易下での需要量は Q_2、供給量は Q_1 であり、輸入量は直線CFに等しい。消費者余剰はAFPi、生産者余剰はPiCBとなる。

【自由貿易下での総余剰】

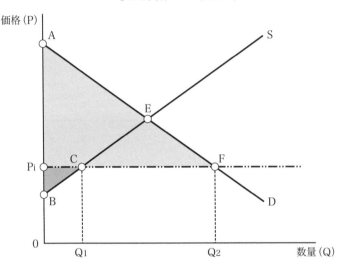

(2) 関税を賦課した場合の生産量

ここで、当該財の輸入に t の関税を賦課した場合、国内価格は $Pi+t$ に上昇する。すると上記の図表は次の図表になる。結果、需要量は Q_4 に減少し、生産量は Q_3 に増加する。

(3) 生産補助金を交付した場合の総余剰

生産補助金を交付することで、輸入関税の場合と同じ生産量の Q_3 を実現することが可能である。生産補助金の交付により、国内供給曲線はSからS'と右へシフトする。

輸入関税の場合と同じ生産量を実現する生産補助金交付額は、四角形 $Pi+t$ GLPi に相当する。生産補助金交付時の消費者余剰はAFPiであるが、国内供給曲線はSからS'に平行移動しているので、生産者余剰はPiLB'となる。

この場合の総余剰は、消費者余剰と生産者余剰の和から政府が支出する生産補助金である四角形 $Pi+t$ GLPi を差し引いたものとなり、これは平行四辺形BGLB'と

同じ面積である。生産補助金交付前の自由貿易下の経済余剰と比較すると、経済余剰の損失はGLCとなる。

【 関税の賦課と生産補助金の交付 】

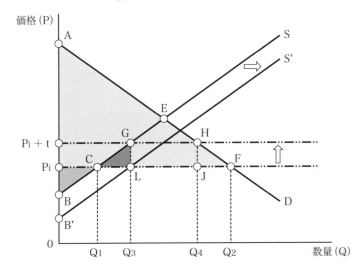

■■■ 問題編 ■■■　　Check!!

問1 (H18-07 改題)　　　　　　　　　　　　　　　　　　　　　　　　　［○・×］

　いま、2国（Ⅰ国・Ⅱ国）・2財（X財・Y財）・1生産要素（労働）モデルにおいて、X財1単位の生産に投入される労働量はⅠ国では200人、Ⅱ国では150人である。Y財1単位の生産に投入される労働量はⅠ国では400人、Ⅱ国では50人である。このとき、Ⅰ国ではX財、Y財ともに絶対優位にあり、X財に比較優位を持つ。

問2 (H13-11 改題)　　　　　　　　　　　　　　　　　　　　　　　　　［○・×］

　比較優位論に関して、2国2財1生産要素モデルを考える。2国はA国とB国、2財はチーズとワイン、生産要素は労働のみとする。チーズを1単位生産するのに、A国では1、B国では6の労働量を必要とする。ワインを1単位生産するのに、A国では2、B国では3の労働量を必要とする。このとき。A国はチーズの生産に比較優位を持ち、B国はワインの生産に比較優位を持つ。

問3 (H17-07)　　　　　　　　　　　　　　　　　　　　　　　　　　　　［○・×］

　ヘクシャー＝オリーン定理における要素価格均等化命題では、相対的に労働が豊富な国では、労働集約財を輸出することになり、その輸出拡大は当該国の賃金の下落を引き起こす。

問4 (H16-09 改題)　　　　　　　　　　　　　　　　　　　　　　　　　［○・×］

　ある小国の輸入競争財市場において、右下がりの需要曲線と右上がりの供給曲線が描かれている。需要曲線と供給曲線の均衡点よりも低い価格である国際価格P_0円で輸入が行われているが、政府が単位当たりT円の輸入関税を課し、国内価格が（P_0＋T）円に上昇したとする。関税の賦課によって消費者余剰と生産者余剰はともに増加している。

■■■ 解答・解説編 ■■■

問1　　×：X財、Y財ともに絶対優位にあるのは、両財において1単位当たり投入
　　　　　　　　される労働量が少ないⅡ国である。

問2　　○：A国はチーズ、B国はワインに比較優位を持つ。

問3　　×：賃金の上昇を引き起こす。

問4　　×：価格の上昇により、消費者余剰は減少する。（生産者余剰は増加する。）

■■■■ 問題編 ■■■■

　下表に基づき、国際分業と比較優位について考える。製品P1個を生産するのに、A国では5人の労働が必要であり、B国では30人の労働が必要である。また、製品Q1個を生産するのに、A国では5人の労働が必要であり、B国では60人の労働が必要である。

　このような状況に関する記述として、最も適切なものを下記の解答群から選べ。

	A国	B国
製品P1個当たりの労働量	5人	30人
製品Q1個当たりの労働量	5人	60人

〔解答群〕

　ア　A国では、製品Qの労働生産性が相対的に高いので、製品Qの相対価格が高くなる。

　イ　A国は製品Qに絶対優位があり、B国は製品Pに絶対優位がある。

　ウ　B国は、A国に比べて、製品Pについては$\frac{1}{6}$、製品Qについては$\frac{1}{12}$の生産性なので、製品Qに比較優位を持つ。

　エ　1人当たりで生産できる個数を同じ価値とすると、A国では、製品P1個と製品Q1個を交換でき、B国では製品P2個と製品Q1個を交換することができる。

解答：エ

比較生産費説に関する出題である。

設問の表にあるA国とB国が、製品Pを1個、製品Qを1個、それぞれ生産するために必要とする労働量から、比較生産費を求めると次のとおりとなる。

	A国	B国
製品P	1	1/2（比較優位）
製品Q	1（比較優位）	2

比較生産費の値が小さい製品にそれぞれ比較優位を持つため、図表より、A国は製品Qに比較優位、B国は製品Pに比較優位を持っている。

ア：不適切である。A国では、製品Qの労働生産性が相対的に高いので、製品Qの
　　相対価格が安くなる。
イ：不適切である。A国は製品Qに比較優位、B国は製品Pに比較優位を持っている。
ウ：不適切である。B国は製品Pに比較優位を持っている。
エ：適切である。

	過去23年分 平成13年（2001年）～令和5年（2023年）	
1位	ケインズ派の総供給曲線	
2位	総需要曲線（AD曲線）の導出	
2位	総供給曲線（AS曲線）	
2位	労働市場の分析	
2位	総需要曲線・総供給曲線のシフト要因	
3位	労働需要曲線	

	直近10年分 平成26年（2014年）～令和5年（2023年）	
1位	ケインズ派の総供給曲線	
2位	総需要曲線（AD曲線）の導出	
2位	労働市場の分析	
3位	労働需要曲線	
3位	総需要曲線・総供給曲線のシフト要因	

過去23年間の出題傾向

　ケインズ派の総供給曲線は、直近10年間で5回、23年間で7回出題されている。古典派の総供給曲線の知識と合わせて出題されるケースがあるため、しっかりと区別して理解しておこう。総供給曲線、総需要曲線はこれまでの知識の集大成ともいえるため、わからない箇所は関連する章に遡って適宜確認してほしい。

第 13 章

総需要(AD)・総供給(AS) 分析

I 総需要曲線

1 総需要・総供給分析

本章の総需要・総供給分析では、いままでの分析で触れていなかった生産要素について分析する。まず、物価水準の下落とLM曲線との関係を分析し、IS－LM曲線から総需要曲線（AD曲線）を導出する。

次に、労働市場の需要と供給の分析から総供給曲線（AS曲線）を導出する。最後に、AD－AS曲線の同時分析を行う。

H20-10 ## 2 総需要曲線（AD曲線）

総需要曲線とは、資産市場と生産物市場の均衡を同時に満たすような一般物価水準と所得水準の組み合わせを表した曲線である。いいかえれば、物価水準と総需要の関係を示す曲線であり、財市場と貨幣市場を同時に均衡させる総需要と物価水準の組み合わせの軌跡である。

R04-07
R01-08
H30-08 ## 3 総需要曲線（AD曲線）の導出

物価水準が上昇すると、LM曲線は左シフトする。一方、IS曲線は物価水準が上昇してもシフトしないため、財市場と貨幣市場の均衡点はIS曲線に沿って左上方にシフトしていく。

つまり、物価の上昇に伴う実質貨幣供給の減少は、実質利子率の上昇による実質投資支出の減少を通じて総需要を縮小させる。そのため、総需要曲線は右下がりとなる。

LM曲線が水平となる「流動性のわな」の状況下にあるときには、物価が下落しても、利子率が低下しないため、投資支出は不変であり、総需要曲線は垂直になる。

また、IS曲線が垂直となる投資が利子非弾力的な場合には、物価が下落しても、利子率が低下しても、投資支出は不変であり、総需要曲線は垂直になる。

【総需要曲線の導出（LM曲線のシフト）】

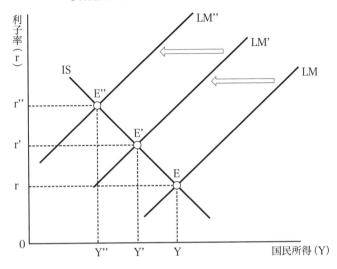

【総需要曲線の導出（AD曲線）】

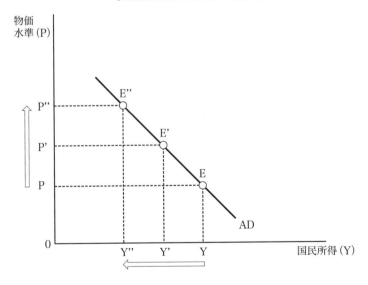

総供給曲線

H27-07
H25-05
H20-10

1 総供給曲線（AS曲線）

　総供給曲線とは、ある物価水準とその物価水準のもとで、国全体の企業が生産したいと考える財・サービスの総量との関係を表した曲線である。

　供給量は一般に、資本と労働によって決定されるが、資本は短期的には固定されているため、供給量はどれだけの労働者が雇用されるかに依存して決定される。

R03-22
R02-09
H30-14

2 労働市場の分析

　労働市場は、労働の需要者である企業と労働の供給者である労働者によって構成される。労働市場では、労働需要曲線と労働供給曲線の交点で労働の雇用量が決定される。次の図表では、名目賃金率をW、物価水準をPとし、簡略のために実質賃金率（W/P）をrWとする。

【 労働市場の需要曲線と供給曲線 】

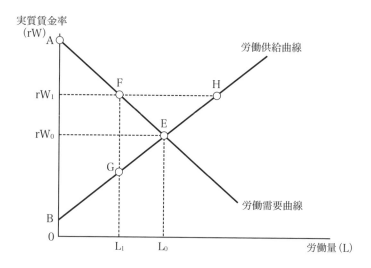

(1) 労働市場における所得分配

　上記の図表で、実質賃金率が、rW_1 であれば、労働供給が労働需要を上回り、労働市場には超過供給（点Hと点F間）が生じる。この超過供給が非自発的失業にあたる。

　労働市場における所得分配を考えると、市場均衡において企業が労働者に支払う

賃金は、OrW_0EL_0である。$AErW_0$は企業を含む資本所有者の所得（余剰）となり、$BErW_0$は労働者の余剰となる。

(2) 最低賃金制度の導入

　政府が最低賃金制度を導入して、最低賃金率をrW_1に設定すれば、非自発的失業の時と同様に、労働供給が労働需要を上回り、労働市場には超過供給（点Hと点F間）が生じる。これは、企業が最低賃金のもとで、L_1の労働量しか雇用しないためである。このときの企業を含む資本所有者の余剰は、$AFrW_1$、労働者の余剰は$BGFrW_1$となり、EFGの余剰の損失が発生する。

(3) 労働需要曲線と労働供給曲線のシフト

　労働需要曲線を右シフトさせる要因には、資本投入量の増加がある。労働需要曲線の右シフトにより、均衡賃金率の上昇と均衡労働量の増加が生じる。

　また、労働供給曲線を右シフトさせる要因には、労働市場の開放による外国からの労働者の流入がある。労働供給曲線の右シフトにより、均衡賃金率の下落と均衡労働量の増加が生じて、当初の市場均衡と比較して企業を含む資本所有者の余剰は増加する。

3 労働需要曲線

R02-16 H26-13

(1) 労働需要曲線

　労働需要曲線とは、企業の労働需要量を説明する曲線である。利潤を最大化する企業は、労働の限界生産力が実質賃金率（W / P）に等しくなる点まで、労働を需要する。

　具体的には、企業は実質賃金率よりも労働の限界生産力が高い場合、雇用量を増加させる。すると限界生産力逓減の法則により、労働量が増加するにつれて労働の限界生産力は減少していく。企業は実質賃金率と限界生産力が一致するところで雇用量を決定する。

$$労働の限界生産力 = \frac{W}{P}$$

(2) 労働需要曲線の傾き

　労働の限界生産力と実質賃金率が一致している場合、実質賃金率が減少しない限り、企業は労働量を増やさない。

　もし、企業が労働量を増加させるならば、労働の限界生産力が実質賃金率を下回り、利潤が減少するからである。実質賃金率が減少すれば、企業は多くの労働者を雇用することができる。これを関数で考えると、右下がりの労働需要曲線が導出できる。

4 労働供給曲線

(1) 労働供給曲線

　労働供給曲線とは、労働者が提供する労働供給量を説明する曲線である。一般的には実質賃金率で説明され、労働の限界不効用逓増の法則により、労働供給量と実質賃金率との間には正の関係が存在すると考えられている。

(2) 労働供給曲線の傾き

　労働者は、限界不効用が実質賃金率に等しくなるように労働供給量を決定する。実質賃金が上昇すれば、労働者は労働を増加させるため、労働供給曲線は右上がりとなる。

5 雇用と失業

　完全雇用とは、その時々の賃金率、および諸価格の体系のもとで就業の意思と能力をもっている者がすべて雇用されている状態をいう。これに対して不完全雇用は、種々の理由によって労働者が失業している状態である。

(1) 不完全雇用の分類

　ケインズは不完全雇用を次の4つに分類している。
　① 自発的失業
　自発的失業とは、自発的に失業を起こしている状態で、現行の実質賃金率を容認しないことに起因する失業である。
　② 摩擦的失業
　摩擦的失業とは、需要の変化に基づく労働の移動が不完全にしか行われないために、または遅れを伴うために一時的に発生する失業である。摩擦的失業は、労働市場が正常に機能していても発生する。
　③ 非自発的失業
　非自発的失業とは、現行あるいは、それ以下の賃金率のもとで働きたいのに需要不足によって失業を余儀なくされている場合の失業である。
　④ 構造的失業
　構造的失業とは、労働者の技能・能力の不足、賃金の硬直性などの経済構造上の問題から発生する失業であり、特定の産業、地域、年齢層で顕著に現れる傾向にある。

(2) 失業に関するケインズの主張

　最初の①と②の失業は、一般に自然失業と呼ばれている。非自発的失業は、景気循環のある局面で需要の不足によって生じる循環的失業とも呼ばれる。ケインズは非自発的失業に注目し、非自発的失業は、市場メカニズムによる解消が期待できないため、総需要管理政策が有効であると考えた。

6 古典派の総供給曲線

　古典派は、名目賃金率の需給調整機能を支持している。すなわち、物価水準の変動により実質賃金率が均衡の水準から離れても、名目賃金率が伸縮的に動くことにより、実質賃金率はつねに労働の需給が均衡する水準に保たれると考える。そのため、雇用水準は物価の水準にかかわらず、均衡の雇用量に収束する。

　均衡雇用量では、つねに完全雇用が達成される。そのため、労働供給量も物価水準に依存せず完全雇用国民所得の水準で一定となる。ゆえに、古典派の総供給曲線は完全雇用国民所得の水準（Y_F）で垂直になる。

　古典派のケースでは、物価水準にかかわらず完全雇用が保たれるため、総供給曲線は、Y_F で垂直な曲線になる。

【 古典派の総供給曲線 】

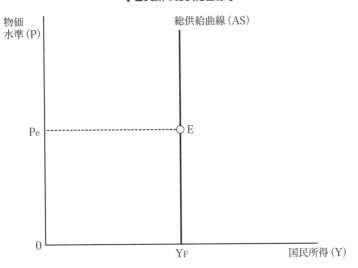

7 ケインズ派の総供給曲線

H30-08
H28-07
H27-07
H25-22

(1) 総供給曲線の導出

　ケインズ派モデルでは、物価は伸縮的で、名目賃金率は下方に硬直的であると考える。ケインズ派の総供給曲線は、労働市場曲線→生産関数→総供給曲線の3ステップで求めることができる。

> 労働市場曲線　→　生産関数　→　総供給曲線

① 労働市場曲線

　労働市場において、労働者の労働供給量は、実質賃金率の上昇に伴い増加するため、労働供給曲線は右上がりの曲線になる。また、企業の労働需要量は、実質賃金率の上昇に伴い減少するため、労働需要曲線は右下がりの曲線になる。

【 労働市場曲線 】

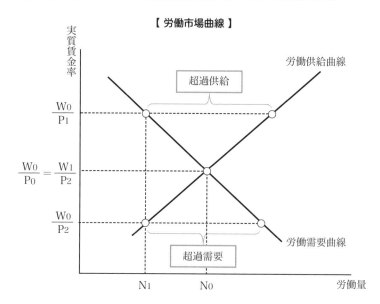

　当初、名目賃金率がW_0、物価がP_0であるとすると、労働量はN_0になる（N_0は完全雇用水準であるとする）。

　物価がP_0からP_1に下落すると、実質賃金率はW_0/P_1になる。このとき、労働市場では超過供給が発生するが、名目賃金率は下方硬直的であるため賃金率はW_0から変化せず、労働量はN_1になる。

　物価がP_0からP_2に上昇すると、実質賃金率はW_0/P_2となる。このとき、労働市場では超過需要が発生する。すると、名目賃金率上昇の圧力が生じ、労働量が完全雇用水準N_0になるように、名目賃金率がW_1まで上昇する。

② 生産関数

　資本投入量を一定と仮定すると、労働投入量の増加に伴い、国民所得（総供給）も増加する。労働量がN_0のときの国民所得をY_0、労働量がN_1のときの国民所得をY_1とすると、生産関数は次の図表のような曲線になる。

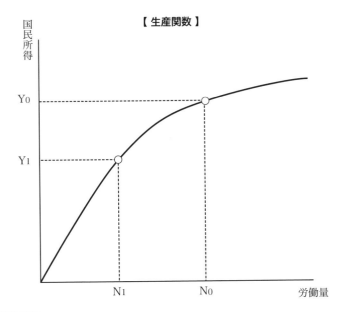

【 生産関数 】

（国民所得 axis / 労働量 axis; points at Y_0, N_0 and Y_1, N_1）

③ 総供給曲線

　物価が低く、労働量が完全雇用水準に達していない場合は、物価の上昇に伴い労働量が増加（$N_1 \rightarrow N_0$）し、国民所得も増加する。物価がある程度上昇し、労働量が完全雇用水準N_0に達すると、それ以上物価が上昇しても労働量は変化せず、国民所得も変化しない。よって、総供給曲線は労働量が完全雇用水準N_0に達するまでは右上がり、労働量が完全雇用水準N_0に達すると垂直になる。

【 ケインズ派の総供給曲線 】

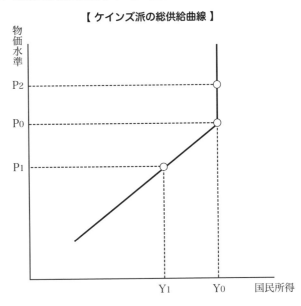

（物価水準 axis / 国民所得 axis; points P_2, P_0, P_1 and Y_1, Y_0）

(2) **効率賃金仮説**

　ニューケインジアンは、伝統的なケインズ派（ケインジアン）の主張する価格の下方硬直性を、人々の合理的な行動の結果として考え、効率賃金仮説を提唱した。**効率賃金仮説**とは、意識的に高い賃金を労働者に支払うことで、労働者の生産性があがり、企業の利潤も高くなるという仮説である。企業は支払う賃金1単位あたり、労働者の最大の努力が引き出せる点で賃金を決定しようとするため、景気が悪くなっても賃金は簡単に下がらず硬直するとした。

(3) **名目賃金率の下方硬直性**

　名目賃金率の下方硬直性の理由には、前述した効率賃金仮説のほかに次のようなものがある。

　① **最低賃金制度による賃金の下限規制**

　最低賃金制度が定められている場合には、最低賃金が賃金の下限になるからである。

　② **メニュー・コスト**

　価格や賃金の改定には費用（**メニュー・コスト**）がともなう。企業にとっては価格改定の費用が価格改定による収入を上回る限り、価格や賃金の変更を行わないことが望ましいと考えるからである。

III 総需要・総供給分析

H20-10

1 古典派とケインズ派の均衡国民所得

総需要・総供給分析（AD－AS分析）における**均衡国民所得**は、総需要曲線（AD曲線）と総供給曲線（AS曲線）の交点で決定する。

総供給曲線は、古典派とケインズ派で異なる。古典派では、つねに労働市場が均衡し完全雇用が実現している。これに対し、ケインズ派では、総需要が少ないときには、完全雇用が実現せず、非自発的失業が生じていると考える。

2 財政政策の効果

R04-07
R01-08

(1) 財政政策による総需要曲線のシフト

拡張的な財政政策が行われると、IS曲線は右にシフトする。IS曲線の右方向へのシフトは、IS曲線とLM曲線の均衡点を右へ移動させるため、総需要曲線も右シフトする。

【 総需要曲線（AD曲線）のシフト 】

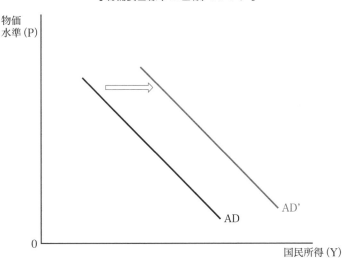

(2) 古典派の場合

拡張的な財政政策が行われると、総需要曲線が右シフトする。古典派の場合には、総供給曲線が垂直なため、総需要曲線の右シフトは国民所得に影響を与えない。こ

のように拡張的な財政政策は、物価水準のみを上昇させ、無効となる。図表をみる
と、当初の点Eが財政政策によるAD曲線のADからAD'への右シフトにより、点E'
となる。しかし総供給曲線がY_Fで垂直のため、物価水準がPからP'へと上昇する
だけで国民所得に影響を与えない。

【 財政政策の効果（古典派）】

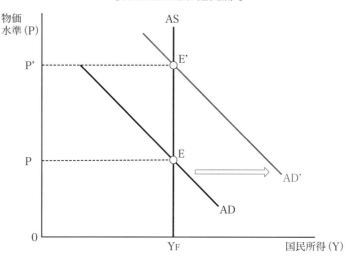

⑶ ケインズ派の場合

　ケインズ派の総供給曲線（AS曲線）は右上がりの部分がある。この右上がりの部
分で総需要曲線と総供給曲線が交差している場合には、財政政策による総需要曲線
の右シフトは均衡国民所得を増大させる。

　次の図表をみると、当初の均衡点Eが、財政政策によるAD曲線のADからAD'
への右シフトにより、点E'となる。総供給曲線の右上がり部分では、物価水準がP
からP'へと上昇し、国民所得もYからY'へと増加する。

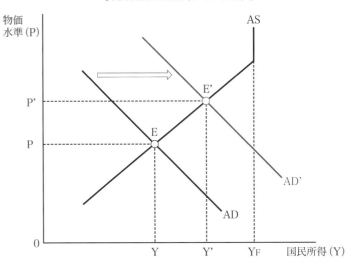

【 財政政策の効果（ケインズ派）】

3 金融政策の効果

© R04-07

(1) 金融政策による総需要曲線のシフト

　金融緩和政策が行われると、LM曲線が右へシフトする。LM曲線の右シフトは、
IS曲線とLM曲線の均衡点を右へ移動させるため、総需要曲線も右シフトする。

【 総需要曲線（AD曲線）のシフト 】

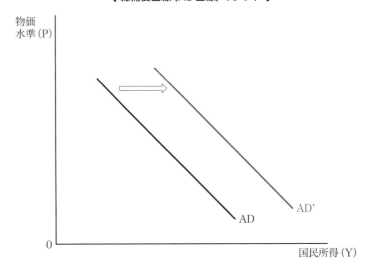

⑵ 古典派の場合

古典派における金融政策の効果は、財政政策の場合と同じように、総供給曲線が垂直なため、総需要曲線の右シフトは国民所得に影響を与えない。このように金融緩和政策は、物価水準のみを上昇させ、無効となる。

⑶ ケインズ派の場合

ケインズ派における金融政策の効果は、財政政策の場合と同じように、総供給曲線（AS曲線）の右上がりの部分で、総需要曲線と総供給曲線が交差している場合には、金融緩和政策による総需要曲線の右シフトは均衡国民所得を増大させる。

4 総需要曲線・総供給曲線のシフト要因

⑴ 総需要曲線の右シフト要因

総需要曲線はIS-LM曲線から導出される。よって、IS曲線の右シフト要因、LM曲線の右シフト要因によって総需要曲線も右シフトする。

⑵ 総供給曲線の右シフト要因

総供給曲線は労働需要曲線と労働供給曲線から導出される。よって、労働需要曲線の右シフト要因、労働供給曲線の右シフト要因によって総供給曲線も右シフトする。

労働需要曲線の右シフト要因には技術革新、原材料費の低下などがある。労働供給曲線の右シフト要因には、労働人口の増加などがある。

問1 (H16-07)　　　　　　　　　　　　　　　　　　　　　　　　[〇・×]

総供給曲線の右方へのシフトを引き起こす要因として、技術進歩がある。

問2 (H27-07)　　　　　　　　　　　　　　　　　　　　　　　　[〇・×]

総需要曲線の右シフト要因として、政府支出の削減があてはまる。

問3 (H13-06)　　　　　　　　　　　　　　　　　　　　　　　　[〇・×]

効率性賃金仮説には、「企業は競争力を維持するために賃金を低くすると、優秀な人材はその企業を去る一方で、好ましい転職口が見つからない人材だけが残ってしまう」という逆選択の考え方が反映されている。

問4 (H30-08)　　　　　　　　　　　　　　　　　　　　　　　　[〇・×]

物価の上昇に伴う実質貨幣供給の減少は、実質利子率の上昇による実質投資支出の減少を通じて総需要を縮小させる。ここから、ADは右下がりとなる。

問5 (H30-08)　　　　　　　　　　　　　　　　　　　　　　　　[〇・×]

物価の上昇に伴う実質賃金率の上昇は、労働需要の縮小による生産量の増加を通じて総需要を拡大させる。ここから、ASは右上がりとなる。

問6 (H30-08)　　　　　　　　　　　　　　　　　　　　　　　　[〇・×]

原材料価格の上昇は、ASの左方シフトを通じて実質GDPを縮小させる。

問7 (R01-08)　　　　　　　　　　　　　　　　　　　　　　　　[〇・×]

LM曲線が「流動性のわな」の状況下にあるときは、物価が下落しても、利子率が低下しないため、投資支出は不変である。したがって、総需要曲線は垂直になる。

問8 (R04-07改題)　　　　　　　　　　　　　　　　　　　　　　[〇・×]

古典派では、労働市場においては実質賃金率の調整によって完全雇用が実現するため、物価水準が上昇すると、実質賃金率の下落による労働需要の増加を通じて総供給が増加すると考える。

問9 (R02-09)　　　　　　　　　　　　　　　　　　　　　　　　[〇・×]

企業が優秀な人材を確保するために効率賃金の水準で賃金を支払うことは、賃金の下方硬直性の要因となる。

問1　○：技術進歩は、労働需要曲線を右シフトさせるため、総供給曲線は右シフトする。

問2　×：総需要曲線は、IS曲線とLM曲線の右シフト要因により右シフトする。政府支出の増加があてはまる。

問3　○：効率性賃金仮説の内容である。

問4　○：設問文のとおり。

問5　×：物価の上昇に伴い、実質賃金率は低下する。

問6　○：設問文のとおり。

問7　○：設問文のとおり。

問8　×：ケインズ派の総供給曲線に関する内容である。

問9　○：設問文のとおり。

■■■ 問題編 ■■■

　下図は、ケインズ派モデルにおける総需要曲線（AD）と総供給曲線（AS）を描いたものである。ここで、供給サイドにおいては、物価は上下に伸縮的であるが、名目賃金は硬直的であると考える。下記の設問に答えよ。

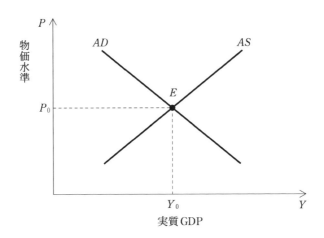

総需要曲線の説明として最も適切なものの組み合わせを下記の解答群から選べ。

a　経済が「流動性のわな」の状態にあるとき、総需要曲線は垂直に描かれる。

b　増税は総需要曲線を右方にシフトさせる。

c　投資の利子弾力性が大きいほど、総需要曲線はより急勾配に描かれる。

d　物価の下落は、実質貨幣供給の増加を通じて利子率を低下させ、投資の拡大と総需要の増加をもたらす。

〔解答群〕

　ア　aとb　　イ　aとd　　ウ　bとc

　エ　bとd　　オ　cとd

解答：イ

　ケインズ派モデルにおける総需要曲線と総供給曲線に関する問題である。
　ケインズは古典派の想定から離れ、労働市場に超過供給（失業）が存在している
場合でも労働者は名目賃金率が現行の水準以下に下がることを受け入れないと考え
た。これを名目賃金率の下方硬直性という。

a：適切である。「流動性のわな」が存在する場合や投資が利子非弾力的な場合は、
　　物価水準や利子率が変化しても、国民所得が変化しないため、総需要曲線は垂
　　直になる。

b：不適切である。IS－LM曲線で求められた均衡国民所得と物価水準の関係から
　　なる右下がりの曲線である総需要曲線は、IS曲線の動きとリンクする。増税に
　　よりIS曲線が左方シフトすると、総需要曲線も左方へシフトする。

c：不適切である。投資の利子弾力性が大きいほどIS曲線の傾きは緩やかになり、
　　これに伴い総需要曲線の傾きも緩やかになる。

d：適切である。

　よって、aとdが適切であるため、イが正解である。

過去23年分 平成13年(2001年)～令和5年(2023年)	
1位	景気動向指数
2位	ラスパイレス指数・パーシェ指数
3位	労働力調査
3位	TFP (全要素生産性)

直近10年分 平成26年(2014年)～令和5年(2023年)	
1位	景気動向指数
1位	ラスパイレス指数・パーシェ指数
2位	その他の主要経済指標の見方
3位	労働力調査
3位	国際収支表
3位	TFP (全要素生産性)

過去23年間の出題傾向

　景気動向指数は、直近10年間で5回、23年間で12回出題されている。まずは言葉の定義をしっかりと暗記し、余力があれば各系列の景気動向指数名を押さえておこう。労働力調査は、直近10年間で2回、23年間で5回出題されており、令和3年度と令和2年度には連続して出題されているため要注意である。こちらも言葉の定義をしっかりと確認しておこう。

主要経済指標の読み方

I 景気動向指数

1 景気動向指数 Ⓐ

　景気動向指数とは、生産、雇用など様々な経済活動での重要かつ景気に敏感に反応する指標の動きを統合することによって、景気の現状把握や将来を予測するために作成された指標である。

(1) 景気循環

　景気はたえず変動し、一定周期で繰り返す循環を景気循環という。一般に、景気循環の1周期は、景気の1つの谷から次の谷までである。また、図表のAからBまでは下降期、BからCまでを上昇期と分類することができる。景気循環の転換点は、景気動向指数の変化によって判断する。

【 景気循環 】

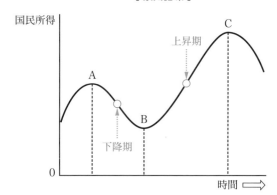

(2) 景気循環の種類

　景気循環は、周期の長さによって次のように大別される。

① キチンの波

周期40か月前後の景気循環。主に在庫投資の変動によって生じる。

② ジュグラーの波

周期7〜10年の循環。主に設備投資の変動によって生じる。

③ クズネッツの波

周期15〜25年の循環。主に建設活動の変動によって生じる。

④ コンドラチェフの波

周期40〜60年の長期波動。技術進歩、戦争や革命、資源・エネルギーの節約、金の数量などによって生じる。

(3) 景気動向指数の種類

① コンポジット・インデックス (CI) とディフュージョン・インデックス (DI)

景気動向指数には、コンポジット・インデックス (CI) とディフュージョン・インデックス (DI) がある。**コンポジット・インデックス (CI)** は構成する指標の動きを合成することで景気変動の大きさやテンポ（量感）を、**ディフュージョン・インデックス (DI)** は構成する指標のうち改善している指標の割合を算出することで景気の各経済部門への波及の度合い（波及度）を測定することが主な目的である。

② 先行指数・一致指数・遅行指数

コンポジット・インデックス (CI) とディフュージョン・インデックス (DI) には、それぞれ、景気に対し先行して動く先行指数、ほぼ一致して動く一致指数、遅れて動く遅行指数の3つの指数がある。

景気の現状把握には、一致指数を利用し、先行指数は、一般的に、一致指数に数か月先行することから、景気の動きを予測する目的で利用する。遅行指数は、一般的に、一致指数に数か月から半年程度遅行することから、事後的な確認に用いる。

③ コンポジット・インデックス (CI) の概要

CIの一致指数が上昇している時は景気の拡張局面、低下している時は後退局面であり、CIの一致指数の動きと景気の転換点は概ね一致する。CIは、DIでは計測できない景気の山の高さや谷の深さ、拡張や後退の勢いといった景気の「量感」を計測することができる。

④ ディフュージョン・インデックス (DI) の算出方法

$$\text{景気DI}(\%) = \frac{\text{拡張系列の数}+\text{横ばいの指標の数}\times 0.5}{\text{採用系列数}} \times 100$$

景気判断は、景気DIの一致系列の指数を用いて50％を基準に行われる。

景気拡張局面：景気DIが基調として50％を上回っているとき
景気後退局面：景気DIが基調として50％を下回っているとき

【 景気動向指数 】

先行系列	
①最終需要財在庫率指数 (逆数)	⑦日経商品指数 (42種総合)
②鉱工業用生産財在庫率指数 (逆数)	⑧マネーストック (M2)
③新規求人数 (除く学卒)	⑨東証株価指数
④実質機械受注 (製造業)	⑩投資環境指数 (製造業)
⑤新設住宅着工床面積	⑪中小企業売上げ見通しDI
⑥消費者態度指数	

一致系列	
①生産指数 (鉱工業)	⑥商業販売額 (小売業)
②鉱工業用生産財出荷指数	⑦商業販売額 (卸売業)
③耐久消費財出荷指数	⑧営業利益 (全産業)
④労働投入量指数 (調査産業計)	⑨有効求人倍率 (除く学卒)
⑤投資財出荷指数 (除く輸送機械)	⑩輸出数量指数

遅行系列	
①第3次産業活動指数 (対事業所サービス業)	⑥完全失業率 (逆数)
②常用雇用指数 (調査産業計)	⑦きまって支給する給与 (製造業、名目)
③実質法人企業設備投資 (全産業)	⑧消費者物価指数 (生鮮食品を除く総合)
④家計消費支出 (勤労者世帯、名目)	⑨最終需要財在庫指数
⑤法人税収入	

※逆数とは、景気動向と逆方向に変動する指標である。つまり、指数の上昇・下降が景気の動きと反対になる指標である。

Ⅱ 各種統計の概要

1 労働力調査

R03-11
R02-08
H25-01
H19-02

Ⓑ

(1) 労働力調査の概要

労働力調査は、わが国の15歳以上人口についての、月々の就業状態、就業時間・産業・職業等の就業状況、失業状況などの実態とその変化を把握し、雇用政策・経済政策等の基礎資料を提供することを目的としている。

① 完全失業者の定義

完全失業者とは、15歳以上で、現在仕事がなく仕事を探す活動や事業を始める準備をしていた者のうち、仕事があればすぐ就くことができる者をさしている。

② 労働力人口の定義

労働力人口とは、就業者と完全失業者を合わせたものをいう。就業者とは、15歳以上で、調査期間中、収入を伴う仕事を少しでもした人をいい、アルバイトで生計を維持する学生も含まれる。仕事をしていない場合でも、仕事を30日未満休んでいる、もしくは、30日以上休んでいても賃金や給料、給付金をもらうことになっている場合は就業者である。

(2) 完全失業率の定義

労働力人口に占める完全失業者の割合を示す指標で、以下の式で求める。

$$完全失業率 = (完全失業者 \div 労働力人口) \times 100$$

(3) 有効求人倍率

有効求職者数に対する有効求人数の割合である。**有効求職者数**とは、ハローワークにおいてその月のうちに受け付けた求職者の数（新規求職者数）に、前月から繰り越された求職者を加えた数をいう。有効求人数とは、ハローワークにおいて、その月のうちに受け付けた求人数（新規求人数）に前月から繰り越された求人数を加えた数をいう。

$$有効求人倍率 = 有効求人数 \div 有効求職者数$$

(4) 新規求人倍率

新規求職申込件数に対する新規求人数の割合である。

> 新規求人倍率＝新規求人数÷新規求職申込件数

2 鉱工業指数

(1) 鉱工業指数の概要

鉱工業指数は、鉱工業製品を生産する国内の事業所における生産、出荷、在庫に関連する諸活動を体系的にとらえたものである。

また、業種別・財別にも集計されており、業種別の生産動向を把握することができるだけでなく、その製品が最終需要財あるいは生産財として使われるのかなど財に関連する経済活動の動きを通して経済全体の動きをつかむためにも活用されている。

(2) 在庫循環図

景気の動向を分析する際に在庫と出荷・生産との関係をとらえることは重要である。景気がよくなるにつれて生産が増え、在庫が減少し、景気が悪くなるにつれて在庫が余り、生産が減少していくことはイメージできるだろう。

在庫循環図とは、生産指数（あるいは出荷指数）の伸び率と在庫指数の伸び率とを利用して在庫循環の4段階を示したものである。

① 回復局面 (意図せざる在庫減少局面)

景気回復の初期段階では、出荷量が企業の予測以上に伸び、生産が追いつかず在庫が減少する状態である。

> 出荷量＞企業の予想生産量　→　在庫が減少

② 在庫積み増し局面

景気の好調な進展の間、企業は将来の出荷増を見込んで生産を増加し、在庫を積み増していく。そのため在庫・出荷ともに増加する。

③ 意図せざる在庫積み上がり局面

景気の好調な進展から減速に転じると、企業の予測した出荷見込みより実際の出荷量は少なくなるため在庫が増加する。

④ 在庫調整局面 (在庫減らし局面)

景気の減速が深刻化し出荷が低迷し続けると、企業は生産調整を行い、在庫を適正水準まで下げる。ここでは在庫は出荷・在庫ともに減少する。

在庫循環図では、景気の山は「在庫積み増し局面」と「意図せざる在庫積み上がり局面」の境目となり、景気の谷は「在庫調整局面」と「回復局面」の境目となる。

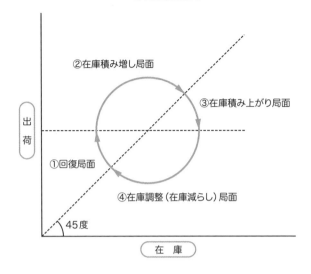

【 在庫循環図 】

②在庫積み増し局面

③在庫積み上がり局面

出荷

①回復局面

④在庫調整（在庫減らし）局面

45度

在　庫

「在庫積み増し局面」→ 景気の山 →「意図せざる在庫積み上がり局面」
「在庫調整局面」→ 景気の谷 →「回復局面」

3 企業物価指数　 H27-09

　企業物価指数とは、企業間で取引される財に関する物価の変動を測定するものである。この指数で調べる財は農林水産物（生鮮食品を除く）や工業製品だけでなく、鉄鉱石、原油など製品を作るための原料や、旋盤、プレス機械などのような工作機械も含まれている。

　企業物価指数の測定の目的は、企業間で取引される財に関する価格の集約を通じて、財の需給動向を把握し、景気動向、金融政策を判断するための材料を提供することにある。また、金額ベースで表示される生産額を実質化し数量ベースにする際のデフレータとして機能している。企業物価指数はラスパイレス指数である。

4 消費者物価指数　 H28-05 H24-02

　消費者物価指数（CPI）は、全国の世帯が購入する各種の商品（財やサービス）の価格の平均的な変動を測定するものである。すなわち、ある時点の世帯の消費構造を基準に、これと同等のものを購入した場合に必要な費用がどのように変動したかを指数値で表している。

　総合指数から天候に左右されて変動の大きい「生鮮食品」を除いたものを「コアCPI」という。また、総合指数から「食料（酒類を除く）及びエネルギー」を除いたものを「米国型コアCPI」または「コアコアCPI」という。消費者物価指数はラスパイレス指数である。

5 ラスパイレス指数・パーシェ指数

指数の算定方式の種類に、ラスパイレス算式とパーシェ算式がある。それぞれの算式で求められる指数をラスパイレス指数、パーシェ指数という。

⑴ ラスパイレス指数

① ラスパイレス指数の概要

ラスパイレス指数は、ドイツの統計学者ラスパイレスが発表した物価指数算式で求められる指数である。**ラスパイレス指数**では、個別品目の価格の変化を総合して総合物価指数を算定するとき、個別価格にそれぞれのウエイトをつけて加重平均をする。

基準年次の物価を100にして比較年次の物価をみるとき、「基準年次の各品目の数量をウエイトする」という基準年次のウエイトを採用して総和法のかたちで計算する。消費者物価指数や企業物価指数は、ラスパイレス算式で算出される。

② ラスパイレス指数の具体例

指数の基準時である平成21年の1年間に、Aさんが実際に買った商品を調べて、これらをすべて大きな買い物かごに入れる。Aさんが1年間に購入した商品を月平均すると次のようになる。

> 米8kg、牛肉840g、キャベツ1,080g、ビール(350ml)14缶、電気代350kWh、ワイシャツ1枚、革靴1足、ビタミン剤1箱、タクシー代4回、新聞代、予備校の月謝、家賃など。

この買い物かごの中の商品を平成21年に買ったときに、全部で32万円(月平均)かかったとする。同じものを平成22年に買ったとしよう。買い物かごの中は同じだが、個々の値段は上がったり下がったりしているため、かごの中の商品の値段は以前と異なる。

仮に全部で31万5千円かかったとして、平成22年に平成21年と同じ内容の買い物をすると、物価が下がったことによって、5千円安く買えたことになる。

買い物かごの中の商品全体の値動きを指数化して、21年の32万円を100とすると、22年の31万5千円は計算すると98.4となる。

$$\text{ラスパイレス指数} = \frac{\sum P_t \cdot Q_0}{\sum P_0 \cdot Q_0}$$

P_t:比較年の価格、P_0:基準年の価格、
Q_t:比較年の数量、Q_0:基準年の数量

⑵ パーシェ指数

パーシェ指数は、ドイツの統計学者パーシェが提示した物価指数算式で求められる。

パーシェ指数では、比較される年次の数量を各項目のウエイトとして用いる。パーシェ指数にはGDPデフレータがある。

$$パーシェ指数 = \frac{\sum P_t \cdot Q_t}{\sum P_0 \cdot Q_t}$$

P_t：比較年の価格、P_0：基準年の価格、
Q_t：比較年の数量、Q_0：基準年の数量

GDPデフレータ＝名目GDP／実質GDP

実質GDP＝（基準年のA財の価格）×（比較年のA財の数量）
＋（基準年のB財の価格）×（比較年のB財の数量）……

⑶ ラスパイレス指数とパーシェ指数の算出

昨年を基準年とし、基準年を100としたときのラスパイレス指数と、パーシェ指数を算出してみよう。

【 基準年と比較年の商品の価格 】

	基準年 (昨年)	比較年 (今年)
商品Aの価格	100	120
商品Aの数量	1000	750
商品Bの価格	80	90
商品Bの数量	500	200

$$ラスパイレス指数 = \frac{\sum P_t \cdot Q_0}{\sum P_0 \cdot Q_0} \times 100$$
$$= \frac{120 \times 1000 + 90 \times 500}{100 \times 1000 + 80 \times 500} \times 100 ≒ 117.9$$

$$パーシェ指数 = \frac{\sum P_t \cdot Q_t}{\sum P_0 \cdot Q_t} \times 100$$
$$= \frac{120 \times 750 + 90 \times 200}{100 \times 750 + 80 \times 200} \times 100 ≒ 118.7$$

6 家計調査

家計調査は、世帯の収入・支出、貯蓄・負債を調べるため、総務省統計局が毎月実施している統計調査である。家計調査では、調査対象世帯が全国の世帯の縮図となるよう、統計理論に基づいて世帯を選定して調査をしている。

個人消費は、国内総支出（＝国内総生産）の約6割を占めており、その動向は景気に及ぼす影響が大きい。

家計調査は、個人消費に関する統計の中で最もカバー率が高いため、景気動向を判断する主要指標として位置づけられている。

7 経済構造実態調査

経済構造実態調査は、我が国の製造業及びサービス産業における企業等の経済活動の状況を明らかにし、国民経済計算の精度向上等に資するとともに、企業等に関する施策の基礎資料を得ることを目的として、製造業及びサービス産業に属する一定規模以上の全ての法人企業（甲調査）、特定のサービス産業に属する企業及び事業所（乙調査）を対象に調査を実施する。

サービス産業動向調査（総務省）、商業統計調査（経済産業省）及び特定サービス産業実態調査（経済産業省）の3調査を統合・再編したもので、令和元年（2019年）に新しく始まった統計調査である。

8 工業統計

工業統計調査は、統計法に基づく国の指定統計調査で、「製造業」に属する事業所（国に属する事業所及び従業者3人以下の事業所を除く）を対象として、工業の実態を明らかにすることを目的としている。工業統計調査は人口・家族構成などを調査する国勢調査に次ぐ基本的な統計調査として、「製造業の国勢調査」ともいわれていたが、2022年以降は経済構造実態調査の一部として実施されている。

9 国際収支表

一国の対外取引の模様は、国際収支に整理されて発表される。国際収支表は経常収支、資本移転等収支、金融収支の3部門から構成され、一国の居住者と非居住者との一定の期間内の取引が記録される。

(1) 経常収支

経常収支は、貿易・サービス収支、第一次所得収支、第二次所得収支から成り立っている。

① 貿易・サービス収支
　(a) 貿易収支：農工業製品など移動可能な財貨の取引（輸出入）の収支

(b) サービス収支：輸送費、通信費、金融、保険、旅行などの取引の収支

② 第一次所得収支

対外資産からの投資収支（配当、利子、工場からあがる収益等）

③ 第二次所得収支

国際機関への拠出、食材、医薬品などの無償援助、海外で働く人々の本国への送金

(2) 資本移転等収支

資本移転等収支は、資本移転と非金融非生産資産の取得処分から成り立っている。

① 資本移転

資産の所有権移転を伴う移転、投資贈与、債務免除

② 非金融非生産資産の取得処分

天然資源、商標権等無形資産の取引

(3) 金融収支

直接投資、証券投資、金融派生商品など、対外金融資産に係る取引と、外貨準備の合計を示している。

【 簡略国際収支表　例 】

（単位：億円）

経常収支			114,400
	貿易・サービス収支		− 213,900
		貿易収支	− 157,800
		サービス収支	− 56,100
	第一次所得収支		353,100
	第二次所得収支		− 24,800
資本移転等収支			− 1,000
金融収支			78,600
	直接投資		177,800
	証券投資		− 192,700
	金融派生商品		52,500
	その他投資		111,600
	外貨準備		− 70,600
誤差脱漏			− 34,800

10 産業連関表

(1) 産業連関表の概要

　経済活動では、各産業間の密接な取引関係の中で、産業の需要の増減は、その産業の需要の増減にとどまらず、各関連産業に直接・間接の影響を与える。

　各産業の生産活動は、消費者の最終的な需要が影響を受けるとともに、各産業で働く従業員の賃金にも影響を与えている。従業員は消費者でもあるため、賃金から新たな需要が生み出される。

　産業連関表とは、経済活動において、網の目のようになっている経済各部門の相互依存関係を明らかにして、最終需要が経済の各部門へどのように波及し、付加価値がどのように生じているかを分析している。

(2) 産業連関表の見方

① 中間投入

　産業連関表の縦方向は、ある産業が財を生産するにあたって、原材料として投入した商品の内訳が示されている。これを中間投入という。

② 中間需要

　産業連関表の横方向は、ある商品が各産業に原材料として配分されたものを示している。これを中間需要という。

③ 粗付加価値

　粗付加価値とは、生産額から商品の生産に必要な原材料使用額と間接経費を除いた額である。

　産業連関表は、経済循環を一覧表にまとめたもので、表の中では下記のようになっている。

④ 投入係数

　産業連関表の原材料等の投入額を当該産業の生産額で除して求められる係数であり、ある産業において1単位の生産を行うときに必要な原材料等の単位を示したものである。

　例えば、次の図の第1産業で1単位の生産を行うために必要な第2産業からの原材料投入の投入係数は50／100で、0.5となる。

> 行（横方向）：（中間需要）＋（最終需要）－（輸入）＝（国内生産額）
> 列（縦方向）：（中間投入）＋（粗付加価値）＝（国内生産額）

　表の数字を横方向の行に沿ってみれば、各生産物の販路（産出）構成がわかり、縦方向の列に沿ってみると、各部門がその製品を生産するのに必要とした費用（投入）構成がわかる投入産出分析になっている。

　投入（INPUT）と産出（OUTPUT）からI－O表、創始者のW. レオンチェフの名をとってレオンチェフ表ともいわれている。

実際の産業連関表は膨大なものであるが、試験問題に出るパターンとしては、次のようなものになる。（次の表は、簡易版なので横方向に「輸入」を控除する欄はない）

【 産業連関表 】

		中間需要		最終需要	産出額
		第一産業	第二産業		
中間投入	第一産業	30	40	30	100
	第二産業	50	30	40	120
粗付加価値		20	50		
産出額		100	120		

※第1産業の生産物が原料として第2産業へ40投入されている
　第1産業の生産物100のうち第2産業の生産物が50含まれている
　最終需要と粗付加価値の和は、必ず一致する

11 TFP（全要素生産性）

⑴ TFPの概要

　TFP（全要素生産性：Total Factor Productivity）とは、通常、経済成長率のうち資本（資本ストックの伸び×資本分配率）および労働（労働投入量の伸び×労働分配率）等の生産要素では測れない部分として、定義づけられている。TFPは、資本と労働の貢献分以外の残差で算出される。

　TFPは、労働生産性、資本生産性のような個別的な生産要素の部分生産性ではなく、すべての生産要素投入量と産出量の関係を計測するための指標として、すべての生産要素の投入量をそれぞれの所得分配率によって加重平均して計算した総要素投入（T）と産出量（Y）の比率Y／Tとして定義される場合もある。

　一般的にTFPの上昇は、長期的には主として技術体系と生産の組織との進歩を表すといわれ、短期的には、固定設備の操業率や労働者の技能水準の上昇を反映する。

⑵ TFPの算出

　次の計算例は、ある国における投入物が資本と労働の2種類、生産物がサービス1とサービス2の2種類と仮定し、それぞれのシェアは1：2、4：1で不変であるものと仮定したモデルである。

【 TFPの計算例 】

財・サービス	投　入			生　産			TFP (b) − (a)
	資本	労働	投入指数(a)	サービス1	サービス2	生産指数(b)	
シェア	1/3	2/3	1	4/5	1/5	1	
2006-2007 (%)	5	1	2.33	4	6	4.40	2.07
2007-2008 (%)	4	1	2.00	3	5	3.40	1.40

この表は、2006年から2007年にかけて、資本は5%、労働は1%上昇していることを表している。また、それぞれのシェアで加重平均した2.33%が投入指数となる。同様に生産指数は4.40%と求められ、TFPはこれらの差である2.07%となる。

12 その他の主要経済指標の見方

(1) わが国の一般会計・歳入・歳出

　①一般会計：国の通常の歳入および歳出を経理する基本的な会計のこと。
　②歳入：一会計年度における国や地方公共団体の収入のこと。
　③歳出：一会計年度における国や地方公共団体の支出のこと。

R05-03 (2) 資金循環と資金循環統計

①資金循環

　資金循環はマネーフローともいい、国民経済における貨幣（資金）の流れを経済循環過程において捉えている。財・サービスの売買にともなって生じる産業的流通と、債務証書の売買によって生じる金融的流通の2つに大別される。

　日米欧における家計の金融資産構成（2023年3月末現在）は、次のとおりである。

【家計の金融資産構成（2023年3月末現在）】

地域	現金・預金	債務証券	投資信託	株式等	保険・年金・定型保証	その他計	金融資産合計
日本	54.2%	1.3%	4.4%	11.0%	26.2%	2.9%	(2,043兆円)
米国	12.6%	4.9%	11.9%	39.4%	28.6%	2.7%	(114.3兆ドル)
ユーロエリア	35.5%	2.2%	10.1%	21.0%	29.1%	2.1%	(28.6兆ユーロ)

横軸：金融資産合計に占める割合（%） 0〜100

＊「その他計」は、金融資産合計から、「現金・預金」、「債務証券」、「投資信託」、「株式等」、「保険・年金・定型保証」を控除した残差。

出典：『資金循環の日米欧比較』2023年8月25日日本銀行調査統計局

②資金循環統計

　資金循環統計は、1つの国で生じる金融取引や、その結果として保有された金融資産・負債を、家計や企業、政府といった経済主体ごとに記録した統計である。

　個々の経済主体が経済活動を行うと、活動の裏では、現金、預金など、さまざまな形での資金の動きである金融取引がともなっている。また、実物の取引が存在しない場合でも、預金を取り崩して株式や債券を買うときのように、経済主体が保有する金融資産・負債の内容が変化することもある。

■■■ 問題編 ■■■　　　Check!!

問1 (H24-01)　　　　　　　　　　　　　　　　　　　　　　　［○・×］
　生産された製品の出荷動向を総合的に表した指標である「鉱工業用生産財出荷指数」は、景気動向指数の先行系列の経済指標である。

問2 (H29-06 改題)　　　　　　　　　　　　　　　　　　　　　　［○・×］
　東証株価指数は、景気動向に先行して反応を示す先行系列に位置付けられている。

問3 (R03-11)　　　　　　　　　　　　　　　　　　　　　　　　［○・×］
　非労働力人口は、専業主婦（夫）を含まない。

問4 (H14-18)　　　　　　　　　　　　　　　　　　　　　　　　［○・×］
　レオンチェフによって開発された産業連関表は、環境負荷分析である。

問5 (H30-03)　　　　　　　　　　　　　　　　　　　　　　　　［○・×］
　CI一致指数が上昇しているとき、景気は拡張局面にある。

問6 (H13-04)　　　　　　　　　　　　　　　　　　　　　　　　［○・×］
　GDPデフレータとは、名目GDPを実質GDPで割ることにより計算される物価指数で、パーシェ指数である。

■■■ 解答・解説編 ■■■

問1　×：一致系列の経済指標である。
問2　○：東証株価指数は先行系列である。
問3　×：収入を伴わない専業主婦（夫）は非労働力人口に含まれる。
問4　×：投入産出分析である。
問5　○：設問文のとおり。
問6　○：GDPデフレータはパーシェ指数である。

■■■ 問題編 ■■■

　一国の成長戦略の策定において、経済政策の効果が高い産業への投資が求められる場合がある。そこで、重点的な産業の選択のための1つの方法として、産業連関表を用いた分析がある。

　下表において、A産業で1単位の生産を行うために必要なB産業からの原材料投入の構成を示す係数として、最も適切な数値を下記の解答群から選べ。

		中間需要		最終需要	生産額
		A産業	B産業		
中間投入	A産業	30	150	120	300
	B産業	60	250	190	500
粗付加価値		210	100		
生産額		300	500		

出所：総務省「産業連関表の仕組み」(総務省ホームページ)

〔解答群〕
　ア　0.1
　イ　0.2
　ウ　0.3
　エ　0.5

解答：イ

　産業連関表に関する出題である。

　与えられた産業連関表において、A産業は300生産するのに、B産業からの原材料を60投入していることがわかる。よって、A産業で1単位の生産を行うために必要なB産業からの原材料投入の構成を示す係数（投入係数）は、60／300＝0.2である。

　よって、イが正解である。

過去23年分 平成13年(2001年)〜令和5年(2023年)	
1位	マネタリズム
2位	フィリップス曲線とオークンの法則
2位	恒常所得仮説
3位	トービンのq理論

直近10年分 平成26年(2014年)〜令和5年(2023年)	
1位	租税の転嫁
2位	マネタリズム
2位	フィリップス曲線とオークンの法則
2位	恒常所得仮説
3位	加速度原理
3位	トービンのq理論
3位	租税の転嫁と関連用語

過去23年間の出題傾向

　租税の転嫁が、直近10年間で4回出題されている。需要曲線の傾きにより、消費者と生産者のどちらの税負担が増えるのかを確認してほしい。本章はテーマが細分化されているが、まずは上記表に掲載のあるテーマを優先的に押さえてほしい。

第 **15** 章

その他経済学・経済政策の理論

I　その他マクロ経済理論

1　サプライサイド理論

(1) サプライサイド理論の概要

　サプライサイド理論(サプライサイド・エコノミクス)とは、経済活動のうち需要面(Demand)より供給面(Supply)を重視する考え方である。サプライサイド理論では、ケインズ的な総需要政策の定着の結果、供給側に歪みが生じたことが、スタグフレーション等の原因だとし、税制の改善、歳出減と減税、高福祉政策の見直しなどにより、インフレを抑え、勤労意欲や貯蓄の増大をはかって供給側の能力を高めることを課題としている。

　具体的な方策として、①法人税、所得税などの減税措置、②政府支出の削減、③政府規制の緩和の3つがある。

(2) レーガノミックスとサプライサイド理論

　アメリカでは、特に生産性の低下によるインフレや国際競争力の低下に悩む1970年代に、ニューディール政策における需要重視政策が行き詰まりをみせたことから脚光を浴びるようになった。この理論は、レーガン(R.W.Reagan)政権の政策を支える理論でもある。

　レーガノミックスとは、レーガン大統領がスタグフレーション状態の経済の回復、強いアメリカを目指し打ち出したものである。サプライサイド経済学を背景とし、減税、規制緩和政策による低金利、経済成長の回復を目指した。

　しかし、実際は高金利となり、財政赤字は拡大した。この高金利が民間投資を停滞させると同時に為替レートをドル高に導いた。

H26-10

2　マネタリズム

(1) 古典派のマクロ経済学の考え方

　古典派は、ケインズ以前のマクロ経済学の総称である。「供給は自ら需要を創造する」と要約されたセイの法則をフレームワークとしており下記の特徴がある。

① 労働市場の特徴

労働市場で実質賃金が伸縮的に調整され、常に労働の需要と供給が等しくなる完全雇用を達成する

② 財市場の需要と供給の特徴

　(a) 伸縮的な価格メカニズムが正常に機能することにより需要と供給が等しくなる

(b) 財市場と労働市場を実物部門と呼ぶ

(c) 財市場の供給では常に完全雇用国民所得が実現する

③ 投資と利子率の関係

(a) 投資は資金の借入れで実施するものと想定する

(b) 利子率が上昇すると借入れコストが上昇するため投資が減少する

④ 貨幣市場の特徴

(a) 貨幣市場は実物部門と区別されている

(b) 貨幣が実物部門に影響を及ぼさないことを貨幣ヴェール観または古典派の二分法と呼ぶ

(2) マネタリズムの概要

R03-08

マネタリズムとは、経済活動の水準に影響を及ぼす手段として政策当局が利用できる政策のなかで、通貨政策がもっとも重要なものだとする考え方である。また、マネタリストとは、この考え方を信奉する人の総称である。

裁量的な経済政策の有効性を懐疑し、固定的な貨幣供給ルールの採用を提唱する政策上の立場であり、フリードマンに代表される考え方である。

マネタリストが主張する金融政策の運営方法に**k%ルール**がある。

短期的な景気動向を目的にせず、長期的な経済成長率にあわせて、貨幣供給量を一定の増加率で、安定的に増加させていく固定ルール方式である。

(3) 貨幣数量説

R05-11
R03-08
H23-04
H21-07
H19-08

貨幣数量説は、古典派経済学を構成する学説の一つである。貨幣供給量の増加がインフレーション（物価上昇）につながることを決定づける学説である。

【 フィッシャーの数量方程式（交換方程式）】

$$MV = PT$$

※Mは貨幣供給量、Pは物価、Tは取引量（Y：実質国民所得と同じ）、
Vは貨幣の流通速度

① 貨幣の流通速度

貨幣の流通速度とは貨幣供給量（M）が一定期間内に何回使用されたかを示す。左辺のMVは、一定期間内に使われた実質的な貨幣の量を示し、式より1万円が1年間にV回使用されたのかがわかる。右辺のPTは、物価×取引量となるため、一定期間内の総取引額を示す。

② 貨幣数量説の結論

貨幣の流通速度（V）が一定で、取引量（T）も一定と仮定すると、貨幣供給量（M）の大きさが物価（P）の大きさに影響を与えることがわかる。

貨幣の流通速度は、取引習慣等により決まっており、短期的には安定しているため一定となる。また、取引量（T）は、実質国民所得（Y）と同様に考えられ、実質国

民所得（Y）は、市場メカニズムを通して完全雇用の水準に決まるため常に一定となる。

> 貨幣供給量（M）の増加　→　物価（P）の上昇

3　その他の古典派理論

（1）合理的期待形成学派

　人々は政府の経済政策の効果を合理的に予測して、はじめから効果を織り込んで行動するため、裁量的な財政・金融政策は実体経済には影響を及ぼさないと主張している。

　市場の期待を裏切る貨幣供給量の増加など、予測されていなかった経済政策が、実体経済に影響を及ぼすと考える。ケインズの裁量的な財政・金融政策を短期的な視点からも否定している。

（2）リアルビジネスサイクル理論（実物的景気循環理論）

　景気循環は、貨幣供給や物価水準などの貨幣的要因によって引き起こされるのではなく、技術革新などの実物的な供給サイドの要因によって引き起こされると考える学説である。

　市場の価格メカニズムを信頼しており、市場の不均衡は常に解消され均衡状態が成立していると考える。

4　等価定理

　等価定理とはリカードが唱えたもので、公債の償還が生存中であれば人々は将来の増税を見越して貯蓄するために、現在の消費を抑制するので消費拡大効果が失われるという考え方である。等価定理は**中立命題**ともいわれる。さらにバローは、公債の償還が生存中に行われなくても子や孫の世代の課税に見合うように資産を残すために、やはり等価定理が成立することを示した。

5　プライマリー・バランス

　歳出が歳入を上回り、プライマリー・バランスが赤字になっている場合は、現在の国民が税金などの負担以上に国から公的サービスを受けている状態である。

　また、その負担以上の債務を将来世代に回しているとみることもできる。わが国のプライマリー・バランスはバブル崩壊後、赤字が続いている。

6 フィリップス曲線とオークンの法則

(1) フィリップス曲線と自然失業率仮説

　失業率と物価上昇率（名目賃金上昇率）における相関を示した曲線である。短期的には失業率と物価上昇率において負の相関（トレード・オフの関係）を示すため、物価の上昇に対して失業率は減少する。長期的には物価上昇率は失業率に影響を及ぼさず、現実のインフレ率と期待インフレ率が等しいときの失業率である自然失業率の水準に落ち着く。このため、長期的にはフィリップス曲線は垂直になる。これを**自然失業率仮説**という。自然失業率仮説では、政府による総需要拡大策は、長期的にはインフレを加速させる。

(2) オークンの法則

　失業率と実質GDP成長率における負の相関を示したものである。労働市場と財市場が密接に関連していることにより、実質GDPが拡大すると（財市場で財がよく売れると）、企業の労働需要が増加するため、失業率が低下すると考える法則である。

(3) インフレーション（インフレ）知識の応用

① インフレ

インフレーションは、異時点間で成立する財貨・サービスの相対価格を変化させる。

② 期待インフレ率とフィッシャー方程式

期待インフレ率とは、家計や企業が将来に起こると予想する物価上昇率である。フィッシャー方程式では、実質利子率＝名目利子率－期待インフレ率と定義している。例えば、名目利子率を所与として、期待インフレ率が高くなると、実質利子率は低くなる。

③ 所得分配に与える影響

インフレーションが、所得分配に与える影響として、次のようなものがある。

　(a) 債権者から債務者への実質所得移転をもたらす
　(b) 名目額で固定された所得を得ている人々の実質所得を減少させる
　(c) インフレにスライドして課税最低所得が引き上げられない場合、インフレは課税対象者を増やす効果を持つ
　(d) 累進課税のもとでは、インフレは名目所得税額を増加させる

7 資産効果（ピグー効果） H29-09

(1) 物価の変動と需要の関係

　ピグー効果とは、物価の下落が、消費者が保有する実質的貨幣価値を高めるため、消費を促し、需要も増加することである。反対に、物価の上昇が、消費者が保有する実質的貨幣価値を低め、消費を抑えるという効果である。

物価の下落 $\left(\dfrac{M}{P\downarrow}\right)$ → 実質貨幣価値の増加（↑）

→ 財市場の消費や投資を刺激 → 需要増加

(2) 消費需要と貨幣需要に与える効果

　消費の資産効果は、国債や有価証券などの資産の増加が消費の拡大をもたらす効果である。貨幣需要の資産効果は、資産が増えれば資産と貨幣のバランスを保とうとして、貨幣の保有も増やす効果である。

Ⅱ ケインズ以外の投資理論

1 新古典派の投資理論

(1) 新古典派の投資理論の概要

ケインズの投資理論に対して、新古典派にも投資理論がある。新古典派の投資理論によれば、企業は最適資本ストックと現存の資本ストックとの差を埋め合わせるように投資を実行する。

> 今期の投資支出＝最適資本ストック－前期の資本ストック

(2) 最適資本ストックの増加

資本のレンタル・コストの低下は、最適資本ストックを増加させる。最適資本ストックの増加は、上記の式が示すとおり、今期の投資支出を増加させるため、企業の投資増加に影響する。

> 資本のレンタル・コスト
> ＝（名目利子率－予想インフレ率＋減価償却率）×資本財価格

① 資本のレンタル・コストの増加要因

(a) 名目利子率の増加：企業が借入れにより、資本財購入を行った場合、利子費用の増加は、他の項目が一定の場合、資本のレンタル・コストの増加につながる

(b) 予想インフレ率の低下：企業がインフレを予想すると、インフレにより貨幣価値が低下するため、実質的に利子費用が減少し、資本レンタル・コストの減少につながる。その逆のデフレを予想すると（予想インフレ率の低下）、デフレにより実質的な利子費用が増加し、資本のレンタル・コストの増加につながる

(c) 減価償却率の増加：資本（機械）の減耗が生じ、新たなものに置換するため、資本のレンタル・コストの増加につながる

(3) 利子率の低下による投資支出の増加

新古典派の投資理論においてもケインズの投資理論と同様に、利子率の低下は投資支出の増加を引き起こす。ただし、ケインズの理論では、投資資金の調達コストの低下を意味し、新古典派の投資理論では、資本のレンタル・コストの低下を意味している。

> 利子率の低下　→　投資支出の増加（企業の投資の増加）

2 加速度原理

(1) 加速度原理の概要

　加速度原理は、資本と生産量の比率（資本係数）が一定であると仮定し、将来の生産量と現在の生産量から、設備投資の水準が決定されると考える。つまり、設備投資は、生産量の変化分に比例して変動するとしている。

　また、望ましい資本ストックへの調整の速さは考慮せず、毎期すべて調整されると仮定する。

> $$資本係数 = \frac{K（資本ストック）}{Y（生産物）} → 加速度原理では一定$$

> 今期の投資支出＝資本係数×（今期の生産量－前期の生産量）

(2) 加速度原理の理解

　加速度原理は、下記のフローで理解してほしい。機械2台で自動車1台を生産する技術がある国で、生産物はマクロ的に考えると国民所得になる。

> 前期：機械（資本ストック）20台で、
> 10台の自動車（生産物）を生産
> ↓
> 今期：自動車を前期より1台多く生産し、11台の生産予定
> （今期の国民所得－前期の国民所得＝1台）
> ↓
> 資本係数が2の場合 ← $\dfrac{K → 20台の機械}{Y → 10台の自動車} = 2$
> ↓
> 今期に機械2台分の投資が必要
> （資本係数2 × 増産分1台 ＝ 機械2台）

3 資本ストック調整理論

　資本ストック調整理論は、資本ストックの調整の速さが異なることを仮定している。つまり、企業が今期にもっとも望ましいと考える機械の台数（最適資本ストック）と、

前期の機械の台数（資本ストック）の差が、すべて今期に実現されるとは考えない。

　加速度原理では、機械の導入が、すぐに実現できることを前提としている。しかし、現実には、機械の導入には時間や費用がかかるため困難である。資本ストック調整理論では、伸縮的加速子を用いることで理論を一般化している。**伸縮的加速子**とは、今期の投資として実現される割合を示しており、産業の構造などにより変化する。

> 今期の投資支出
> 　　＝伸縮的加速子×（最適資本ストック－前期の資本ストック）

4 トービンのq理論

　トービンは、ケインズ派の代表的な学者であるが、本章で紹介する。**トービンのq理論**は企業価値（株式時価総額＋負債時価総額）を資本ストックの再調達価格総額で割ったものをqとし、qが1より大きいときに設備投資が行われるとする。

$$q = \frac{\text{企業価値}}{\text{資本ストックの再調達価格総額}}$$

　qが1より大きい場合、市場が評価している企業価値は現在の資本を買い換える費用総額よりも大きい。企業は現在の資本ストックで高い収益を生み出しているため、投資を実行したほうが有利となる。つまり、資本投資の予想収益が投資費用よりも大きいとき、企業は新規の投資を実行する。

> q＞1　→　投資実行

III ケインズ以外の消費理論

1 クズネッツ型消費関数

クズネッツは、膨大なデータを長期間にわたり分析し、消費と国民所得の関係を調べて次の関数を導出した。

クズネッツ型消費関数の特徴は、ケインズ型消費関数が短期であるのに対して、長期の消費関数である。基礎消費を設定していないため、消費曲線は原点から描かれる。国民所得をY、消費をCとすると下記のようになる。

$$C = 0.9Y$$

R04-04
R01-04
H23-03
H21-09

2 ライフサイクル仮説

ライフサイクル仮説は、消費量はその個人が一生のあいだに消費することのできる所得の総額（生涯所得）の大きさによって決められるという考え方である。

例えば、Aさんは、働いているときの消費水準を考える際に、退職後に生活を切り詰めなくてもすむように考慮し、労働期間中には退職後に備えて貯蓄をするという考え方である。モディリアーニによって提唱された。

H24-11
H20-02

3 家計貯蓄率

家計貯蓄率とは、家計の貯蓄額を可処分所得で割った比率であり、可処分所得とは収入から税、社会保険料などを引いた手元に残る処分可能な額である。貯蓄とは、可処分所得から消費支出額を引いた残りで、消費されてしまわずに何らかの形で蓄積される部分の額である。

わが国における家計貯蓄率の低下は、高齢化の進展が主な要因である。ライフサイクル仮説に基づけば、一般的に高齢化すると貯蓄率が低下し、家計消費のウエイトが増加する一方で、設備投資のウエイトが相対的に下がると考えられている。

R04-04
R03-04
R01-04
H26-06
H21-09
H19-07

4 恒常所得仮説

(1) 恒常所得仮説の概要

恒常所得仮説では、貯蓄は好調な年と不調な年の消費を平準化する重要な役割を果たすことを強調している。人々の消費量は現在の所得によって決まるのではなく、恒常所得（長期平均所得）によって決まると考える。フリードマンによって提唱された。

所得は自己の能力から予測される将来の平均所得である「恒常所得」と、「変動所得」に分けられる。

(2) 恒常所得

　恒常所得とは、定期的な給与のように決まって受け取ることができる所得と考える。消費は現在から将来に渡って稼ぐことのできる所得の平均値である恒常所得に依存して決定される。

(3) 変動所得

　変動所得とは、景気などの一時的要因に左右される所得である。一時的な要因である1回限りの減税の実施は変動所得であり、消費の拡大に影響を与えないと考える。

> 一時的な要因に左右される所得　→　変動所得
> 決まって受け取ることができる所得　→　恒常所得

5　相対所得仮説

(1) 相対所得仮説の概要

　相対所得仮説では、人々は、隣人たちとの消費生活において一般的に考えている所得と対比される相対所得に依存しているという考え方である。デューゼンベリーによって提唱された。

(2) 消費習慣仮説とラチェット効果

　消費習慣仮説とは、消費習慣が消費決定に及ぼす影響を考慮し、消費は過去の所得水準の影響を受けるとする仮説である。

　この仮説によると、現在の消費は過去に形成された消費習慣や生活水準に依存し、変更には時間がかかることから、景気の後退局面においても消費の落ち込みが小さくなり景気後退を食い止める消費の歯止め効果が作用する。この歯止め効果のことをラチェット効果という。

(3) デモンストレーション効果

　デモンストレーション効果とは、個人の消費支出が、自分の所得のみの関数でなく他人の消費水準や消費様式の影響を受けることである。

> 時間的な相対所得仮説（消費習慣仮説）　→　ラチェット効果
> 空間的な相対所得仮説　→　デモンストレーション効果

6 倹約のパラドックス

(1) 倹約のパラドックス

　人々が節約して、貯蓄に励むと国民所得は減少し、国民全体が貧しくなることを**倹約のパラドックス**という。

(2) 合成の誤謬(ゴビュウ)

　合成の誤謬(ゴビュウ)とは、個人について成立することが、社会全体にも妥当であるとは限らないことをいう。「倹約のパラドックス」も合成の誤謬の一つである。

7 その他消費の理論

(1) ヴェブレン効果

　ヴェブレン効果とは、消費は財やサービスが本来持つ性質だけのために行われるのではなく、自分の地位の誇示や他人に見せびらかすために行われるとするものである。

　例えば、社会的地位の象徴となる財では、価格が上昇するとかえってその財の消費量が増加する傾向がある。

(2) 依存効果

　依存効果では、消費者の消費行動が、企業の広告宣伝や販売促進によって新しい欲望を創出させられることに依存していることを指摘している。ガルブレイスによって提唱された。

(3) スノッブ効果

　財の価格が下落したとき、多くの人々の需要は増大する。しかし、大衆とは異なることを誇示するためにむしろその財に対する支出を減少させる効果がある。この効果を**スノッブ効果**という。

(4) バンドワゴン効果

　バンドワゴン効果とは、ある製品に多くの需要がある場合、個々人のその製品に対する需要が大きくなる効果をいう。多くの人が買っているものはいいものに違いないという考えから起こる。

IV 経済成長理論

1 新古典派の成長理論

(1) 概要

　資本や労働の生産要素市場において、価格調整メカニズムが働き、生産要素間の円滑な代替が可能で、資本係数は可変的になり、資本や労働の完全雇用が実現できると考える。

　新古典派の成長理論では、均衡成長経路は安定的であると結論づけられている。もちろん、長期的な視点からの分析である。

(2) ソロー・モデル

　生産における資本と労働の円滑な代替が可能な場合には、経済全体の投入と算出の間の技術的関係は、生産関数をFとすると、次のように表される。

$$Y = F(K, L)$$
（Y：生産量、K：資本量、L：労働量）

(3) 規模に関して収穫不変の生産関数

　規模に関して収穫不変の生産関数では、資本と労働のそれぞれの生産要素が2倍になれば、生産量も2倍になる。

　労働1単位当たりの生産量$\dfrac{Y}{L}$をy、資本・労働比率$\dfrac{K}{L}$をkで表すと、上記のマクロ生産関数は、下記の式になり、図表の曲線のように描くことができる。

　資本・労働比率$\dfrac{K}{L}$は、資本装備率とも呼ばれる。下記の式は、1人当たりK台の機械（資本）を使用して、1人当たりY個を生産するとイメージしてほしい。

$$y = f(k)$$

(4) 資本の限界生産力逓減を前提

　古典派では、資本の限界生産力逓減を前提にするため、1人当たりの生産関数は、図表のように描かれる。資本・労働比率kが上昇するにつれて、労働1単位当たりの生産量yが増加していることがわかる。しかし、その増加の程度は、資本・労働比率kが上昇するにつれて逓減していくことがわかる。

⑸ 生産量の決定要因である資本の成長

新古典派の成長理論では、資本と労働がバランス良く成長するには、資本と労働の関係を示す資本・労働比率kが一定の値をとる。このkが一定の状態を**定常状態**と呼ぶ。次の①～④より、新古典派における定常状態の式を求める。試験対策上、グラフを中心に理解し、定常状態の条件式はグラフを理解する際の参考程度に考えよう。

① 定常状態のときには、資本装備率が一定の値をとるため$\Delta k = 0$となる

② 資本ストックの変化率であるΔKは、$\Delta K = $投資$(I)$となる

③ 財市場の需給均衡が成立するときには、$I = S$となる

④ 貯蓄$(S) = sY$も成立する$(s：貯蓄率)$

資本装備率(k)の変化率$= \dfrac{\Delta k}{k} = \dfrac{\Delta K}{K} - \dfrac{\Delta L}{L}$

上記①より、$\Delta k = 0$のため、次の式が成立する。

$\dfrac{\Delta K}{K} = \dfrac{\Delta L}{L}$

上記②・③・④のため、$\dfrac{\Delta K}{K}$は次のようになる。

$\dfrac{\Delta K}{K} = \dfrac{I}{K} = \dfrac{S}{K} = \dfrac{sY}{K}$

上記の式に、前述した、$y = f(k)$を代入すると、次のようになる。

$\dfrac{\Delta K}{K} = \dfrac{sY}{K} = s \cdot \dfrac{Y}{L} \cdot \dfrac{L}{K} = s \cdot y \cdot \dfrac{1}{k} = \dfrac{s \cdot f(k)}{k}$

$\dfrac{\Delta L}{L} = n$で表すと、定常状態では、次のようになる。

$$\dfrac{s \cdot f(k)}{k} = n \qquad f(k) = \dfrac{n}{s} k \cdots\cdots (a)$$

(a)の式は図表の右上がりの直線となり、次ページの図表のとおりになる。

370

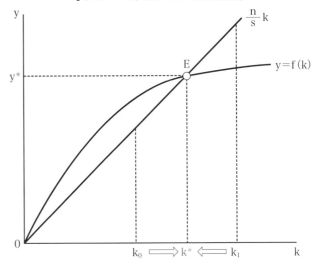

【 ソロー・モデルのマクロ生産関数 】

図表をみると、グラフの交点Eが定常状態となり、k^* が定常状態での資本・労働比率、y^* が定常状態での1人当たりの生産量である。

(6) 新古典派の経済成長モデルの結論

資本・労働比率が k_1 のケースでも、資本・労働比率が k_0 のケースでも、資本・労働比率が伸縮的に機能し、定常状態を k^* と乖離しても、長期的には k^* に近づく動きが生じて、均衡成長の水準である k^* に収束し、点Eは安定的になる。

2　内生的成長理論

(1) 概要

新古典派経済成長理論に対する批判に答えるために研究が進められてきたのが、内生的経済成長理論である。新古典派の経済成長理論は、外生的に与えられる労働人口の増加率と労働生産性上昇率により決定される。これでは、政府は新古典派の成長理論からは、経済成長の促進策に対して、有効な手がかりは得られない。

内生的経済成長理論では長期的な経済成長率を外生的な要因ではなく、経済のなかで内生的に決定されると考えている。

(2) AKモデル

内生的経済成長論のもっとも基本となる理論は、レベロによるAKモデルである。AKモデルでは、生産関数を「Y＝AK」と仮定する。

ここで、国民所得をY、資本の生産性（資本の生産効率）を表す定数をA、資本ス

トックをKとする。

$$Y = AK$$

　AKモデルでは、生産関数は、資本の限界生産力が常に一定であるとしており、国民所得は、資本ストック（K）とともに比例的に増大する。

　資本ストック（K）は、工場設備といった物理的な民間ストックの量ではなく、教育によりレベルが上がる場合を含む人的資本、必要な資金が必要な部門に過不足なく効率的に供給される金融資本、国全体の研究開発体制、道路や治安などを含む広い意味での公共資本、社会全体で保有する知識やアイデアなど、経済成長に貢献しうるさまざまな資本の蓄積も含むものと考えられている。

【 AKモデル 】

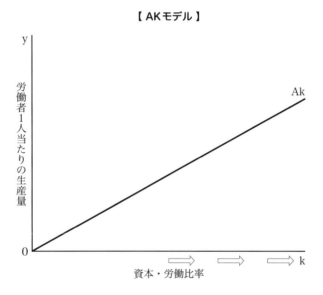

⑶ AKモデルの結論

　上記の図表からわかるように、資本・労働比率（労働者1人当たりの資本量）は、新古典派理論のように均衡成長の水準に収束せずに、永続的に増加する。労働者一人当たりの生産量（y）も永続的に成長していく。

　政策的に資本の生産効率（A）を高めることができれば、長期的な経済成長率の増加が実現する。

Ⅴ 所得分配の公平性（公正性）

1 公正性の貢献基準

公正性の貢献基準によれば、生産活動における各人の貢献の度合いに応じて所得が分配されるとき、公正性が実現する。

この貢献基準では、分配されるべき財の生産にどれだけ貢献したかに応じて人々に財が分配されるべきだと考えるため、熟練労働者の方が未熟練労働者よりも、賃金水準が高くなる。また、生産に全く貢献できなかった人、つまり重度の障害のために働けない人は何も分配を受けることができないことになるため、社会的弱者を救済することは難しくなる。

2 ジニ係数

所得が完全に平等に分配されている場合に比べて、どれだけ分配が偏っているかを数値に示したものである。0〜1までの数値で表され、完全平等であれば0（ゼロ）であり、完全不平等（世の中の所得を1人の人が独占し、それ以外の者の所得がゼロ）であれば、ほぼ1となる。

3 ローレンツ曲線

所得の不平等分配の測定法のひとつである。横軸に各所得層に属する人数が全体のどれだけの割合になるかを、所得の低い順に並べて合計累積した百分比をとり、縦軸には、各所得層に属する人々の所得額が全体の所得のどれだけの割合になるかを、所得の大きさの順に累積百分比でとり、プロットしたものである。

次の図表の点Aでは、横軸が50％のため所得の低いほうから数えて50％の家計の集団を示している。縦軸は15％である。所得の低いほうから数えて50％の家計の所得の累計額は社会全体の所得の15％しかないことになる。

ローレンツ曲線は所得が平等に分布されているほど対角線に接近し、不平等に分布されるほど下にたわむ傾向をもっている。

【 ローレンツ曲線 】

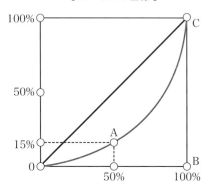

VI その他経済政策の理論

1 租税の転嫁と関連用語 Ⓑ

租税の転嫁とは、商品の流通段階で、製造業者から卸売業者、小売業者、消費者へ順に、税負担が移しかえられていくことである。

(1) 租税の前転

租税の前転とは、生産者から消費者に向かって租税負担が転嫁されることである。具体的には、企業が価格をつり上げることで消費者に税負担を負わせることである。

(2) 租税の後転

租税の後転とは、製造業者から消費者の方向ではなく、原材料供給者の方へ、後方へ転嫁することである。原材料供給者よりも製造業者のほうが流通における影響力が強く、原材料の価格引下げを余儀なくされる場合に起こる。

(3) 消転と帰着

消転とは、技術革新などの生産力の向上によって税負担を吸収することである。従業員の給料を引き下げて従業員に税負担を負わせる場合もある。帰着とは、最終的な税負担者が決まることである。現行の消費税は、流通の各段階で課税されるが、次々に税が転嫁し、消費者が全てを負担することが予定されている。

(4) 従量税と従価税

従量税は生産量に従って賦課される税金である。生産量1単位当たり何円という形式で賦課される。従価税は、価格に従って賦課される税金である。

2 租税の転嫁 Ⓐ

(1) 租税の転嫁と税負担

次の図表は、ある生産物市場における租税の転嫁と税負担について表している。需要曲線Dと供給曲線Sは、税が課される前の需要曲線と供給曲線を表しており、点E_0で均衡している。

この財に生産物1単位当たりt円の間接税が課されると、供給価格がt円だけ上昇するため、供給曲線SはS'へと上方シフトする。この結果、市場均衡はE_0からE_1に変化し、価格はP_1に上昇し、数量はQ_0からQ_1に減少する。この価格P_1は税込価格を表しており、税抜価格はP_2となる。

つまり、課税前の価格P_0と比較したとき、生産物1単位当たり、P_0P_1の額だけ

消費者に税が転嫁され、P_0P_2の分を生産者が負担していることになる。

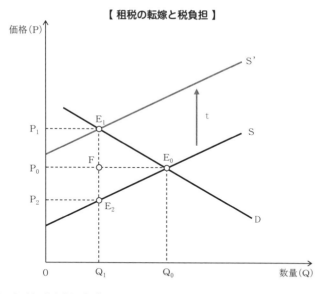

【 租税の転嫁と税負担 】

(2) 需要の価格弾力性がゼロの場合の税負担

　需要の価格弾力性がゼロの場合、需要曲線Dは垂直になる。このとき、生産物1単位当たりt円の間接税が課されると、先ほどの (1) と同様、供給曲線はSからS'へ上方シフトするが、数量はQ_0のまま変化しない。つまり、税込価格はP_1に変化するが、税抜価格はP_0のまま変化しないため、間接税はすべて消費者に転嫁され、消費者が負担していることになる。

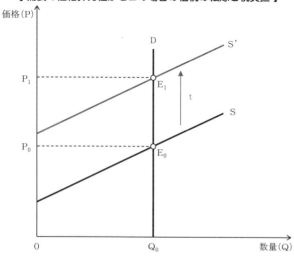

【 需要の価格弾力性がゼロの場合の租税の転嫁と税負担 】

■■■ **問題編** ■■■　　　　　Check!!

問1 (H17-08)　　　　　　　　　　　　　　　　　　　　［○・×］
k%ルールとは、公債を長期的な経済成長率にあわせて一定の率で増加させる政策である。

問2 (H28-09)　　　　　　　　　　　　　　　　　　　　［○・×］
加速度原理によれば、生産量が一定のとき、投資は増加する。

問3 (H29-08)　　　　　　　　　　　　　　　　　　　　［○・×］
トービンのqとは、企業の市場価値を資本の割引価値で除したものである。

問4 (H17-01)　　　　　　　　　　　　　　　　　　　　［○・×］
恒常所得仮説によれば、1回かぎりの特別減税によって可処分所得が一時的に増加したとしても、消費の水準は影響を受けないとされる。

問5 (H17-01)　　　　　　　　　　　　　　　　　　　　［○・×］
個人レベルの倹約は美徳とされるが、「倹約のパラドックス」が発生する場合、人々の倹約意欲の高まりとともに、GDPが減少する。

問6 (H22-19)　　　　　　　　　　　　　　　　　　　　［○・×］
「期間限定の商品です」という宣伝文句はバンドワゴン効果を、「現在売れています」はスノッブ効果を反映している。

問7 (H29-09)　　　　　　　　　　　　　　　　　　　　［○・×］
資産効果は必ず利子率を上昇させる。

問8 (H19-10)　　　　　　　　　　　　　　　　　　　　［○・×］
内生的経済成長論では、教育、知識、人的資本、研究開発が経済成長に果たす役割を重要視している。

問9 (H16-12 設問1 改題)　　　　　　　　　　　　　　　　［○・×］
税あるいは社会保障による所得再分配は、ローレンツ曲線を下方にシフトさせる。

問10 (R01-09)　　　　　　　　　　　　　　　　　　　　　　　　　　　[○・×]
　自然失業率仮説において、政府による総需要拡大策は、長期的にはインフレを加速させる。

■■■　解答・解説編　■■■

問1　×：貨幣供給量を長期的な経済成長率にあわせて一定の率で増加させる政策である。

問2　×：設備投資は生産量の変化分に比例して変動するという理論である

問3　×：トービンのqは、企業価値を資本ストックの再調達価格の総額を除して求める。

問4　○：1回限りの減税など、一時的な要因による変動所得は、消費の拡大に影響を与えない。

問5　○：倹約のパラドックスは貯蓄に励むことで、国見所得が減少することである。

問6　×：「期間限定の商品です」という宣伝文句はスノッブ効果を、「現在売れています」はバンドワゴン効果を反映している。

問7　○：資産効果により、IS曲線は右方シフト、LM曲線は左方シフトするため、必ず利子率が上昇する。

問8　○：内生的経済成長論では、長期的な経済成長率は内生的に決定されると考えている。

問9　×：税あるいは社会保障による所得再分配は、所得の不平等を少なくするため、ローレンツ曲線を上方にシフトさせ、45度線に近づける。

問10　○：設問文のとおり。

■■■■ **問題編** ■■■

　消費がどのようにして決まるかを理解することは、経済政策の手段を検討する際にも、また、景気動向を予測する上でも重要である。一般に、消費の決定に所得が影響すると考えられているが、具体的な影響の仕方についてはいくつかの考え方がある。

　消費の決定に関する記述として、最も適切なものはどれか。

ア　恒常所得仮説では、一時金の支給によって所得が増加しても、消費は増加しない。

イ　絶対所得仮説によるケインズ型消費関数では、減税によって可処分所得が増加しても、消費は増加しない。

ウ　絶対所得仮説によるケインズ型消費関数では、定期給与のベースアップによって所得が増加しても、消費は増加しない。

エ　ライフサイクル仮説では、定期昇給によって所得が増加しても、消費は増加しない。

解答：ア

消費の決定に関する出題である。

ア：適切である。恒常所得仮説では、一時的に所得が増加しても、消費は増加しないと考えられている。

イ：不適切である。絶対所得仮説によるケインズ型消費関数では、所得が増加すると消費も増加すると考えられている。

ウ：不適切である。イの解説のとおり。

エ：不適切である。定期昇給は所得の総額（生涯所得）を増加させるため、消費も増加する。

▰ 出題マップ：経済学・経済政策①(第1章〜第8章)

第1章：経済学の基礎	令和5年度	令和4年度
I 経済学の基礎	05-名目GDP、実質GDP	
II 国民経済計算の基本概念	04-国民経済計算の基本概念	03-国民経済計算の基本概念
III 物価と物価指数		
第2章：財市場(生産物市場)の分析		
I 消費関数の理解		04-絶対的所得仮説
II 45度線分析	07-45度線分析	06 (1) (2) -45度線分析
III 投資乗数と政府支出乗数の理解	07-投資支出乗数	05-政府支出乗数
IV 租税乗数の理解		
V 乗数のまとめ		
VI 投資の効率分析		
VII IS曲線の導出	08 (1) -IS曲線の形状とシフト	
第3章：資産市場(貨幣市場・債券市場)の分析		
I 貨幣の需要と供給	11 (1) -国債	
II 貨幣供給量の理解		
III LM曲線の導出	08 (2) -LM曲線の形状とシフト	
第4章：財市場(IS曲線)と貨幣市場(LM曲線)の同時分析		
I IS-LMの同時分析		
II 財政政策	11 (2) -流動性のわなの下での財政政策	
III 金融政策		
第5章：国際マクロ経済学		
I 経常収支と貯蓄・投資バランス		
II 外国貿易乗数	10 (1) -開放経済下・閉鎖経済下におけるIS曲線の傾き	
III 外国為替相場の決定		
IV 変動為替相場と固定為替相場		
V 外国為替相場決定理論	09-外国為替相場決定理論	09-金利平価説
VI 国際収支調整機能		
VII マンデル＝フレミング・モデル(変動為替相場制)	10 (1) (2) -BP曲線、マンデル＝フレミング・モデル	
VIII マンデル＝フレミング・モデル(固定為替相場制)		
第6章：消費者行動理論		
I 消費者行動理論の概要		
II 無差別曲線理論		
III 需要の弾力性	12-豊作貧乏、16-エンゲル曲線	14-需要の価格弾力性
IV その他の無差別曲線の理論		
第7章：生産者行動理論		
I 生産者行動理論の概要		
II 費用関数の理解	14-総費用曲線	15 (1) -総費用曲線
III 利潤最大化行動と損益分岐点		15 (2) -最適生産量
IV 等産出量曲線と等費用曲線		16 (1) -等費用曲線、16 (2) -最適投入量の決定
第8章：不完全競争		
I 独占市場の企業行動	20-買い手独占	
II 寡占市場の企業行動	22-ゲーム理論	20-ゲーム理論
III 独占的競争市場		17-独占的競争市場

令和 3 年度	令和 2 年度	令和元年度
曲線のシフト		
GDP	03- 国民経済計算の概念	03- 国民経済計算
絶対的所得仮説、限界消費性向		
	05- デフレ・ギャップ	
(1) (2) - 投資乗数、政府支出乗数		05 (2) - 均衡 GDP
(1) (2) - 租税乗数		
(1) (2) - 均衡予算乗数		05 (1) - 乗数効果
	04 (1) (2) - 貯蓄・投資図、06 (1) -IS 曲線	
貨幣乗数	10- 貨幣供給	06- 金融政策
(1) -LM 曲線の形状		
(2) - 財政政策	06 (2) - 財政政策	
(2) ・08- 金融政策	06 (2) - 金融政策、10- 貨幣供給	
- 外国貿易乗数		
		07- 為替レートの決定
- 金融政策と財政政策	11- 金融政策と財政政策	
- 予算制約線、所得効果と代替効果、 上級財と下級財	13- 予算線	12- 限界代替率逓減
- 需要の所得弾力性、14- 需要の価格弾力性		13- 需要の価格弾力性
- 特殊な形状の無差別曲線	14-L 字型の無差別曲線、15- 余暇と労働	
	16- 労働需要曲線	14- 総生産物曲線
		16- 最適生産量・損益分岐点・操業停止点
		15 (1) (2) - 等産出量曲線・等費用曲線
- 独占企業の利潤最大化		
	22- ゲーム理論	
	20- 独占的競争市場	

■ 出題マップ：経済学・経済政策② (第9章～第15章・その他)

第9章：市場均衡	令和5年度	令和4年度
I 市場均衡		
II 不安定なパターン		
第10章：余剰分析と市場の失敗		
I 余剰分析	13-余剰分析	11-消費者余剰、12-生産者余剰
II パレート最適	15-2財への資本と労働の配分	
III 外部効果 (外部性)		
IV 外部効果の内部化	17-外部効果の内部化	
V 公共財		
VI 自然独占	19-価格規制の理論	
VII その他の価格規制の理論		
VIII 情報の非対称性	18-モラル・ハザード	21-逆選択
第11章：産業組織論		
I 産業組織論の概要		
II 市場範囲の決定		13-需要の交叉弾力性
III 市場の参入と退出		
IV その他産業組織論の重要事項		
第12章：国際ミクロ経済学		
I 国際貿易論		
II 比較生産費説 (比較優位論)		18-比較生産費説
III ヘクシャー＝オリーンの定理		
IV その他国際貿易論の知識		19-資本移動
V 余剰分析による説明 (小国モデル)	21-貿易自由化による余剰の変化	
VI 保護貿易		
第13章：総需要 (AD)・総供給 (AS) 分析		
I 総需要曲線		07 (1) -総需要曲線
II 総供給曲線		07 (1) -総供給曲線
III 総需要・総供給分析		07 (2) -総需要・総供給分析
第14章：主要経済指標の読み方		
I 景気動向指数	06-一致系列	08-景気循環
II 各種統計の概要	02-日本の経常収支の内訳の推移、 03-日米における家計の金融資産構成、 05-物価指数 (パーシェ型)	
第15章：その他経済学・経済政策の理論		
I その他マクロ経済理論	11 (2) -貨幣数量説、国債の中立命題	10-自然失業率仮説
II ケインズ以外の投資理論		
III ケインズ以外の消費理論		04-ライフサイクル仮説、恒常所得仮説、 相対所得仮説
IV 経済成長理論		
V 所得分配の公平性 (公正性)		01-ジニ係数
VI その他経済政策の理論		
その他		
	01-各国・地域のGDPの割合	02-実質GDP成長率と各需要項目の寄与度

令和3年度	令和2年度	令和元年度
	12-資源配分の非効率	10-余剰分析
		11-余剰分析
外部経済と補助金	17-外部経済と補助金	
	18-外部不経済	
公共財の特徴		17-共有資源
2部料金制	21-2部料金制	
		21-費用便益分析
		19-モラルハザード・逆選択
-自由貿易と余剰の変化		
		18 (1) (2) -輸入関税・生産補助金
		08 (1) -総需要曲線
-労働市場の分析	08-失業、09-価格と賃金の硬直性	
		08 (2) -総需要分析
-雇用・失業の用語、12-TFP (全要素生産性)		
3-貨幣数量説、k%ルール		09-自然失業率仮説
	07-トービンのq	
4-恒常所得仮説		04-消費仮説
	23-所得分配の公正性	
	19-従価税	
1-各国の実質国内総生産の推移、 2-国債等の保有者別内訳	01-各国・地域の政策金利 02-日本の貿易相手国上位5か国	01-政府の債務残高 (対GDP比) の国際比較 02-中国の相手貿易国・地域のシェア 20-コブ=ダグラス型生産関数

- 『有斐閣 経済辞典 第三版』金森久雄・荒憲治郎・森口親司 編　有斐閣
- 『入門マクロ経済学』中谷厳 著　日本評論社
- 『経済学入門』塩沢修平 著　有斐閣
- 『経済学入門塾（マクロ編・ミクロ編・上級マスター編）』石川秀樹 著　中央経済社
- 『はじめて学ぶ ミクロ経済学』幸村千佳良 著　実務教育出版
- 『グラフィック ミクロ経済学』金谷貞夫・吉田真理子 共著　新正社
- 『マンキュー経済学Ⅰ・Ⅱ（ミクロ編・マクロ編）』N.グレゴリー・マンキュー 著　東洋経済新報社
- 『スティグリッツ＝マクロ経済学』『スティグリッツ＝ミクロ経済学』ジョセフ・E・スティグリッツ 著　東洋経済新報社
- 『現代産業組織論』植草益 他著　NTT出版
- 『産業組織論』新庄浩二 他著　有斐閣
- 『入門マクロ経済学』嶋村紘輝・横山将義・横田信武・佐々木宏夫・昼間文彦・片岡孝夫 著　中央経済社
- 『入門ミクロ経済学』嶋村紘輝・横山将義・高瀬浩一・佐々木宏夫・片岡孝夫 著　中央経済社
- 『プロモーション・マーケティング』山口正浩 編著　同文舘
- 『プライス・マーケティング』山口正浩 編著　同文舘
- 『成長信仰の桎梏 消費重視のマクロ経済学』齊藤誠 著　勁草書房
- 『ゲーム理論の思考法』川西諭 著　中経出版
- 『経済政策』横山将義 著　成文堂

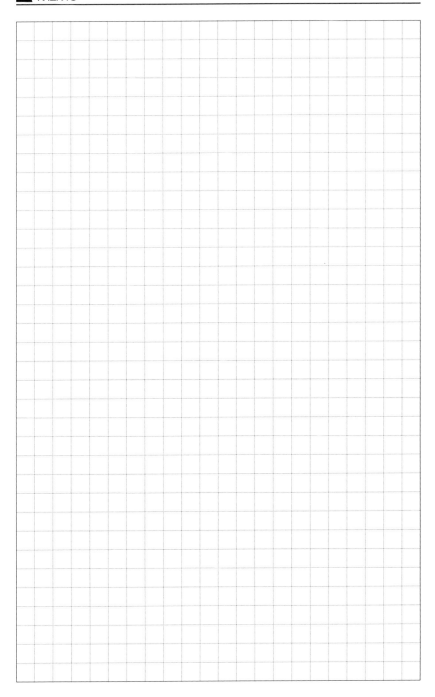

■ 編著者紹介

池野谷　祐樹 (いけのや　ゆうき)

㈱経営教育総合研究所研究員、中小企業診断士、日本証券アナリスト協会　認定アナリスト (CMA)、国際公認投資アナリスト (CIIA)。事業会社において財務業務全般に従事。現在は、人事部にて部門マネジメントを担う。

香川　遼太郎 (かがわ　りょうたろう)

㈱経営教育総合研究所研究員、中小企業診断士、日商簿記検定1級。鉄鋼メーカーにて工場経理業務 (原価計算・資産管理など) や、グループ会社関連の企画・マネジメント業務に従事、現在は独立し研修講師や受験指導、執筆活動などに取り組んでいる。

■ 執筆者紹介

矢田　木綿子 (やだ　ゆうこ)

㈱経営教育総合研究所研究員、中小企業診断士。

岩田　岳 (いわた　たけし)

㈱経営教育総合研究所研究員、中小企業診断士。

齊藤　響 (さいとう　ひびき)

㈱経営教育総合研究所研究員、中小企業診断士。

筑間　彰 (ちくま　あきら)

㈱経営教育総合研究所研究員、中小企業診断士。

鎌田　慎也 (かまた　しんや)

㈱経営教育総合研究所研究員、中小企業診断士。

仲原　真澄 (なかはら　ますみ)

㈱経営教育総合研究所研究員、中小企業診断士。

■ 監修者紹介

山口　正浩（やまぐち　まさひろ）

㈱経営教育総合研究所 代表取締役社長、㈱早稲田出版 代表取締役社長、中小企業診断士、経営学修士（MBA）、TBC受験研究会統括講師、中小企業診断士の法定研修（経済産業大臣登録）講師、日本FP協会の認定教育機関講師。

　24歳で中小企業診断士試験に合格後、常に業界の第一線で活躍。2011年12月のNHK（Eテレ）の「資格☆はばたく」では、中小企業診断士の代表講師＆コンサルタントとして選抜され、4週間にわたる番組の司会進行役の講師とNHK出版のテキスト作成に携わる。

　従業員1名から従業員10,000名以上の企業でコンサルティングや研修を担当し、負債3億円、欠損金1億円の企業を5年間で黒字企業へ事業再生した実績を持つ。日本政策金融公庫、日本たばこ産業株式会社などで教鞭をふるい、静岡銀行、東日本銀行（東日本倶楽部経営塾）では、経営者へ実践的な財務会計の研修を行う。

　主な著書は「マーケティング・ベーシック・セレクション・シリーズ」（全12巻）同文舘出版、販売士検定関連の書籍は「動画で合格（うか）る販売士3級テキスト＆問題集」早稲田出版など10冊、年度改訂の書籍を含めると450冊以上の監修・著書があり、日経MJ新聞「マーケティング・スキル（いまさら聞けない経営指標）毎週金曜日 全30回」や月刊「近代セールス」の連載も持つ。近年、若手コンサルタントのキャリアアップに注力し、執筆指導のほか、プレゼンテーション実践会を主催している。

2024年版　TBC中小企業診断士試験シリーズ

速修｜テキスト　❶ 経済学・経済政策

2023年12月27日　　初版第1刷発行

編 著 者	池野谷祐樹／香川遼太郎
監 修 者	山口正浩
発 行 者	山口正浩
発 行 所	株式会社 早稲田出版

〒130-0012 東京都墨田区太平1-11-4 ワイズビル4階
TEL：03-6284-1955　　FAX：03-6284-1958
https://waseda-pub.co.jp/

印刷・製本……… 新日本印刷株式会社

書籍の正誤についてのお問い合わせ

万一、誤りと疑われる解説がございましたら、お手数ですが下記の方法にてご確認いただきますよう、お願いいたします。

書籍の正誤のお問い合わせ以外の書籍内容に関する解説や受験指導等は、一切行っておりません。そのようなお問い合わせにつきましては、お答え致しかねます。あらかじめご了承ください。

【1】書籍HPによる正誤表の確認

早稲田出版HP内の「書籍に関する正誤表」コーナーにて、正誤表をご確認ください。

URL:https://waseda-pub.co.jp/

【2】書籍の正誤についてのお問い合わせ方法

上記、「書籍に関する正誤表」コーナーに正誤表がない場合、あるいは該当箇所が記載されていない場合には、書籍名、発行年月日、お客様のお名前、ご連絡先を明記の上、下記の方法でお問い合わせください。
お問い合わせの回答までに1週間前後を要する場合もございます。あらかじめご了承ください。

●FAXによるお問い合わせ

FAX番号：**03-6284-1958**

●e-mailによるお問い合わせ

お問い合わせアドレス：**infowaseda@waseda-pub.com**

お電話でのお問い合わせは、お受けできません。
あらかじめ、ご了承ください。